그들의 눈빛
내 가슴에

나남
nanam

그들의 눈빛 내 가슴에
이영수의 15년 세상 밖 오지
의료봉사의 작은 기록

2014년 8월 1일 발행
2014년 8월 1일 1쇄

지은이 · 이영수
발행자 · 趙相浩
발행처 · (주)나남

주소 · 413-120 경기도 파주시 회동길 193
전화 · 031-955-4601(代)
팩스 · 031-955-4555
등록 · 제1-71호(1979.5.12)
홈페이지 · www.nanam.net
전자우편 · post@nanam.net

ISBN · 978-89-300-8768-1
        978-89-300-8655-4 (세트)

그들의 눈빛
내 가슴에

이영수의 15년
세상 밖 오지
의료봉사의 작은 기록

이영수 지음

나남
nanam

추천사

이영수 민주평화통일서울지역회의 여성위원장은 참 성실하고 반듯한 사람이다. 내가 그를 처음 만난 곳은 민주평화통일자문회의다. 나는 16기 민주평통 여성부의장으로서 4,500여 명의 여성자문위원을 대표하여 통일운동을 주도하였다. 이 위원장은 서울지역회의 여성위원장으로 조용하면서도 맡은바 직무를 차분하면서도 체계적으로 훌륭하게 수행하였다.

결코 드러내지 않으면서도 주변을 꼼꼼하게 챙기는 모습에서 앞으로 무한한 가능성을 보았다. 그는 결코 함부로 말을 하지 않는다. 그는 남의 이야기를 경청할 줄 아는 사람이다. 한편으로 서울여성위원장으로서 서울지역 여성자문위원들의 통일운동을 체계적으로 이끄는 지도력도 겸비하고 있는 외유내강의 여성이다. 서울지역 여성자문위원 통일공감대회에서 겸손하면서도 당당하게 청중들을 사로잡는 스피치를 듣고 그가 가지고 있는 내공과 잠재력에 많은 사람들이 감동을 받았다.

그런 그가 이번에 지난 15년간의 국내외 의료봉사활동의 기록을 정리하였다. 분주한 기업의 대표 역할을 수행하면서도 틈을 내어 남을 돕는 일을 꾸준히 전개한 그의 자세는 역시 남을 우선 배려하는 따뜻한 가슴의 소산인 것 같다. 어떤 일을 15년 가까이 지속한다는 것은 열정과 노력이 몸에 체득되어야 가능할 것이다.

전 세계 오지를 방문하여 의료의 작은 혜택이나마 나누고자 하는 그의 따뜻한 마음씨는 오늘날 우리 사회 중년 여성들에게 많은 울림과 공감을 형성할 수 있으리라고 생각한다. 인생의 중반부를 지나면서 많은 여성들이 아이와 배우자를 돌보는 가정의 파수꾼 역할을 뛰어넘어 남을 배려하고 돌보는 삶에 관심을 갖는다면 우리 사회가 한층 선진화될 수 있을 것이다. 그는 남을 돕는 일에 물질과 시간을 투입하는 데 주저하지 않는다. 그는 남을 돕는 데서 많은 것을 오히려 얻는다고 말을 하는 것을 보면 타고난 천성이 있는 것 같다.

물질과 육신 그리고 시간을 쏟아부어 타인을 돕는 활동을 생활화하는 그의 자세는 노블레스 오블리주의 전형적 사례가 될 것이다. 그의 기록을 통해서 세상에는 질병으로 고통받는 사람들이 많다는 것을 절감하였다. 또한 아플 때 치료받을 수 있다는 대한민국의 현실에 감사하게 된다. 그의 몸을 아끼지 않는 노고와 열정에 깊은 찬사를 보낸다.

나눔은 사랑을 낳고 사랑은 행복을 만든다. 지구촌의 아픈 곳, 어려운 이웃을 찾아다니며 위로하고 챙기는 따뜻한 마음과 실천은 적극적 평화를 이루는 길이다. 앞으로도 그의 조용하고 온화한 미소가 신록의 푸르름같이 온 세상에 널리 퍼져가는 희망의 내일을 기약해 본다.

2014년 6월 성하의 계절에

이 배 용

한국학 중앙연구원장

추천사
— 타인(他人)을 위해 길을 떠나는, 아름다운 사람 이영수

누구나 여행(旅行)을 꿈꾼다. 매일 반복되는 일상에서 벗어나 지친 몸과 마음의 휴식을 취하기 위해. 낯설지만 새롭고 아름다운 경치를 감상하고, 맛있는 음식을 먹으며 돌아다니다 깨끗이 풀 먹은 하얀 시트에 몸을 누이면 그동안 열심히 일한 수고에 대한 보상을 받는 느낌이다. 그런데 누구나 바라고 찾는 그런 여행이 아닌 고생길을 찾아 떠나는 사람이 있다. 민주평화통일자문회의 이영수 서울여성위원장은 한두 해도 아니고 15년이나 도움이 필요한 곳이 있으면 자비를 들여 봉사여행을 떠나는 일을 계속해 오고 있다.

레바논 케트르마야, 네팔 로우떳, 태국 아유타야, 스리랑카 킬리노치치…. 커다란 세계지도를 책장 옆에 붙여 놓은 덕에 웬만한 나라의 도시는 훤히 꿰고 있는 나도 들어보지 못한 오지 중의 오지

를 찾아다니며 의료봉사를 하는 것이다. 도마뱀과 바퀴벌레가 기어 다니는 숙소에서 베개에 붙어 있던 진드기 때문에 얼굴이 벌겋게 부어올라도 그는 불평을 하거나 괜한 길을 떠났다는 후회를 하는 대신 하느님께 기도를 올린다. '오랜 내전의 아픔을 겪고 있는 이들을 사랑으로 보듬어 주는 축복을 주십사'고.

금년 봄 대전에서 개최된 민주평통 전국여성회의에 이영수 위원장의 차를 타고 갔다. 서울에서 아침 일찍 출발했음에도 이 위원장은 물, 과일과 떡, 과자, 초콜릿, 커피(뜨거운 것과 찬 것), 오렌지 주스, 그리고 껌까지 한 살림 준비를 해 오셨다. 이 위원장님은 어딜 가면 항상 이것저것 챙기길 잘해 사람들로부터 이삿짐을 싸 왔냐는 말을 듣는 나를 두 손 다 들게 했다. 그런 부지런함과 정성으로 준비한 고추장이며 밑반찬 그리고 사탕과 과자가, 동행하는 봉사자들의 피곤을 위로하고 이동병원에서 치료를 받으며 두려움에 떠는 어린아이들을 달래주는 명약이 되는 것은 보지 않아도 알 수 있을 것 같다.

그의 글을 읽고 나니 그동안 무심코 먹고 써 오던 맛있는 음식들, 쾌적한 거처, 콸콸 틀어 놓고 쓰던 수돗물까지 모두가 귀하게 느껴졌다. 그리고 척박한 피난처에서 먼지를 뒤집어쓰고 제대로 먹지 못해 각종 질병과 영양실조에 걸린 사람들, 특히 어린아이들에게 너무나 미안한 마음이 들어 가슴이 먹먹해졌다. 나의 딸들은 물론 제자들과 학생들에게 그의 글을 읽게 할 생각이다. 그의 이타적인 삶과 생생한 봉사 기록이 그 어떤 말이나 교훈보다 젊은이들을 올

바르게 철들게 하고, 그들 인생의 좌표로 삼을 것이라 믿는다.

2014년 그와의 동행을 꿈꾸며

한영실

전 숙명여대 총장, 현 숙명여대 교수

머리말

나에게 주어진 작은 힘이나마 나누기 위해 지구촌 어딘가에 힘겹게 살고 있는 이방인들을 만나러 짐을 챙기기 시작한 지 15년이라는 시간이 흘렀다. 짧다면 짧고 길다면 긴 시간이다. 그간 묵묵히 봉사해 왔지만 어느 날 문득, 그곳에 도착하기까지 많은 난관에 부딪쳤던 현장, 환자들 역시 의료진을 만나기 위해 밤새 길을 걸어 내려와야 했던 그 밀림, 경찰이 지키고 있음에도 불구하고 사람들이 한꺼번에 진료를 받기 위해 들이닥쳐 '압사의 공포'를 느낀 순간, 생명이 삶과 죽음 사이에서 교차하는 고통스런 재난의 현장, 진료 현장에서 마주했던 수많은 희미한 얼굴들과 질병의 상처가 심해 말로 표현할 수조차 없었던 아이들 등 각양각색의 기억이 퇴색되고 있다고 느꼈다. 그러자 지난 삶의 기록을 정리하고 싶은 소박한 마음이 생겼다.

　작고 부끄러운 기록이지만 나에게는 더없이 소중한 시간이기에 흔들렸던 마음을 다잡았다. 결심은 섰지만 봉사를 하면서 책을 써야겠다는 생각을 해 본 적이 없어서 막막했다. 그래서 자료들을 훑어가며 작은 메모와 사진들을 통해 과거를 조심스럽게 떠올렸다. 그렇게 기억을 더듬어 가며 15년간의 기록을 하나하나 정리하자 잊고 있었던 기억의 아름다운 조각들이 하나씩 맞춰졌다. 아스라이 기억의 저편에 숨어 있었던 뜨거운 단상들이 봄날의 아지랑이처럼 피어올랐다.

　인간은 살면서 누구나 질병으로 육신의 고통을 겪는다. 외부의 요인에 의해 혹은 내부의 알 수 없는 이유로 병이 나고 그래서 인간은 겸손해진다. 사람이라는 존재는 가끔 질병으로 자신을 돌아보게 된다. 신은 참으로 공평하다. 또 상처가 나을 때가 되니 다른 시련으로 고통을 준다. 왜 나에게 이런 시련을 주실까? 그러나 반복적인 시련을 겪다 보니 한 가지 깨닫게 되는 것이 있다. '결국 이 모든 것이 나를 위한 것이 아닐까?'하는 생각이다. 모든 것이 완벽한 사람은 없다. 그것을 자각시키기 위해서라도 신은 우주의 수평을 맞추려고 한다. 하나를 얻으면 하나를 잃는다. 어릴 적부터 불편한 것 없이, 곱다면 곱게 자란 나에게 늦게나마 시련을 주신 것이다. 육체적 시련을 통해 오만하고 교만한 마음을 다스리고 타인을 돌아보는 데 관심을 가지게 되었다.

어렵고 힘든 오지의 이방인과 장애인, 환자들을 볼 때마다 내가 가지고 있는 작은 능력에 늘 감사를 느낀다. 전에는 마땅히 있어야 한다고 느꼈던 그 작은 것 하나에도 감사하게 된다. 인간은 망각의 존재이기 때문에 잊을 만하면 하늘은 이따금 과제를 던져준다. 아마도 자만하지 않도록 나를 겸손함으로 이끌기 위한 것이라고 생각된다. 한편으로 이제는 해외봉사를 나가면 현지인들이 나의 물리적 나이에 호기심을 갖는 것을 보면 질병은 오래 전 추억이 된 것 같아 미소가 나온다. 팔에 파스를 붙이고 장시간에 걸친 봉사에도 견디는 열정과 체력 등이 이방인의 눈에도 신기하게 보였는지 봉사 후 가끔 나이를 묻는다. 그럴 때면 나는 그냥 웃곤 한다.

몽골을 시작으로 지진으로 재난을 당한 아이티와 스리랑카, 남아공, 에티오피아, 필리핀, 태국, 베트남 및 네팔, 최근에는 레바논에 있는 시리아 난민촌까지 봉사를 통해 다양한 나라를 몸으로 직접 경험했다. 가는 곳마다 아플 때 치료받을 수 있는 우리나라의 여건이 하늘의 축복이라고 느꼈다. 평생 살면서 의사를 만나 자신의 상처를 내보이는 단순한 일상이 그들에게는 행운이라는 마음에 가슴이 저려 왔다. 또한 여성들의 삶 역시 수동적이고 남성들에게 종속적인 수많은 사례를 관찰하면서 인간으로서의 남녀 평등문제를 생각하지 않을 수 없었다. 아이를 출산할 여건과 환경이 미비한데도 무조건 남성들의 욕망에 의해 임신이 되는 상황은 정말 이해하기 어려웠다. 사회적인 활동이나 여가시설이 부족해서인지 연년생으로 임신하는 임산부들의 건강은 우려스러운 경우가 대부분이었다.

특히 아이들의 순진한 얼굴이 질병의 고통으로 그늘져 질곡의 삶을 살 수밖에 없는 현실에는 말문이 닫혔다. 국제보건기구가 제시하는 영유아 사망률 통계는 현장과 거리가 있었다. 생명이 출생해서 성인으로 성장하는 과정은 매우 행운이 따라야 가능한 경우도 비일비재했다. 누구의 책임 문제가 아니라 사회구조의 취약함이 원인이었다. 부모들의 열악한 임신 환경과 출생하자마자 맞부딪치는 어려운 삶의 현장에서 질병에 걸리지 않는 것이 오히려 비정상인 상황에 한숨이 절로 나왔다.

오지와 재난현장을 방문하고 현지의 의료 현실을 적나라하게 경험하면서 단순 관광여행으로는 알 수 없는 현장체험의 묘미가 나를 즐겁게까지 했다. 그 나라의 벌거벗은 현실과 직접 마주했다. 국가와 민족은 모두 제각각이었지만 국경을 초월해서 가난과 아픔의 비통함은 매한가지였다. 나는 그들에게서 내가 오랫동안 잊고 있었던 질병의 고통과 회복의 간절함을 발견한다. 두 번의 수술 이후, 아픈 사람을 보면 동병상련의 마음이 생긴다. 환자의 얼굴만 보아도 이미 반 이상 병세가 짐작이 간다. 휠체어를 밀어주는 것부터 시작해서 환자와 마주하는 것이 이제는 친근해졌다. 같은 고통을 겪어보았기 때문에 가장 잘 알 수 있다. 어느덧 동질감이 생긴 것이다.

현장에서 환자와 마주하며, 나보다 더 어렵고 힘든 사람이 많다는 것을 깨닫게 된다. 오히려 '나를 위해 봉사를 하는 것이 아닐까?'라는 생각도 든다. 이제는 봉사를 통하여 현재의 내 삶에 감사함을 느낀다. 어릴 적에는 나 자신과 내 가족에 관심과 의식의 경계가 강하게 그어졌었다. 그러나 도움을 주기보다 오히려 더 많은 것을 채우고 돌아오는 시간의 희열을 알았다면, 그런 일차원적 사고는 하지 않았을 것이다. 떠나고, 나누고, 함께하며 만들어지는 이 단순한 행복은 지금 내 삶을 강하게 지탱하는 기둥이다. 이렇게 봉사할 수 있는 시간과 여유가 있다는 것, 이것은 오늘날 하늘과의 약속을 지키라고 내려 준 선물이 아닐까? 이국 오지에서 어려운 일정을 동고동락한 열린의사회(이사장: 고병석) 직원 및 의료진 여러분들에게 심심한 사의를 표하고 싶다.

이렇게 하나의 책을 완성하는 데에 주변의 훌륭한 분들에게 많은 은혜를 입었다. 흔쾌히 추천의 글을 써 주신 존경하는 이배용 한국학중앙연구원장에게 감사의 마음을 전하고 싶다. 분주한 일정 속에서도 사회를 위하여 여러 가지 일을 하시는 이 원장님에게서 보람차고 선각자 같은 여성의 길을 느낀다. 만사 제쳐 놓고 2014년 여름날 꿈이 가득한 동행의 글을 보내주신 한영실 숙명여대 전 총장님께 고마움을 전하고 싶다. 항상 활기차고 열정적인 삶을 사시는 그분의 적극적인 행동은 가슴 깊은 곳에서 우러나오는 진심어린 따뜻함을 느끼게 한다. 인간미 넘치는 격려의 에필로그를 보내 주신 남성욱 교수님께는 초심을 잊지 않겠다는 말로 고마움을 대신한다.

하루도 빠짐없이 매일 정각 다섯 시에 전화하여 못난 딸의 안부를 물으시는 어머니 김용칠 여사님. 어머니는 평양에서 아버지와 혼인하여 부모와 8남매들을 북쪽에 두고 단신으로 남쪽으로 오셨다. 그녀의 강인함과 대쪽 같은 성품도 막내딸에게만은 부드러움과 자애로움으로 표출되신다. 나의 인생이 그녀의 삶의 중요한 부분이라는 점에서 말로 형언하기 어려운 마음이 나를 포근하게 한다. 혼자 걷되 함께하는 삶을 사는 것이 그들에 대한 나의 작은 보답이라고 생각한다. 다시 한 번 여러분들에게 깊은 감사의 마음을 전한다. 마지막으로 흔쾌히 미완성의 글을 출판해 주신 나남출판사 조상호 회장님과 편집부 여러분들에게 고마운 마음을 표하고 싶다.

2014년 5월 라일락 향기가 좋은 봄날에
이 영 수

이영수 에세이

그들의 눈빛 내 가슴에

이영수의 15년
세상 밖 오지
의료봉사의 작은 기록

차례

프롤로그

아버지는 어린 시절 늘 우리 8남매의 동경의 대상이었다. 머리부터 발끝까지 언제나 정갈하게 옷매무새를 다듬으시며, 한 번도 흐트러진 모습을 보이지 않으셨다. 강원도에서 광산업을 시작으로 다양한 사업을 하신 아버지는 누구보다 자기 일에 충실하셨다. 당시로서는 드물게 하는 사업마다 성공하였고 매우 정열적인 삶을 사셨다. 가정에서는 옛날 대부분의 아버지들이 그러하듯이 매우 가부장적이셨다. 성격 또한 급하셨다. 평양 출신의 어머니는 아버지의 급한 성격 때문에 마음고생이 심하셨다. 그렇게 엄한 아버지는 자녀들 교육에서 학업 성적보다는 예의범절과 사람의 바른 행실을 중히 가르치셨다. 아버지가 밤에 아무리 늦게 귀가하셔도 8남매는 일렬로 서서 아버지에게 인사를 드리고 하루 일과를 말씀드린 다음 잠자리에

들었다. 여름에는 낚시를, 겨울에는 사냥을 즐기시며 늘 우리 8남
매를 살뜰히 보살펴 주셨다. 또한 도움을 청하는 주변 친척들에게
도 있는 것을 모두 내주며 성심껏 도와주셨다. 항상 건강하게 우리
곁을 지켜 주실 것 같았던 아버지가 갑자기 폐암으로 쓰러지셨다.
아버지가 돌아가신 지도 벌써 35년이 흘렀다. 하지만 지금도 하늘
에서 멋을 부리고 천상에서 가장 멋진 모습으로 다니실 형상이 아
른거린다.

　　아버지는 유난히도 내가 꽂아놓은 꽃을 좋아하셨다. 꽃이란
사람을 행복하게 만드는 힘이 있다. 자연의 아름다움이 총체적으
로 녹아 있는 생물이 바로 꽃이다. 꽃잎의 아름다운 색채는 우리의
눈을 즐겁게 해주고, 부드러운 꽃의 피부는 살아 있는 생기를 느끼
게 해 주며, 내뿜는 향기는 우리의 오감을 취하게 한다. 어른, 아이
할 것 없이 절로 미소를 짓게 하는 이 생물은 참으로 대단하다. 나
는 꽃꽂이를 꽤 오랫동안 배워 일주일마다 아버지 회사의 사장실과
회의실에 꽃을 꽂아드리곤 했다. 그것이 좋아서 계속 꽃 주변을 서
성이시던 아버지의 뒷모습이 아직도 생각난다. 꽃을 바라보는 아버
지의 그 자애로운 모습이 아직도 왜 그리 기억에 남는지…. 그는 늘
'꽃이 시들면 마치 내가 시드는 것 같다'고 독백을 하셨다. 그래서
부단히도 항상 생생한 꽃으로 바꿔드리려 노력했다. 하지만 이제야
그 뜻이 꽃을 핑계로 한 번이라도 더 나를 보려 하셨다는 것을 깨닫
는다. 아버지는 내가 남을 돕는 작은 기록이나마 정리하여 세상에

드러낸 것을 보신다면 가장 기뻐하실 것이다. 아버지가 물려주신 작은 물질이 세상을 밝히는 데 조금이나마 기여하는 것을 보시면 매우 만족하실 것이다.

　부모님은 여느 부모들처럼 자식들을 위해서 헌신하였고, 우리들은 그 그늘에서 행복하게 성장하였다. 해를 거듭하고 나이가 들어감에 따라 부모님의 품안이 얼마나 따뜻했던 것인지 새삼 고마움을 느낀다. 특히 내가 엄마가 되고 세월이 흐르면서 그것을 절실히 깨닫는다. 어머니가 해주신 한 끼의 따뜻한 밥과 아버지의 든든한 울타리가 얼마나 소중한 것인지 왜 그때는 잘 몰랐을까.

　아버지가 물려주신 회사에서 남동생들과 함께 열심히 기업을 운영하였다. 15년 전 여름 어느 날, 지금까지의 내 인생의 틀을 바꾸는 터닝 포인트가 찾아왔다. 그것이 바로 아픈 사람들을 치료하는 의료봉사와의 만남이다. 사실 봉사를 시작하게 된 것은 우연한 계기였다. 알고 지내던 친구가 소개시켜 준 봉사단체와 인연이 닿았던 것이 그 시작이었다. 단체를 알게 된 지 10일 만에 떠난 첫 해외봉사가 지금까지 남을 적극적으로 돕는 계기가 되었다. 첫 해외봉사지인 몽골에서의 경험이 아직도 생생하다. 난생 처음으로 세상의 모든 문물과 차단된 오지를 경험하였다. 도시의 생활에 익숙해져 있던 나에게 그것은 매우 생소한 일이었다. 개울가에서 세수를 했고, 밤하늘의 별을 벗 삼아 누웠다. 초원의 한복판에서의 잠자리는 낯설었지만 풀잎의 포옹은 푸근했다. 그렇게 몽골에서의 첫날 밤은 거대한 자연의 근원을 느끼게 해 주었다.

더 잊을 수 없는 것은 끝없이 줄을 서 있는 수백 명의 환자들과의 만남이었다. 그렇게 많은 환자들을 한꺼번에 마주한 것은 처음이었다. 다들 우리들의 도움의 손길을 기다리며 옹기종기 모였고, 그들과 마주잡은 두 손에서는 간절함이 느껴졌다. 몽골에서의 첫 봉사 이후, 나는 만나보지 못한 세상의 숨겨진 미지의 세계에 대한 호기심이 일었다. 아니 그보다 큰 물결이 내 마음에 파도쳤다. 바로 나를 필요로 하는 사람과의 진심어린 만남이다. 단순여행과 봉사의 다른 점은 내가 나를 필요로 하는 사람을 직접 찾아간다는 것이다. 어느새 나는 그들을 통해 잊고 있던 나 자신을 찾고 있었다. 그렇게 보물찾기를 하듯 전 세계를 누비며 내 존재에 대한 이유를 찾는 여정이 시작되었다.

나는 봉사를 시작한 이후부터 아주 작은 것에도 감사하는 습관이 생겼다. 오늘도 눈을 뜨고 일하러 나갈 수 있음에 감사한다. 내가 이따금 그들을 찾아갈 경제적 여력과 건강이 있음에 감사한다. 남에게 내어 줄 수 있는 무언가가 있다는 것에 감사한다. 나를 보며 행복해하는 사람들이 있다는 것에 감사한다. 누구나 봉사를 한다고 하면 그 행동을 긍정적으로 생각한다. 나의 시간을 투자하여 대가없이 남을 돕는다는 것. 그 대가없음에 사람들은 늘 자원봉사에 대한 찬사를 마다하지 않는다. 하지만 사람들이 놓치고 있는 것이 하나 있다. '대가 없음'에 대한 의미이다. 사실 대가 없는 봉사는 없다.

늘 봉사에는 마음의 충만함이라는 그에 합당한 대가가 따라온다. 그것은 항상 새롭고, 첫사랑처럼 설렌다. 이미 봉사를 지속적으로 해 온 사람들은 빠질 수밖에 없는 무궁무진한 매력을 알고 있다. 그것은 나의 지난날의 부족함과 풍족함을 느끼게 한다. 또한 타인과의 상호관계 속에서 맺는 기쁨을 준다. 이렇게 나와 타인 모두를 만족시키는 힘을 가진 것이 바로 봉사이다.

이렇게 말하니 봉사 예찬론가라고 말할지도 모르겠다. 하지만 나는 그런 타이틀을 달기에는 매우 부족한 사람이다. 나보다도 더 열정을 가지고 보이지 않는 곳에서 봉사하는 분들이 있다. 그렇기에 이렇게 글을 쓰는 것이 부끄럽기도 하다. 그럼에도 이 펜을 든 이유는 인간의 마음을 감동시키는 이 작은 힘을 조금이나마 세상에 알리고자 함이다. 봉사는 하는 이와 받는 이 두 사람 모두를 만족시키는 활동이다. 이것은 인간관계의 가장 아름다운 상호작용이며, 인간이 아니고서는 느끼지 못할 벅찬 감동이다.

사람들은 누구나 한 번쯤 인생에 어두운 셔터가 내려질 때가 있다. 행복해 보이는 수많은 사람들의 무리 한가운데 나 혼자 투명한 유리 상자에 갇힌 느낌이 들 때가 있다. 하지만 그 셔터는 언젠가 다시 올라갈 것이고, 유리상자도 언젠가 다시 벗겨질 것이다. 모든 사람의 인생은 필연적으로 저마다의 굴곡을 가지고 있다. 그 희비의 곡선은 잔물결처럼 자주 뒤바뀌기도 하고, 어떤 때는 거대한 파동처럼 한번에 커다랗게 불어닥칠 때도 있다. 그 시련을 이겨내는 방법은 사람마다 다르다. 하지만 안타깝게도 아직까지 그것을 찾지 못한 이들이 있다. 나는 그들에게 도움이 되고 싶었다.

어떤 것을 할 때 가장 가슴이 뛰고 설렌 적이 있는가? 내 모든 것을 털어놓아도 아깝지 않을 만큼 귀중한 시간이 있었던가? 만약 아직까지 없었다면 지금이라도 당장 찾아라! 그리고 도전하라! 내가 이렇게 강하게 권유하는 까닭은 그것이 인생이라는 긴 여정에서 '나'를 찾아가는 길이기 때문이다. 내가 좋아하는 일, 가슴 뛰는 일은 '나'라는 사람이 누구인지를 알 수 있게 하는 징표다. 세상을 살아감에 있어서 내가 누구인지 정의하지 못하고 떠난다는 것은 얼마나 비참한 일인가. 나도 인생의 중반부가 되어서야 그것을 깨달았다. 늦더라도 누구에게나 그 기회는 반드시 찾아온다.

나를 찾는 여정에서 다가가는 일은 의외로 작은 틈에서 시작될 수 있다. 잠이 오지 않는 새벽, 가장 좋아하는 노래 하나를 틀어놓고 고심해 보는 것은 어떨까? 혹은 퇴근길 버스 안, 핑크빛 노을이 드리운 하늘을 바라보며 생각해 보는 것은 어떨까? 아침에 파고드는 햇살이 아름답게 느껴지고, 하루 종일 그 생각 하나로 들떠서 미소 짓게 하는 것. 그것이 주어진 나의 시간을 가장 아름답게 보내는 이유가 될 것이다. 부모의 사랑만 받던 소녀가 자기 것을 내주며 느끼는 행복을 깨닫게 될 줄 누가 알았겠는가? 아직까지 그 기회를 만나지 못한 이들에게 이 글이 작은 호롱불이 되길 바란다. 이제 짐을 꾸리고 먼 미지의 환자들에게 떠나자.

한 통의 전화가 걸려왔다. 레바논 한국대사관에서 열린의사회에 도움을 요청했단 것이다. 레바논에 시리아 난민들이 피란을 와 있다는 내용은 뉴스를 통해 어느 정도 알고 있었지만 문제가 더 심각해 보였다. 그동안 여러 나라에서 봉사해 왔지만 중동지역은 처음이었다. 레바논이 중동에 위치한 나라라는 것만 어렴풋이 알고 있었기 때문에 그곳에 대한 인상은 더운 기후, 히잡을 두른 여인들이 사는 나라, 그리고 여성인권이 낮은 지역이라는 것 정도였다.

열린의사회에서도 선뜻 레바논 한국대사관의 제의를 수렴하지 못했다. 레바논 해외봉사 파견에 대한 찬반이 나뉘었기 때문이다. 가장 큰 반대 이유는 정치적으로 불안정하고 위험한 지역이기 때문에 봉사자들의 신변 안전을 보장할 수 없다는 점이었다. 하지만 레바논 정부도 손을 놓은 열악한 상황이니, 한국을 대표하여 우리라도 시리아 난민들을 도와야 한다는 의견도 있었다. 2010년 말 아랍에 불어 닥친 민주화 바람은 2011년 초 시리아로 번졌고, 독재 정권과 시민군 간 내전으로 확대되면서 150만여 명의 난민이 레바논으로 피난했다. 유엔난민기구에 따르면 2011년 시리아 내전 이후 공식적으로 집계된 시리아 전체 난민 수는 시리아 공식 인구의 약 11.3%인 2,354,447명이며 그들은 시리아를 탈출해 레바논, 요르단, 터키 등 인접국에 수용됐다.

난민 중 70% 이상이 약자인 여성과 아이였으며 주변 난민캠프들은 이미 포화상태여서 이들을 모두 수용할 수 없었다. 전체 난민 중에 레바논에 정착한 난민은 약 36%인 86만 명으로 가장 많았다. 난민 캠프촌은 이미 포화되어 적극적 지원 없이 방치되는 난민들은 하루를 버티기도 힘든 상황이었다. 수많은 회의와 논의 끝에 지원이 절실한 난민에 대한 연민이 사람들의 마음을 움직였고, 해외봉사 백 번째 지역으로 레바논이 결정되었다.

| 걱정, 그럼에도 불구하고… |

처음에는 걱정 반 설렘 반이었다. 치안이 매우 불안정한 데다 여성에게 불리한 조건을 가진 환경 속에서 과연 내가 잘 해낼 수 있을까 하는 불안감이 들었다. 하지만 그런 걱정도 잠시, 나는 이미 자원봉사자 지원서를 쓰고 있었다. 레바논에 가기로 결정했을 때 주변사람들은 중동이라는 나라의 특성과 선입견으로 인해 만류도 하고 걱정의 눈빛을 보냈다. 아직까지 중동은 우리나라에겐 낯선 지역이고 어려운 곳이라는 인식이 강하다. 하지만 가 보지 못한 곳에 대한 설렘과 호기심, 그리고 시리아 난민들을 직접 만나 작은 도움이라도 되고 싶다는 마음이 걱정들을 뛰어넘고 있었다.

가기로 결심하기까지는 얼마 걸리지 않았지만, 그곳에 도착하기까지는 매우 긴 시간이 걸렸다. 레바논에 가기까지 한 달 남짓 동안 서울을 떠날 준비작업과 함께 새로운 나라에 대한 일정 준비로 바쁜 시간을 보냈다. 내과, 치과, 소아과, 한의과 등 7개 부문의 의료진과 약 제조, 접수 진행을 도와줄 봉사자 등 총 25명의 봉사 자원자들이 모였다. 우리는 일주일에 두 번씩 모여 사전 회의를 하였고, 낯설고 생소한 중동이라는 지역에서의 생활을 대비한 준비작업과 교육을 마쳤다.

한 달간의 짧은 준비를 마치고 한국을 떠나는 비행기에 올랐다. 비행기 창문을 통해 바라본 하늘은 구름 바닥 위에서 맑게 빛났다. 하얀 솜뭉치가 엉킨 형상을 한 구름은 끝이 보이지 않을 정도로 넓게 펼쳐져 있었다. 구름에 가려서 보이지 않았던 끝없이 맑은 상공은 명상하기에 최적의 공간이었다. 나라와 나라를 오고 가는 이동시간은 언제나 내게 소중한 명상의 시간을 가져다준다. 아직 머릿속에서 다 떨쳐내지 못한 한국의 생활과 업무, 앞으로 펼쳐질 환경과 사람들, 새로운 만남에 대한 기대 등 여러 가지 복잡한 감정이 얽혀 구름 중에 떠다녔다. 중동에서의 햇빛으로 인해 구름들이 사라질 무렵 비행기 착륙 소리가 나를 깨웠다.

| 중동의 파리, 베이루트 |

2014년 2월, 10시간 40분을 날아 아랍에미리트의 수도인 아부다비에 도착했고 그곳에서 3시간을 머물고 다시 4시간 45분을 비행한 후에야 레바논 남부에 발을 들일 수 있었다. 그곳에는 오후가 되어서야 도착했다. 레바논 국제공항을 나와 레바논의 수도 베이루트에 도착했다. 베이루트의 첫인상은 생각보다 양호했다. 생활수준이 지금까지 봉사를 다녔던 나라들보다 나아 보였다. 레바논의 베이루트는 중동의 파리라 불리는 곳이다. 2012년 IMF기준에 따르면 1인당 GDP가 9,920달러로 경제는 세계 65위 수준이다. 우리나라가 24,328달러로 세계 32위인 것을 감안하면 그리 낮은 수준은 아니다.

베이루트의 거리는 도시적이면서도 중동 특유의 분위기가 있었다. 레바논이 12~2월은 우기이기 때문에 비가 많이 올 것이라 우려했지만, 예상과는 달리 조금은 따가운 햇살이 깨끗하고 푸른 하

[→] 봉사를 마치고 짬을 내어 찍어 본 사진. 파랗게 펼쳐진 지중해를 뒤로하고 잠시나마 여유를 가져본다.

[↑] 봉사지로 향하는 도중 차 안에서 바라본 베이루트. 널따랗게 펼쳐진 바다와 모래빛
건물이 어우러진 풍경이 매력적이다.

늘을 빛내고 있었다. 파란 하늘과 모래 빛 건물들이 어우러진 풍경
은 정말 매력적이었다. 페인트칠이 벗겨진 허름한 회색빛 건물도
더러 보였지만 파란 지붕을 가진 모스크 건물이 풍기는 웅장함이
중동에 온 것을 실감나게 해 주었다. 모스크라는 말은 '꿇어 엎드려
경배하는 곳'이라는 의미인 아랍어 마스지드가 영어로 변형된 것이
다. 이슬람교의 영향은 건물 곳곳에 자리 잡고 있었다. 거리에는 고
급 승용차와 택시, 찌그러진 트럭들이 한데 어우러져 도로를 누비
고 있었다. 과거와 현재, 미래가 공존하는 느낌을 주는 레바논의 첫
인상은 무척이나 인상적이었다.

베이루트의 분위기를 느끼기도 전에 최종목적지로 분주하게 이동
해야 했다. 레바논에서 시리아 난민촌은 베카계곡을 중심으로 각지
에 흩어져 있다. 처음 진료지는 케트르마야(Ketrmaya)였다. 이동하
는 버스에서 지나치는 베이루트에 대한 아쉬움을 뒤로한 채 설렘을
가지고 케트르마야로 향했다.

　　그러나 베이루트의 풍경으로 들떴던 내 마음은 곧 가라앉았고,
설렘은 절망으로 바뀌었다. 이곳은 과연 같은 레바논이 맞는 것인
지 의심스러울 정도로 베이루트와는 완전히 다른 모습이었다.

　　이미 유엔난민기구에서 도움을 주고 있어서 일정한 규격으로
설치된 텐트촌을 예상했지만 나의 예상은 철저히 빗나갔다. 레바논
정부가 정치적 이유로 시리아 난민을 위한 난민촌 건설을 허용하
지 않았기 때문이었다. 이들이 머무는 곳은 폐허가 된 학교나 창고,
임시로 만든 판잣집, 심지어는 우리를 개조한 움막 등이었다. 흙먼
지가 날리는 빈 공터는 듬성듬성한 잡초들이 흙, 때를 품고 있었고,
금방이라도 쓰러질 것 같은 얼기설기 쳐진 임시 텐트들은 튼튼한
지지대 하나 없이 가느다란 줄에 의지한 채 땅에 매여 있었다.

　　판자촌은 임시 텐트들 옆에 자리 잡고 있었다. 시리아 난민이
사는 집의 평수는 평균 1~2평(3.3~6.6m²)으로 이곳에 6~7명이 거
주했다. 작은 판잣집은 벽과 지붕 뼈대는 널빤지나 버려진 문짝, 나

무 부스러기를 압착해 만든 판자로 세워졌다. 집 안에는 쓰다 버린 비닐이나 포대자루 조각들이 깔려 있다. 주방용품 몇 가지를 제외하면 그것이 집 구성물의 전부였다. 멀리 있는 곳에 공동으로 사용하는 화장실과 식수를 해결하는 수동식 펌프가 눈에 보였다. 화장실과 물은 모두 공동으로 사용하여 병원균이 전염되기에 좋은 장소였다.

레바논은 지중해를 끼고 있어서 온화한 날씨인 것으로 알려졌지만 지역마다 편차가 심해서 대부분의 난민이 살고 있는 내륙지방은 겨울이면 기온이 영하로 떨어지고 비도 자주 내린다. 챙겨 입을 옷도 제대로 챙기지 못한 채 고국을 떠났기 때문에 낯선 곳에서 그들이 맞는 겨울은 더욱 혹독했다. 판자촌 곳곳에 물이 고여 있었으며 사방에 벌레가 들끓고 있었다. 아이들의 옷은 빨지 못해 검은 때가 광이 날 정도였다. 기본적인 의식주가 모두 갖춰지지 않은 상황에 비위생적 환경까지 겹쳤다. 뉴스나 신문으로만 접했던 그들의 상황을 실제로 보니 더욱 암담했다.

[←] 한구석에 혼자 있는 소녀를 발견했다. 소녀는 무언가 찾고 있는 듯했지만, 그곳에는 쓸 만한 물건이 하나도 없었다.

{ 레바논 }

[↑] 천진하게 웃으며 아래를 향해 손을 흔들고 있는 소녀. 폐건물과는 대조적이라 보는 이의 마음을 더욱 아프게 한다.

케트르마야에 도착하자마자 공터에 햇빛을 차단하는 막을 치고 급히 임시 진료소를 설치해 환자들을 받기 시작했다. 레바논에 머무르는 시간은 7일 남짓. 그렇기에 1분 1초가 흘려보내기 아까운 시간이었다. 전기가 없는 그곳에서 저녁이 되면 진료를 할 수 없기에 저녁이 되기 전 남은 세 시간 동안 난민촌 앞에서 진료를 시작했다. 이곳에는 약 11만 명의 난민이 있었다. 이곳은 레바논 주민의 개인 땅이지만 시리아 난민을 위해 무료로 제공해 주고 있었다. 자신의 이익과 관계없이 누군가에게 자신의 것을 제공한다는 것은 생각보다 쉽지 않은 일이다. 언제까지 지속될지 모르는 난민들의 쉼터를 장기간 대여해 주는 일을 그 누가 선뜻 할 수 있을까? 그의 배려는 타지에서 온 이방인인 나에게 레바논 땅에 따뜻함이 숨 쉰다는 것을 느끼게 해 주었다.

나는 접수대에서 환자들을 접수하고 열을 재는 등 간단한 예진을 맡았다. 통역은 선교사 부인이 봉사를 맡아주었다. 아랍어와 영어를 동시에 구사할 수 있는 그분이 큰 도움이 되었다. 전해 들은 내용을 통해 간단하게 생년월일, 성별, 어디가 아픈지를 체크하였고 몸무게와 열을 쟀다. 진료소 앞에서 레바논 군인들이 환자 한 명, 한 명을 통제하였고, 대기 장소에서 번호표를 나눠 주었다.

첫 번째로 진료소를 방문한 환자는 생후 14개월 된 여자아이

[→] 엄마 품에 안겨 온 작은 아이.
난민촌의 실상을 모르는 아이는 아무
걱정이 없어 보인다.

[↓] 각자 아이를 안고 있는 멋진 시리아 엄마들과 함께.

였다. 엄마의 품에 안긴 상태로 온 아이의 이름은 베일라 산 라함. 기운 없이 처진 몸이었지만 눈빛만은 나를 바라보며 빛나고 있었다. 베일라는 폐에 문제가 있었다. 한국에서 생후 14개월이면 볼살이 올라 포동포동한 몸으로 걸음마를 배워 아장아장 걸어 다닐 한창 예쁜 나이이다. 하지만 엄마 품에 안긴 베일라의 몸은 일어설 기운도 없이 처진 모습이었다.

　아이의 열을 재고 몸무게를 확인하는 과정에서 생각보다도 훨씬 가벼운 아이의 무게에 한 번 더 놀랐다. 엄마인 모나는 열아홉의 나이로 1년 3개월 전 고향인 시리아 수도 다마스쿠스가 폭격을 받아 만삭의 몸으로 남편과 함께 탈출했다. 그런데 폭격의 후유증 때문인지 낳은 아이는 계속 아파했다. 그녀는 치료를 해준 소아과 전문의 김은희 선생님에게 고맙다는 인사를 거듭했다. 비록 서로 말은 통하지 않았지만 그 고마움이 나에게도 느껴졌다.

| 임시 처방인 약물치료밖에 할 수 없어… |

첫 번째 환자를 보내고 나서 대기하는 환자들을 보고 특이한 점을 느꼈다. 예진을 진행하면서 안 사실이지만, 들어오는 환자들은 공통점이 있었다. 개인 단위로 올 것이라 예상했던 바와 달리 가족 단

위로, 그것도 엄마가 젖먹이부터 시작하여 중학생까지 이르는 대여섯의 아이들을 동반하고 오는 경우가 태반이었다. 줄줄이 손잡고 오는 형제들과 함께 젖먹이 아이를 안고 있는 엄마들이 줄 서서 기다리는 진풍경이 이어졌다. 예진을 통해 관찰한 대부분의 시리아 난민촌 아이들은 질병 중 감기와 기침, 오한, 콧물, 발열증상 중 하나는 가지고 있었다.

2월 중순의 레바논의 기온은 8~10도, 나는 따뜻하다고 느꼈던 온도가 그들에게는 매우 추운 것이었다. 기온도 낮아 추웠을 뿐 아니라 그들이 처한 환경도 차가웠다. 또한 기운을 보강한다는 이유로 갓난아이 때부터 귀를 뚫고 귀걸이를 채우는 풍습에 설상가상으로 불결한 위생이 보태져 귀가 곪은 아이가 많았다. 귀가 곪은 채로 엄마 품에 안겨 우는 아이들의 큰 눈망울 밑에는 마른 눈물 자국이

[→] 레바논에서 만난 이집트 여성들. 여건은 좋지 않았으나 사진을 찍자고 하자 흔쾌히 응해 주었다.

[↑] 빨간 히잡을 쓴 시리아 엄마와 아기들. 반짝이는 눈동자가 호수처럼 깊고 크다.

[←] 우리의 예상을 벗어나 가족단위로
여러 명이 찾아 왔던 사람들. 즐거워
보여 다행이다.

{ 레바논 }

서려 있었다. 아이를 받아 들고 열을 체크하고 몸무게를 재는 일은 금방이라도 바스라질 것 같은 나뭇잎을 든 것처럼 조심스러웠다.

진료소에 들어선 시리아 여성들의 90% 이상은 부인병에 걸려 있는 상태였다. 그들은 피임에 대한 기초 상식도 없었고 피임약은 말할 나위 없이 구하기 어려웠다. 가부장적인 이슬람 문화의 영향은 가정에서도 그대로 이어졌고, 여성은 부부 사이에서도 약자였다. 남녀 할 것 없이 치아 상태는 모두 좋지 않았다. 영양 공급이 제대로 되지 않아 잇몸이 치아를 제대로 붙들지 못해 흔들렸다.

접수대에서 마주한 환자들은 나에게 머리가 어지럽고 무기력하며 팔, 다리, 허리 등 온몸이 저리고 아프다고 호소했다. 폭격과 충격의 충격으로 생긴 외상 후 스트레스장애(PTSD) 증상이었다. 외상 후 스트레스 장애는 예기치 못한 사고나 상황으로 받은 정신적 충격이 풀리지 않아 계속적인 고통을 느끼는 불안장애를 말하는데, 재난이나 충격적인 상황에 노출되는 사람들에게 유병률이 높은 정신질환이다.

한국전쟁이나 베트남 전쟁 관련자들도 전쟁 이후 지속적인 외상 후 스트레스를 호소했다. 정신질환을 호소한 국가유공자 신청 중 41.8%가 외상 후 스트레스 장애를 앓고 있다고 하니 얼마나 많은 피해자들이 있다는 것인가. 연평도 포격도발이나 천안함 폭격 사건을 경험한 장병 중 14명도 외상 후 스트레스 장애 증상을 보여 치료를 받고 있다고 한다.

조기에 진료하지 않았을 경우에는 단순히 어지럽거나 온몸이 저리는 증상을 넘어 심각하게 악화되는 경우가 많다고 한다. 가족이나 주변인들에게도 고통을 주기 때문에 사회 구성원들의 심리적 면역력을 떨어트리고 일종의 사회병리 현상으로 발전할 수 있는 잠재성도 있다. 이렇듯 전쟁에 대한 충격과 트라우마는 평생 한 개인의 기억 속에 자리 잡아 정신적 고통을 주고 신체적으로도 악영향을 끼친다.

이러한 증상을 치료하기 위해서는 우선 난민들의 심신의 안정과 함께 약물치료나 지속적인 정신과 치료가 동반되어야 하며 또다시 새로운 자극을 주어서는 안 된다. 그러나 짧은 시간 머무르는 우리가 할 수 있는 역할은 약물로 임시 처방을 하는 것으로 한정될 수밖에 없었다.

하지만 또 한 가지 위기가 찾아왔다. 레바논 세관에서 약의 통관이 지연되고 있다는 소식이 전해졌다. 비상약으로 챙겨온 것을 제외하면 얼마 남지 않은 상태였고 당장 약을 처방해 주어야 하는

[→] 난민촌의 보안상태는 좋지 않았기 때문에 항상 우리를 지켜 주는 군인들이 있었다. 그들과 함께.

{ 레바논 }

[↑] 봉사를 하다 보면 지치고 힘이 들지만, 수없이 밀려드는 환자들을 위해 언제나 미소를 잃지 말아야 한다.

긴급 환자들만 수백 명이었다.

그러나 지금 우리가 할 수 있는 일은 약이 무사히 통관되길 기다리는 일 뿐이었다. 할 수 없이 첫날에는 약 지급을 미루고 우선 검진만 하여 환자들의 이름과 필요한 약을 차트에 모두 기록했다. 3시간으로 예정된 오후 진료는 일정보다 한 시간 정도 늦게 끝났다. 하루의 일정을 마치고 다음날 다른 진료지로 이동해야 했기 때문에 일정이 촉박했다. 또한 밤이 되면 치안이 더욱 불안정하고 위험했기 때문에 서둘러 인근 숙소로 돌아갔다.

| 베카계곡, 이슬람의 여성인권 현실 |

다음날 아침, 다음 진료지로 이동하기 전 약 통관이 허가되었다는 소식이 전해졌다. 정말 다행이었다. 통관이 허가된 약을 급히 받아 어제 나눠 주지 못한 약을 나눠 준 이후에 두 번째 진료지인 베카계곡(Bekka Valley)으로 향했다. 베카계곡은 레바논의 계곡으로 베이루트에서 동쪽으로 30km 정도 떨어진 곳에 위치하고 있다. 이곳은 지중해 쪽의 레바논 산맥과 시리아 국경과 국경을 이루는 안티 레바논 산맥 사이의 분지이다. 이곳에서는 레바논 내전 시작 때부터 2005년까지 이스라엘과 시리아, 팔레스타인 해방기구 사이에 크

[↑] 레바논에서 만난 걸스카우트 아이들. 올망졸망 모여 있는 모습들이 귀엽다.

[→] 자기와 몇 살 차이도 나지 않는
동생을 데려 온 소녀. 열악한 베카계곡의
상황에도 눈빛만은 빛나고 있었다.

중동의 비극, 시리아 내전의 난민을 치료하다

고 작은 전투가 벌어졌던 지역이기도 하다.

이곳에 가장 많은 난민이 살고 있었다. 베카계곡의 난민 수는 약 30만 명으로 케트르마야 난민 수의 약 3배에 달했다. 난민의 수가 많은 만큼 환경은 더욱 열악한 상황이었다. 우리가 온다는 소식을 접하고 이미 많은 환자들이 기다리고 있었다. 그들을 위해 서둘러 진료소를 설치했고 환자들을 받기 시작했다. 역시나 베카계곡에서도 마찬가지로 레바논 정부에서 지원해 준 군인 두 명이 총기를 소지한 채 진료소 앞을 지키고 있었다. 그 광경이 매우 낯설고 두렵기도 했지만 신변안전을 위해 꼭 필요한 일이었다.

시리아 난민촌의 진료에서는 다른 나라들과 달리 특이했던 점이 있다. 그것은 남성과 여성의 진료시간을 구분하여 환자들을 받은 점이었다. 발단은 한의과에서 진료받은 여성환자가 불편을 표한 것에서 시작되었다. 시리아 여성들은 히잡으로 머리와 가슴을 가리는데, 이것은 전신을 감싸고 눈 부위의 구멍만 남겨 두는 차도르와는 다르다. 히잡을 착용하는 이유는 전통과 종교, 기후 등 여러 가지 요인이 복합적으로 작용한다. 코란에서는 성에 대한 부끄러움을 알지 못하는 어린이를 제외한 여성들의 순결을 지키고 낯선 사내에 대한 성욕을 억제하고 정조를 지키기 위해 살을 드러내지 말라는 금기가 있다. 이것은 건조한 사막 기후에서 수분과 온기를 유지하는 데 유용하다는 장점도 있다.

그러나 팔레스타인과 같은 일부 극단적인 이슬람 지역권에서는 히잡을 사용하지 않으면 참수시키거나 명예살인이 당연하게 용인되고 있다. 이슬람 사회의 낮은 여성인권의 현실을 단적으로 보여주는 사례라고 할 수 있다. 치료의 목적일지라도 모르는 이에게 자신의 신체 일부를 내보여야 하는 상황이 그들에게는 처음이라 어려웠을 것이고 매우 불편한 부분이었을 것이다. 특히 한의과의 경우 장시간 침을 맞는 그들의 입장에 대한 배려를 위해 오전 10~11시에는 남성 환자를 받고 오후 1~2시는 여성 환자를 받아 남녀를 나눠서 번갈아 가며 예진을 진행했다.

| 엄마, 나 과일 먹고 싶은데… |

이윽고 점심시간이 되었다. 하루에 500명이 넘는 환자들로 인해 점심 먹을 시간도 부족했다. 그래서 한국에서 가져온 전투식량으로 끼니를 때웠다. 군대에 다녀온 남성 봉사자들에게는 익숙한 전투식량이었지만 그렇지 않은 여성 봉사자에게 전투식량은 낯선 음식이었다. 남성들은 전투식량을 먹어 본 적이 없는 여성들에게 전투식량 먹는 방법을 알려 주었다. 물을 붓는 선까지 뜨거운 물을 부으면 밥이 익었고, 그 위에 별도로 포장된 고추장이나 마른 양념류 등을 넣어 섞어 먹는 방식이었다. 간단한 조리방식 덕에 식사시간을 줄일

수 있었다. 한국에서 먹는 한 끼 식사보다 당연히 영양과 맛은 부족했지만 난민들의 상황을 보니 전투식량은 감사한 한 끼 식사였다.

시리아 난민들은 주로 구호물자에 의지해 먹는 것을 해결했다. 3년 전부터 형성된 난민촌에서 시리아 난민들은 레바논 사람들에게 불편한 이주자이자 이방인이었다. 그렇기에 난민들이 레바논에서 일을 구하는 것은 어려운 일이었고, 주로 레바논 사람들이 꺼려하는 막노동이나 위험한 작업들을 맡아 했다. 이것마저도 구하기 힘든 사람들이 부지기수였다. 난민 가정을 이끄는 가장들의 어깨가 무거웠다. 여성들은 주로 평균 대여섯 명의 아이를 양육했기 때문에 집에서 아이들을 돌보는 일을 맡았으므로 남편이 벌어 오는 작은 수입에, 그마저도 없는 형편이면 오로지 구호물자에 의지해야 했다.

가끔 난민촌을 방문하는 과일 차는 아이들에게 꿀맛 같은 일이

[↘] 구호물자를 나눠 주던 중 텐트 앞에서 소녀와 함께..
[↓] 엄마 품에 안긴 아이에게 준비해 간 구호물자를 간식으로 주었다.

었다. 우리가 베카계곡에 머무르던 중 쉬는 시간에 운 좋게 과일 차를 볼 수 있었다. 레바논에는 포도, 망고, 파파야, 대추야자 등 열대과일이 유명하다. 특히 이곳에서는 지역의 특산물로 대추야자가 매우 달고 맛있었다. 시간이 지나자 과일트럭 주변으로 사람들이 모였고 꾸깃꾸깃한 돈을 꺼내 얼마 되지 않는 과일 몇 가지를 사는 집도 있었지만 대부분이 구경만 했다. 사줄 수 없는 과일을 뚫어져라 쳐다보는 아이들을 달래 다시 텐트 안으로 들어가는 엄마들의 표정은 어둡고 씁쓸해 보였다.

| 너무 아파서 울기만 했어요 |

그중 한 아이의 집으로 과일 몇 가지를 사들고 방문했다. 허름한 판잣집 안으로 들어서자 냉기가 몸을 감쌌다. 우리를 보고 활짝 웃는 아이의 이름은 파띰. 얼굴에 화상을 입었지만 2주째 연고 하나 바를 수 없는 처지였다. 파띰은 시리아에서 올해 2월 엄마의 손에 이끌려 레바논 국경을 넘어 베카계곡으로 왔다. 1년 전 시리아 내전에서 동네가 폭격을 입어 갑자기 정전이 되자, 아빠는 탈출할 곳을 알아보러 건물에 올라갔다가 3층에서 그대로 떨어져 머리를 심하게 다쳤다. 뇌를 열어 고인 피를 제거하는 수술을 받아 걷기도 힘들었고,

[↑] 엄마 손을 잡고 온 남매에게 구호물자를 나눠 주자 아이들이 웃으며 받았다. 이런 것밖에 주지 못해 미안할 만큼 작은 선물에도 아이들은 크게 기뻐했다.

떨어지면서 윗니도 모두 부러져 아빠와 함께 레바논 국경을 넘어오는 일조차 버거웠다.

생활비를 돕고자 파띰의 아홉 살, 일곱 살 두 오빠는 아침 일찍 해 뜨자마자 천막을 나서 근처의 구리공장까지 한 시간 가까이 걸어가 하루 종일 언 손으로 구리선을 벗기고, 근처의 철근까지 손으로 옮겨 오는 중노동을 한다. 그래서 받는 돈이 하루 3~4달러 남짓. 그래도 주위에선 일할 수 있는 아들이 둘이나 있다며 부러워한다. 하지만 그 돈으로 비싼 난방용 경유를 사고, 아빠의 병원비를 보태면 언제나 남는 것이 없다. 아빠의 병원비는 유엔난민기구에서 도와주고 있지만 4분의 1은 난민 개인의 몫이었다.

그러던 중 2주 전에 파띰은 언니들과 장난을 치다 천막 한가운데에 있는 난로로 넘어지고 말았다. 오른쪽 뺨이 벌겋게 부풀어 올라 너무 아파서 며칠 동안 울기만 했다고 한다. 근처의 난민센터에 가서 약을 구해 봐도 어린이용 영양제나 감기약이 전부라서 치료는 아예 못하고 있었다. 소독이 전혀 돼 있지 않았고, 추위 속에서 물도 부족해 제대로 씻지 못하니 상처도 덧나 있는 상태였다. 봉사자들이 늦게나마 응급처치를 해주었지만 이런 일이 비일비재하다는 것이 더 시급한 문제였다.

며칠 전에는 레바논 남부지역 난민 텐트의 난로에서 불이 나 갓난아기가 사망하는 일이 있었다. 오로지 난로 하나에 의지해 혹한의 겨울을 나는 난민들에게 화재나 안전사고는 너무나 빈번한 일이다. 춥고 건조한 날씨였기에 화재에 관한 부분에 있어서 특히 안전교육이 필수적이었다. 하지만 교육을 해 줄 사람이나 시스템이 전혀 갖춰져 있지 않았다. 그 점이 몹시 안타까운 부분이었다.

| 응급상황, 졸도한 임산부 |

베카계곡에서 이틀째 되는 날 오후 진료 도중 모두를 놀라게 하는 사건이 발생했다. 짐짓 5개월에서 6개월 정도는 돼 보이는 배를 안고 임산부 환자 한 명이 방문했다. 환자의 상태로 보아 산부인과 쪽으로 접수하려 했지만 그녀는 꼭 치과 쪽으로 진료받길 원했다. 후생복지를 누리기에는 너무나 어려운 그들에게 치과 치료를 받는 것은 천금 같은 기회였던 것이다. 거듭된 환자의 부탁으로 치과로 환자를 안내했고 나는 다음 환자의 검사를 위해 열을 재고 있었다.

갑자기 치과 의료봉사자 중 한 명이 비명을 질렀고 모두의 시선이 그곳으로 집중됐다. 치과 치료 도중 갑자기 환자가 졸도한 것이다. 비상상황이었다. 응급의학과 선생님 한 명이 재빠르게 움직여 응급조치를 취했다. 졸도의 원인은 여러 가지가 있지만 주로 뇌에 일시적으로 혈액공급이 제대로 되지 않아서 발생하게 된다. 또한 충격이나 두려움으로 정신적 스트레스를 받거나 탈진과 식사를 거르는 난민들은 갑자기 쓰러지는 경우도 종종 있다. 다행히 오래 지나지 않아 환자는 깨어났고 모두가 환자의 안전을 확인하고 나서야 한시름 놓았다.

| 갈 곳을 잃은 자들의 설움 |

베카계곡에서 마지막으로 진료하는 날에는 특히 환자들이 많이 왔다. 진료소 밖에서 우리를 기다리는 줄은 끝없이 늘어서 있었다. 이미 손쓸 수 없는 기형아들을 지푸라기라도 잡는 심정으로 데려오는 엄마들이 많았다. 한 집 건너 한 집이 기형아일 정도로 그 수가 많았다.

시리아의 정치와 문화는 약자인 여성과 아이에게 불리한 것들로 가득하다. 시리아 내전의 1차 피해자는 아동과 여성이었다. 3년 동안 이어진 내전으로 시리아에서 12만 6천 명이 숨졌고, 이 중 상당수가 10세 안팎의 나약한 어린이들이었다.

전쟁이라는 정치적 상황뿐 아니라 일부일처제 관습과 종교상의 이유로 원천적으로 낙태를 금지하는 이슬람의 문화 또한 이들의 삶을 더욱 어렵게 했다. 다산이 나쁜 것은 아니지만 육아에 적합한 환경이 갖춰져 있지 않은 상태에서 무모하게 자식만 낳는 것은 어리석은 것이었다.

기본적인 피임 상식이 없는 나라에서 추가적으로 아이를 양육
할 만한 비용은커녕 지금 있는 아이들을 제대로 키울 양육비가 없
음에도 불구하고 아이가 생기면 무조건 낳아야 하는 종교적 굴레
는 이들을 더욱 더 가난의 구덩이로 몰아넣는다. 그러나 그들은 은
연중에 자기 복은 자기가 가지고 태어난다는 사상을 가지고 있었다.
그들의 차별이 인정되고 스스로 수용하게 만드는 사회적 분위기가
암묵적으로 형성되어 있는 것이다.

　　이들의 상황을 보면서 한 나라의 정치체제의 안정이 얼마나 중
요한지를 새삼 느꼈다. 또한 그 나라에 태어난 이유만으로 여성의
인권이 박탈당해 같은 여성임에도 불구하고 이 사람은 왜 이렇게
살아야 하는지 안타까움이 더해 갔다.

　　아이 하나하나가 존중받거나 소중하게 느껴지지 않는 사회의
분위기는 아이가 가져다주는 행복과 기쁨을 감추어 버렸다. 인간
으로서 기본적으로 누려야 할 것들을 누리지 못하는 시리아 난민
들. 잃어버린 고향과 가족에 대한 그리움과 슬픔, 객지에서 언제 또

[←] 진료를 받기 위해
대기하는 아이의 열을
쟀다. 귀가 간지러운지
웃는 모습이 귀여웠다.

다시 전쟁이 터질지 모르는 상황에 두려움에 떨고 있는 하루하루는 그들에게 멈춰진 어두운 시간이었다.

| 먹지 못하는 떡 |

피란 온 레바논의 상황도 안전한 것은 아니었다. 봉사기간 중 이집트 시나이 반도에서 테러가 발생했고 레바논 수도 베이루트에서도 이란 및 쿠웨이트 대사관 부근에서 폭탄이 터져 사상자가 100여 명이나 발생했다. 그랬기에 개인적으로 움직일 수 없었고 보안도 더욱 강화되었다. 진료지 이동 중에는 앞뒤로 레바논 군인들이 보호했고 머무르는 숙소 밖으로 한 발자국도 나갈 수 없었다.

레바논은 기후가 좋고 바다가 정말 아름다웠다. 깊은 바닥이 훤히 보일 정도로 투명한 에메랄드 색을 가진 바닷물은 맑은 태양을 만나 반짝였다. 지금껏 내가 다녔던 봉사지 중에서 가장 아름다운 곳이었다. 하지만 난민들에게 그곳은 먹지 못하는 떡이었다. 바닷물은 손 한 번 담글 수 없는 그림의 떡이었다. 한국에서라면 바다에서 물놀이나 수영, 낚시 등으로 여가를 즐기는 사람들이 많았겠지만 이곳에서는 다들 오늘 하루 먹고사는 것이 문제였다. 그렇기에 바로 옆에 아름다운 바다는 무용지물(無用之物)이었다.

[↑] 에메랄드빛의 바다가 정말 예뻤으나, 이곳 사람들은 당장 먹고사는 것이 급급했기에 이런 풍경은 그림의 떡과 같았다.

마지막 진료지는 알마르지. 레바논에서의 마지막 날은 이곳에서 보냈다. 돈도 연고도 없는 난민은 주로 베카계곡의 이블리아스나 알마르지 등지에 퍼져 있다. 레바논으로 온 난민 상당수는 친인척이나 친구 집에 얹혀살지만 특히 알마르지로 온 난민은 아무것도 없이 몸만 빠져나온 사람이 태반이다. 수니파 신도가 많은 베카계곡에 난민이 가장 많았고, 포화상태인 베카계곡을 벗어나 주변지인 알마르지로 나머지 난민들이 흩어져 있었다. 레바논으로 온 난민들은 터키 요르단과 달리 정부 차원의 지원을 거의 받지 못하고 있다. 레바논 정부의 실세가 아사드 정권의 집권기반과 같은 시아파이기 때문이다. 레바논은 난민 수가 가장 많은 100만 명에 달하지만 정치적 이유로 국가에서 공식적으로 난민캠프를 허용하지 않아 난민 후원이 상대적으로 모자란 부분이 많았다.

알마르지의 상황도 케트르마야와 베카 계곡과 별반 다르지 않았다. 봉사기간 동안 하루에 500여 명이 넘는 환자들이 진료소를 찾아왔다. 수술이 필요한 환자도 있었지만 수술을 진행할 수 있는 환경이 아니었기에 약물로 임시처방을 하였다. 치아 발치를 원하거나 한의과에서 침을 맞는 환자들이 많았다. 일손이 모자라 봉사지 주변에서 경계 근무를 하던 현지 군인 중 일부도 봉사단을 도왔고 환자가 몰려 약을 현지에서 계속 사서 보충했는데도 곧 동이 났다.

한국이었으면 2주일은 쓸 분량을 근 며칠사이에 모두 소진했다. 진료가 끝난 뒤에는 아이들에게 사탕을 나눠 주었지만 그것도 부족해서 끊기는 경우가 많았다. 사탕을 서로 받기 위해 무질서하게 경쟁할 거라 생각했던 바와 달리 오히려 얼떨떨해하는 아이들이 많았는데, 그것이 오히려 내 가슴을 아프게 했다. 한창 단 것이 먹고 싶을 나이에 제대로 구경해 보지 못한 사탕은 아이들에게 생소한 것이었다.

기초생필품도 구하지 못할 정도로 경제적으로 어려운 난민 생활이지만, 부모입장에서는 아이들의 교육문제도 신경이 쓰이기 마련이다. 레바논에서는 가르치는 과목들이 시리아와 조금씩 차이가 있기에 난민 아이들이 학교생활에 적응하기도 쉽지 않다. 레바논에서 만난 시리아 난민 아이들과 부모들은 모두 비슷한 어려움을 가지고 있었다. 안전한 곳에서 친구들과 마음껏 뛰어놀고 싶은 아이들, 아이들에게 추운 겨울 두툼한 옷 한 벌이라도 사주고 싶은 부모의 마음은 이곳에 사는 우리와 별반 다르지 않았다.

그러나 밤마다 나타나는 쥐와 전갈을 비롯해 각종 해충 때문에 제대로 잠을 잘 수 없고, 난민캠프에는 하수와 배수시설이 제대로 안 돼 있어 해충이 득실거린다. 이러한 비위생적인 환경 때문에 난민들은 각종 전염병에 시달리고 있다. 따듯한 가정에서 가족끼리 모여 행복한 시간을 보내는 소박한 기쁨이 이들에게는 가장 큰 소망이었다.

[↑] 아이들과 함께 진료소 앞에서. 천진난만했던 모습이 기억에 생생히 남아 있다.

한편 레바논에서 갱단이 벌이는 장기매매 사업은 요즘 붐을 맞고 있다고 한다. 100만 명에 육박하는 시리아 난민들이 레바논으로 유입되면서 생계곤란으로 장기를 팔려는 이들이 넘쳐 나고 있기 때문이다. 이전까지 장기의 주요 '공급자'는 팔레스타인인이었지만 이제는 시리아인들이 그 자리를 대체하고 있다. 난민들이 늘수록 경쟁은 더욱 치열해지고 공급이 많아짐에 따라 가격은 떨어졌다. 거대 빈곤층과 정부 통제에 대한 걱정이 필요 없는 장기 매매자들에게 레바논은 무법 천국이었다.

내전이 길어지고 난민의 수가 급격히 늘어나는 반면 난민들에게 돌아가는 지원은 점점 더 줄어들고 있다. 세계식량계획(WFP)과 유엔난민기구(UNHCR)는 예산부족 등의 이유로 레바논 내 시리아 난민에 대한 지원을 대폭 줄였다.

내전이 끝나지 않는 한 난민들의 고통은 계속은 될 것이다. 난민들의 처절한 일상을 보면서 우리나라가 떠올랐다. 지금은 휴전을 하고 있지만 1950년 6월부터 한국전쟁이 일어난 3년 동안 얼마나 많은 이들이 가족과 집, 직장을 잃고 고통받았던가.

2014년 2월 남북한 당국 간 합의로 진행된 이산가족 상봉을 보면서 전쟁과 분단의 후유증은 현재까지 지속되고 있다는 것을 절감하였다. 그러나 시리아 난민의 상황은 더욱 심각하다. 이들이 다시 고국으로 돌아가 마음 편히 웃을 수 있는 날은 언제일까? 언젠가 내전이 종식되더라도 이들이 전쟁 동안 겪은 상처를 완전히 치유할 수는 없을 것이다. 그럼에도 불구하고 내전의 종식만이 가장 큰 해결책이다.

네팔

산간 오지에서 첫 의술의 씨앗을 뿌리다

Nepal

2013년 12월, 모두가 연말 분위기에 사로잡혀 들떠 있었다. 벌써부터 다가오는 크리스마스 준비가 한창이다. 제법 쌀쌀한 세모의 거리에는 캐럴이 울려 퍼지며 겨울 분위기에 흥을 돋우고 있었다. 한 해를 마무리하는 시점에서 지금 나에게 가장 필요한 것이 무엇일까? 작년 연말에는 지인들과 정을 나누는 각종 송년회나 모임들로 정신이 없었다. 하지만 이번 연말은 봉사로 마무리하고 싶은 소망이 생겼다. 사람들과 얘기를 나누며 회포를 푸는 것도 좋지만, 한 해를 무사히 마무리한 것에 대한 감사함을 다른 이들과 함께 나누며 베풀고 싶었기 때문이다. 마침 그동안 내가 정말 가고 싶다고 생각한 나라로 봉사를 간다는 소식도 접했기에 떠나는 일은 금상첨화였다.

그 특별한 봉사지역은 바로 네팔이었다. 세계의 지붕이라고도 불리는 네팔의 아름다운 자연 전경은 세계적으로 인정받고 있다. 지구에서 가장 높은 에베레스트 산과 하얀 눈들이 덮인 만년설 히말라야 산맥의 모습은 그야말로 장관이다. 또한 석가모니의 탄생지로 산악인들뿐 아니라 종교 순례자들도 많이 찾는 곳이기도 하다. 다양한 소수민족 사이에 아직도 많은 비밀을 감추고 있는 네팔은 셀 수 없는 매력을 가진 나라다. 그 매력은 여행을 좋아하는 내게 네팔에 대한 낭만을 품게 했다. 평소에 사진이나 영상으로 간접적으로나마 느꼈지만, 네팔은 가장 가 보고 싶은 나라 중 하나였다.

네팔은 북쪽으로는 중국의 티베트와 히말라야산맥을 사이에 두고 접하고 있으며, 그 외 지역은 인도와 국경을 접하고 있다. 세계 10대 최고봉 가운데 8개를 보유한 국가로 지형이 험악하기로 유명한 산악 국가이기도 하다. 또한 지리적으로 인도와 중국 사이에서 두 국가의 완충 작용을 할 수 있는 중요한 위치에 있다. 네팔은 어떻게 보면 한반도와 비슷하다. 산악국가라는 특징과, 중국과 일본의 완충작용을 하는 우리나라의 지리적 중요성과 어딘가 닮아 있다.

과거에 카트만두 분지는 네팔계곡이라고도 불렸다. 그 계곡 이름에서 국명이 유래되었다는 말도 있고 성스럽다는 의미의 '네'(Ne)와 동굴이라는 의미의 '팔'(pal)에서 유래했다는 말도 있다. 이렇게 네팔에 대한 유래는 의견이 분분하지만, 개인적으로는 성스러운 동굴이라는 유래가 더 끌린다.

[↓] 멀리서 바라본 에베레스트의 모습. 네팔을 세계의 지붕이라 불리게 한 장관이다.

[↑] 네팔 산악마을의 전형적인 밭 풍경. 농업이 주 소득원인 이들에게 중요한 곳이다.

{ 네팔 }

특히나 이번 봉사는 크리스마스 직전에 계획되어 있어, 마치 나에게만 산타클로스 할아버지가 미리 선사해 주는 '크리스마스 선물' 같았다. 으레 선물이라는 것은 무엇인가를 받는 것이지만, 봉사를 함으로써 채워지는 모든 것이 나에게는 선물을 받는 기쁨과도 같다. 봉사는 마치 어릴 적 받았던 '종합선물세트' 같다. 상자를 열지 않고서는 무슨 과자가 있는지 알 수 없듯이, 봉사 역시 떠나기 전에는 무엇이 펼쳐질지 아무도 모른다. 상자를 열기 전의 그 기대감과 열었을 때의 설렘과 기쁨도 봉사의 그것과 같다. 이렇게 봉사는 항상 나에게 무엇인가를 남겨주는 선물이 된다.

늘 해외봉사를 앞두곤, 미지의 세계에 대한 생각으로 마음이 들뜬다. 때로는 현지 풍토병이나 치안이 안전하지 않은 나라도 있어 두려움이 생길 때도 있다. 하지만 중년의 나이를 넘기고 나서는 그런 원초적 두려움 앞에서 겸손해진다. 이렇게 봉사는 자연과 질병 앞에 늘 겸손해야 함을 느끼게 한다. 봉사를 다니면서는 어떤 보이지 않는 힘이 우리를 안전하게 보호하며, 봉사를 마음껏 할 수 있도록 도와주는 것 같다는 경험을 몇 차례 겪었다. 그 이후부터는 떠나기 전 마음이 한결 가벼워졌다.

처음 가는 지역에 대한 두려움보다는 가볍게 설레는 마음이 먼저 찾아왔다. 네팔의 마을은 어떤 곳일까? 이번에는 어떤 환자들이 우리를 기다리고 있을까? 등 나 혼자 다양한 상상의 나래를 폈다. 네팔에 대한 갖가지 상상들은 이미 네팔에 와 있는 듯 착각을 불러일으켰다. 구름이 드리운 장엄한 히말라야 산맥, 푸른 산속 깊이 파묻힌 마을, 해맑게 웃는 아이들 등 아름답게 펼쳐진 자연과 때 묻지 않은 민족들이 떠올랐다. 그러나 상상만으로는 한계가 있는 법! 백문이 불여일견이라는 말이 있듯이 실제로 겪어보지 않고서 그 나라를 짐작하기는 어려웠다.

역시 해외는 어릴 때 나가야 한다는 말이 맞나 보다. 해가 갈수록 해외오지 의료봉사가 상당한 체력이 요구된다는 것을 실감한다. 최소 일주일 이상 제대로 먹지 못하고 격무에 시달리는 봉사는 건강한 신체가 필수이다. 특히 일주일 전에 호주에서 개최된 민주평화통일자문회의 아시아 여성대회에 서울대표로 참석하고 돌아와 여독이 풀리지 않은 상태였다. 호주는 남극이라 12월이 한여름이고 반대로 네팔은 한겨울이었다. 일주일 만에 여름에서 겨울로 이동하는 상황이라 기온차이에 신경이 쓰였다. 시차적응도 문제였다. 호주는 한국보다 1시간 빠른 반면 네팔은 한국보다 3시간 정도 느렸다.

그렇지만 네팔 봉사 자원자로 확정되자 이런 사소한 고민들은 눈 녹듯 사라졌다. 빨리 그곳으로 갈 생각에 트렁크에 있는 여름옷가지들을 빼내고 겨울옷들로 채워 넣었다. 분명히 필요할 것이라 생각하기 때문일까? 혹은 가져가지 않으면 아쉬움이 남기 때문일까. 비상시에 대비하여 이것저것을 챙겨 가려 노력한다. 특히, 오지로 나갈 땐 고추장이나 김치 같은 음식을 넉넉히 챙긴다. 타지에 나와 힘들고 지칠 때 한국음식은 원정대 모두에게 반가운 얼굴이다. 내가 연장자이고 한 아이의 엄마이기 때문인지는 모르지만 이렇게 챙기는 것이 이제는 습관이 되었다. 그래서 보통 1인당 비행기에 실을 수 있는 25kg를 채우고도 같이 가는 식구들 먹을거리까지 챙겨 짐이 한도를 초과할 때가 많다. 이럴 때는 짐이 적은 젊은 자원봉사자 친구들이 나의 짐꾼을 자처해 준다. 그들에게 늘 미안하고 고맙다.

다른 나라로 떠나기 전에 준비하는 것 중 하나가 예방주사이다. 자원봉사자들은 현지 풍토병에 맞춰 그것을 대비하는 예방주사를 맞는다. 주사를 맞는 것을 좋아하는 사람은 없듯이 나도 주사를 맞는 것을 무척 싫어한다. 그러나 큰 병을 예방하려면 작은 아픔은 견뎌야 한다는 생각에 빼먹지 않고 대비한다. 예방주사는 봉사지에 따라 다르지만 주로 A형 혹은 B형 간염이나 말라리아, 장티푸스 등 여러 가지 종류가 있다. 주로 한 번에 한 개를 주사하지만, 한꺼번에 두 개를 맞는 경우도 있다. 하지만 다행히도 네팔 봉사는 따로 챙겨야 하는 예방주사가 없어서 마음이 한결 홀가분했다.

주말 새벽 4시. 주말의 여유를 느끼고자 간혹 늦잠을 자기도 하는 시간이지만, 오늘만은 예외다. 드디어 네팔로 가는 출국일이 다가왔기 때문이다. 호주에서 돌아온 지 일주일도 되지 않아 다시 떠나야 했지만 마음만은 가벼웠다. 호주에 다녀와서 널어놓은 빨래가 마르기도 전, 나는 다시 문밖으로 나섰다. 아침 7시, 이른 아침이었지만 봉사자들이 모두 모여 있었다. 한국에서 멀리 떨어진 국가였기에 봉사를 자원하는 인원이 적었다. 나를 포함해서 7명 정도였다. 주로 가까운 나라일수록 봉사하는 인원이 많이 몰리는 편이다. 보통 20명 내외 정도의 인원으로 꾸려진 원정대가 봉사를 하게 된다. 이러한 소수인원으로 갈 경우 한 사람이 두세 사람의 몫을 해야 해서 바쁘고, 체력적으로도 힘들다. 하지만 봉사자끼리 훨씬 친밀해지고, 봉사가 끝날 무렵에는 가족처럼 돈독해진다. 인원은 적었지만 다들 네팔 봉사에 대한 기대감으로 눈빛이 반짝였다.

비행기를 타고 7시간 정도를 이동해야 하는 네팔. 하지만 이렇게 도착 후 바로 봉사를 시작할 수 있으면 좋으련만 우리가 봉사를 가는 곳들은 대체적으로 그렇지 않다. 비행시간보다 험한 육로 이동시간이 더 긴 경우가 다반사다. 보통 해외봉사는 의료혜택을 받기 힘든 오지나 의료환경이 열악한 곳을 찾아가는 것이 대부분이라 장기간의 이동시간을 감수해야 한다. 특히 육로 이동시간은 비행시간보다 더욱 힘들다. 주로 비포장도로들을 달려야 해서 승차감이 불안정하다. 이로 인해 멀미하는 사람들도 많다. 우리의 최종 목적지인 '로우떳'(Rautahat)도 7시간 비행 후에 그보다 더 긴 시간을 이동해야 비로소 갈 수 있는 곳이었다.

7시간의 긴 비행 후 네팔 카트만두의 트리부반 공항에 도착했다. 공항 내부에는 입국 수속으로 기다리는 사람들로 가득했다. 히말라야 트래킹을 가려는 사람들인지 등산복을 입은 사람들이 줄지어 서 있었다. 카트만두 공항은 비행기 표가 없으면 안으로 들어올 수 없었다. 공항 밖으로 나서자 늦은 시각임에도 여행자들을 기다리는 여행사 직원들을 볼 수 있었다. 새벽에 도착했기에 모두가 비몽사몽이었다. 공항에서 숙소로 바로 가면 좋으련만, 카트만두가 최종 목적지가 아니기에 서둘러 다음 일정에 돌입했다.

그러나 우리가 공항에서 출발 후 2시간 동안 이동한 거리는 고작 1.5km. 이곳에서 우리는 한국에서도 보기 힘든 엄청난 교통체증에 시달려 호된 신고식을 치렀다. 제대로 된 신호등이 없으니 교통이 통제되지 않았다. 이런 교통체증은 이들에게는 일상적인 일이겠지만, 우리는 할 일이 태산이기에 마음이 새까맣게 타 들어갔다. 차선이 없는 도로에서 차량들은 중앙선을 넘나들었다. 어떤 차는 역주행을 하는 경우도 있었다. 오토바이들은 자동차 사이를 요리조리 피하며 내달렸다. 차와 사람, 동물들이 뒤섞여 어지러이 돌아가는 도로의 모습은 한국에서는 상상도 할 수 없는 진풍경이다.

그래도 접촉사고 없이 요리조리 운전해 나가며 인파와 차량의 홍수를 무사히 빠져나가는 운전사의 솜씨가 대단했다. 이런 교통체증이 계속되면 12시간이나 걸린다는 목적지에 언제 도착할 수 있을지 슬슬 걱정이 되기 시작했다. 이런 상황에서 식당에 가서 편하게 식사를 챙기며 가는 건 어려웠다. 그래서 우리는 이동하는 중간중간 싸온 빵 등 간식거리로 끼니를 해결했고, 가다 서다를 반복해가며 최종 목적지를 향해 가고 있었다. 도로는 비포장이라 먼지가 수북했다. 차들은 그들이 밟고 가는 먼지들로 분단장을 하였다. 과거 우리 60년대 시골의 신작로에서 버스가 지나가면 일어나던 흙먼지가 갑자기 생각났다.

　　현지 공항부터 시작하여 거의 12시간을 이동했고, 인천공항에서 비행기를 타고 온 7시간까지 합치면 무려 20시간 정도를 이동만 하였다. 거의 하루에 가까운 시간 동안 쉬지 않고 강행군하여 이동한 셈이다. 드디어 새벽 3시가 넘어 최종 목적지에 도착하고 숙소에서 여장을 풀 수 있게 되었다. 게스트하우스의 첫인상은 허름했지만 개의치 않았다. 한시라도 빨리 쉬고 싶은 마음이었다. 우리들은 내일의 진료에 대비하여 의료 장비를 점검하고, 약품정리로 인해 밤늦은 시간까지 부산히 움직였다. 내일 아침부터 바빠질 일정을 생각하면, 그래도 지금이 한가한 시간이다.

그러나 새벽부터 바깥에서 웅성거리는 소리 때문에 몇 시간을 못 자고 눈을 떴다. 우선 따듯한 물로 샤워를 하며, 여독을 풀자는 생각으로 샤워실로 향했다. 샤워기 물을 트는 순간 차가운 물줄기에 정신이 번쩍 들었다. 아무리 뜨거운 쪽으로 샤워기를 틀어도 수도꼭지에서 따듯한 물은 한 방울도 나오지 않았다. 여름이라면 상관없겠지만, 이른 초겨울이라 차가운 물 샤워는 염두도 못 냈다. 호텔 쪽에 부탁했더니 따듯한 물을 한 양동이를 가져다주었다. 수고해주어 고마운 마음에 1달러를 내밀었다. 직원의 눈이 휘둥그레지더니 연신 고맙다는 인사를 한다. 나에게는 작은 성의였던 1달러가 그들에게 거금의 돈이었던 것이다. 그러나 얼마 안 가 나는 나의 행동을 후회했다.

팁을 받는 재미에 직원은 샤워할 때마다 뜨거운 물 한 동이를 계속 가져왔다. 한 통을 더 가져오면 또다시 1달러를 줄 것이라 생각했는지 10분 정도의 시간을 두고 다른 직원이 한통을 가지고 와서 1달러를 받기 위해 문을 노크하였다. 처음에는 그의 의도를 알아차리지 못해 의아했지만 얼마 안 가 본심을 알아차렸다. 한두 번은 1달러를 더 챙겨주었다. 하지만 계속 그 속셈에 넘어갈 순 없었다. 샤워를 중단하고 계속 받으러 가는 것도 매우 번거로웠기 때문이다. 결국 "No!"라고 딱 잘라 거절의사를 표시했다. 그제야 내 의사를 알아듣고 아쉬운 표정으로 돌아섰다. 따뜻한 물 한 동이를 얻는 데에도 이런 우여곡절을 거쳐야 했다.

씻는 것에 대한 어려움은 그것으로 끝이 아니었다. 감은 머리를 말리던 중 갑자기 드라이기가 작동을 멈췄다. 건물 전체가 정전된 것이다. 어떤 때는 정전이 나서 숙소 주방까지 내려가 머리를 말린 경우도 있었다. 이런 낯선 상황들을 경험하며, 내가 이곳 네팔 오지에 와 있다는 사실을 더 실감할 수 있었다. 이렇게 따뜻한 물 한 바가지의 고마움과 서울에서 매일 무감각하게 쓰는 전기의 소중함을 느꼈다. 나중에는 한 바가지만으로도 요령껏 씻을 수 있는 기술이 생겼다.

네팔에서의 험난하지만 특별한 봉사 여정은 이제 막 시작이었다. 이런 일상의 문제로 소소한 재미를 느끼며 이곳에서의 생활이 더욱 기대되었다. 앞으로 과연 어떤 일들이 펼쳐질까?

| 사소취대(捨小取大) |

우리가 의료 캠프로 정한 곳은 마을의 한 초등학교이다. 내가 지금껏 다녀본 10개국 중에서 가장 열악한 마을이었다. 처음엔 이곳이 낙후된 지역이라 학교는 있을까 생각했는데, 그나마 학교가 있다는

사실에 안도했다. 오지 봉사활동을 다니며 가장 가슴 아픈 건 제대로 먹고 입고 배우지 못하는 아이들을 볼 때였다. 이곳에 초등학교가 있어 아이들이 교육받을 수 있는 기회가 있음에 감사하였다. 또한 이곳에서 우리가 봉사를 할 수 있으니, 이보다 더 감사할 수 없었다. 우리를 마중 나온 NGO 단체가 우리들에게 환영의 의미로 메리골드 꽃목걸이를 걸어주었다. 이와 함께 제3의 눈을 의미하는 빨간 점인 '티카'를 찍어 주었다. 황금빛의 작은 국화들로 만든 꽃목걸이를 걸자 메달을 딴 국가대표 같았다. 갑자기 한국을 대표하여 왔다는 생각에 자부심이 솟았다.

이곳에서 의료봉사가 진행된다는 사전 고지가 있었기 때문일까? 첫날부터 너무나 많은 사람이 한꺼번에 몰려 이곳의 경찰들이 한껏 분주했다. 그런데 주민들 사이에서 볼멘소리가 나오고 있었다. 경찰들이 자기 가족과 지인을 우선적으로 배정해 치료받게 하고 있었던 것이다. 경찰들은 일반적으로 우리가 생각하는 경찰의 '청렴'과 동떨어져 있었다. 우리들은 이런 경찰들의 편법과 일탈에 마음이 불편했지만 이들의 도움을 받아야 더 많은 환자를 진료할 수 있다 보니 알면서도 참을 수밖에 없었다. 이렇게 해외봉사를 다니다 어느 사회의 부정부패와 빈부 격차 등을 목격한다. 가끔씩 회의가 들고 딜레마에 빠질 때가 있다. 그럴 때마다 '큰 것을 위해 작은 것을 희생해야 하는 상황도 있다'는 생각으로 불편한 마음을 달랜다.

중요한 것은 이런 특권을 받을 수 없는 환자를 한 명이라도 더

[↑] 진료를 받으러 온 환자들과 함께. 귀한 손님에게 주는 꽃레이를 걸어 주고, 이마에는 제3의 눈인 티카를 찍어 주었다.

[←] 네팔과 인도 사이의 국경에서. 나라 간의 경계선이 분명치 않아 신기했다.

{ 네팔 }

치료하는 것이다. 그것이 우리의 소명임을 알기에, 상황에 맞는 융통성을 발휘할 수밖에 없다. 어느 나라든지 문화와 질서의식이 중요하다는 것을 절감한다. 그러나 법이나 질서도 최소한의 의식주가 갖추어야 가능하다는 것을 느낀다. 생존이 절박한 상황에서 준법질서가 자리 잡기는 어렵다. 과거 60~70년대 줄서기가 정착되지 않았던 한국의 상황이 떠올랐다. 줄서기도 자신의 차례가 돌아온다는 확신이 있을 때만 가능하다. 그렇지 않으면 줄서기를 강요하는 것은 무의미하다는 생각이 들었다. 평생 의사를 보지 못한 이곳 네팔 사람들에게 의료검진은 로또에 당첨되는 행운이었다.

| 팔려가는 여인들 |

진료를 시작한 첫날. 이곳은 여성보다 남성 환자가 훨씬 더 많았다. 궁금한 마음에 이유를 묻자 이 지역은 흔히 말하는 남존여비 사상이 강한 지역이라 남편이나 아버지가 허락할 경우에만 여성의 이동이 자유롭다고 한다. 네팔에서는 남아선호사상이 뿌리 깊게 박혀있다. 의료캠프 역시 집안의 남성들이 우선 다녀와 본 후 여성들을 보낼지 말지 결정하는 것이기에 남성이 많을 수밖에 없다고 했다. 하지만 봉사를 가기 전 접한 사전정보에서 이곳에 특히 조산 등 여성

질환이 많다는 정보를 접한지라, 이런 환경이 더욱 속상하고 안타깝게 느꼈다. 여성에게 최소한의 인권이 보장되지 않는 것 같았다.

네팔 여성들은 가정에서 여러 일을 책임져야 한다. 요리와 육아는 물론 밭일과 가축도 돌봐야 하고, 땔감도 구해야 한다. 가사노동과 관련된 모든 책임이 여성에게 있지만, 그에 대한 권한은 아무것도 없다. 네팔에서는 남성이 아무리 몹쓸 짓을 하며 여성을 무시해도 남성을 원망하면 안 된다는 분위기가 깔려 있다. 시골로 갈수록 상황은 더욱 안 좋아진다. 20~30년 전보다는 많이 좋아졌다고 하나 여성은 아직도 아무 권리가 없다. 각종 통계상으로도 네팔의 사망률 중에서 여성들의 산부인과에 관련된 비율이 매우 높았다. 사회적으로 여성의 인권이 낮기 때문에 여성들은 쉬운 성매매 대상이 된다. 태어날 때부터 약자인 네팔의 여성들은 한화 300만 원에 인도로 팔려가는 일이 비일비재하다.

농업이 주요 소득원인 이들은 과도한 노동으로 관절염 및 신경통 등의 질병이 많다. 그래서 통증으로 인해 한의과를 찾는 환자들이 많았다. 또한 상하수도 시설이 미비하여 콜레라, 장티푸스 등 위생과 관련한 질병을 가진 환자들이 많았다. 모든 주민들이 공중화장실과 공동우물을 사용하여 안전한 식수를 조달하는 것이 큰 문제였다. 과연 우물청소는 제대로 하는지 걱정이었다. 길가마다 사람들은 무언가 작은 갈색덩어리를 만지작거렸다. 알고 보니 소의 배설물을 모아서 메주덩어리처럼 만들어 땔감으로 활용하기 위해서

[→] 밭에서 채소를 수확 중인 아버지와 딸. 힘든 내색 없이 아버지를 돕는 딸이 인상 깊었다.

[↓] 끝없이 늘어선 진료 대기자들. 식사도 하지 않은 채, 하루 종일 차례를 기다리고 있었다.

였다. 이들에게 전기나 석유 등의 현대식 연료를 사용할 만한 경제적 여유는 없었다.

| 아플 때 치료받을 수 있는 건 특권이다 |

나는 환자들의 체온을 재는 업무를 맡았다. 초진에 해당하는 의료 행위다. 이후 진료카드를 작성하고 체온을 기록하였다. 한국에서는 병원에서 간호사들이 하는 역할이었다. 이곳 사람들의 대부분은 귀에서 누런 고름이 나왔다. 우리나라에서는 이런 상태가 될 때까지 방치하는 경우는 거의 없다. 이렇게 고름이 고인 귀에 대해 이토록 무감각 하다니, 정말 놀라웠다. 거의 모두가 그러하니, 그들에겐 이런 것이 병이라는 인식조차 없는 듯했다. 고름이 나는 수백 명의 환자의 열을 재자니 그 특유의 냄새가 고역이었다.

[→] 여성들의 폐쇄적인 옷 때문에, 열을 잴 때마다 망토를 내려야 했는데 물이 귀한 곳이다 보니 씻지 못해, 냄새가 고약했다. 하지만 싫은 내색은 하지 않았다.

{ 네팔 }

특히 여성들은 머리까지 뒤집어쓰는 옷을 입고 있어 열을 잴 때마다 옷을 내려야 하는데 땟물이 줄줄 흘렀다. 물이 귀한 곳이다 보니 다들 씻는 것은 고사하고 빨래도 하지 못하는 듯하다. 많은 환자들의 열을 재다보니 팔을 들 수 없을 정도로 저려 오기 시작했다. 그러나 불편하고 싫은 내색은 하지 않았다. 나를 희생하여 봉사하러 왔으니 최대한 상대방을 배려한다는 봉사원칙을 계속 상기하면서 손놀림을 분주하게 움직였다. 주민들은 신발을 신지 않았고 옷도 거의 갈아입지 않았다. 돌에 채이고 상처에 익숙해진 발바닥은 딱딱한 굳은살이 두텁게 박여 있었다. 과도한 노동으로 통증이 심한 환자들은 한의사들의 침을 맞는 것을 선호하였는데, 한의사들이 맨발에 침을 놓았으나 거친 발바닥은 굳어서 침이 잘 들어가지 않았다.

어느 새 점심시간이 되었고, 마을에서 감사의 표시로 점심을 준비해 주었다. 이들은 손으로 음식을 먹었으나 우리에게는 따로 젓가락이나 포크 등을 마련해 주었다. 묽은 커리와 바스마티 쌀로 만든 밥이었다. 향신료가 내 입맛에는 맞지 않았지만, 점심을 챙겨주려는 주민들의 배려가 느껴져 점심을 먹는 내내 마음만은 훈훈해졌다. 이렇게 밥 한 끼를 나누며, 우리는 이곳 사람들과 속정을 나누고 있었다. 그러나 이곳은 전기 공급이 원활하지 못해 해가 저물면 진료하기 어려운 여건이 된다. 그래서 우리는 점심을 먹자마자 이내 진료를 다시 시작했다. 최대한 해가 있는 동안 한 명의 환자라도 더 치료하는 것이 봉사의 목적을 달성하는 것이기 때문이다.

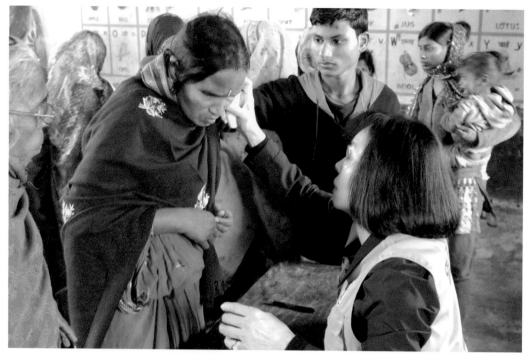

[↑] 환자들의 열을 잰다. 대다수가 병원에 가본 적도 없는 사람들이기 때문에 귀에 무엇을 하는 것인지 몰라 매우 두려워했다.

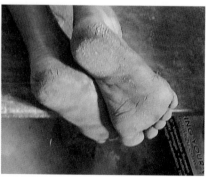

[←] 신발을 신지 않아 발바닥에 굳은살이 박인 환자. 발바닥에 침을 놓아야 하는데, 침이 들어가지 않아 한의사가 애를 먹었다. 사람발인지 쇠발굽인지 구분하기 힘들 정도였다.

해는 일찍 졌지만, 찾아오신 분들이 너무 많아 우리는 예정보다 한 시간 정도 더 진료를 하고 숙소로 향할 수밖에 없었다. 왠지 내일은 오늘보다는 더 많은 사람이 올 것 같다는 생각이 들어, 어제보다 일찍 잠자리에 들기로 했다. 긴 여정 속에서 첫날 진료를 마치자 긴장이 풀리며 피로가 한꺼번에 몰려왔다. 저녁식사 후 숙면을 취하려 일찍 잠자리에 들었다. 그러나 난방이 되지 않아 추위가 몰려왔고, 산간오지의 낯설음에 쉽사리 잠에 들지 못했다. 네팔에 대한 첫인상과 낮에 진료를 하며 느낀 여러 가지 생각들이 머릿속에 맴돌았다.

인간이 태어나서 의식주를 갖추고 아프면 치료를 받는 것이 네팔에서는 정말 대단한 특권이라는 생각이 들었다. 그만큼 인간으로서 기본적인 것조차 누리지 못하는 이들이 많았다. '내가 만약 네팔에서 태어났다면 어땠을까?'하는 생각이 문득 들었다. 평생 의사 한 번 만날 수 없어 간단한 병에 걸려도 치료를 받지 못해 죽음을 앞당기는 것은 얼마나 큰 불운인가? 한국에서 아플 때 병원을 갈 수 있다는 사실만으로도 감사하다는 생각이 들었다. 그동안 내가 의식하지 못했던 당연한 것들에 대해 감사함을 느꼈다.

이십 년 전 서울대학교 병원에서 두 차례에 걸친 심각한 수술을 받았던 순간이 떠올랐다. 수술실에 들어가는 순간은 다시는 이승에 돌아오지 못할 수도 있다는 공포가 온몸을 휘감았다. 가끔은 정말 죽음의 문턱까지 간 것은 아니었는지 생각해 보곤 한다. 췌장에 있는 혹을 제거하는 10시간에 걸친 대수술은 무사히 끝났지만 그 후 2년간은 체력을 회복하는 데 상당한 힘이 들었다. 그 이후 나는 인생의 덤을 살고 있다는 생각이 들곤 한다. 아마도 내가 네팔에서 그런 병을 얻었다면 거의 생을 마감하였을 것이다. 지금에 와서 생각해 보면, 신이 내게 생명을 연장하도록 허락하신 것은 남을 위해 봉사하는 삶을 살라는 뜻이 있었다고 생각한다.

| 진료 로또에 몰리는 사람들 |

다음날은 어제보다 서둘러 아침식사를 하고, 현장에 일찍 갔다. 역시나 나의 예상은 틀리지 않았다. 첫날보다 더욱 많은 사람들이 몰려들어 우리를 기다리고 있었다. 지금껏 다녀간 어느 나라보다 압도적으로 많은 수였다. 사람이 많을수록 신속하고 정확해야 했다. 우리들은 마치 약속이나 한 것처럼 신속히 자신의 자리를 찾아갔다. 우리는 마치 '암묵적 합의'를 한 것같이 어느 누구의 지시가 없어도 필요한 장소를 찾아갔다. 봉사를 자주 다니는 사람들은 눈치가 빨라질 수밖에 없다. 누구의 지시를 받지 않고도 척척 자신의 일을 찾아 움직여야 하기 때문이다. 모두가 자발적으로 험한 오지에 온 것이기 때문에 목적의식이 분명하였다. 어느 누구 하나가 움직

이지 않으면 전체 진료가 마비될 수밖에 없다. 몰려오는 환자의 열을 재고 기록하여 의사와 약사들에게 적시에 보내지 않으면 진료가 중단된다. 마치 우리는 자동차 공장의 생산라인처럼 접수, 진료, 약국의 업무를 수행했다.

셋째 날부터는 너무 많은 사람들이 모여들었다. 접수대에 앉아 있는 나는 날선 시위대에 혼자 맞서는 사람처럼 압사의 공포까지 느꼈다. 결국 진료를 잠시 중단하고 지역 경찰을 불렀다. 환자들이 너무 많이 몰려와 문도 제대로 닫히지 않았다. 어제와 같은 혼잡한 상황은 또 되풀이 되었고, 이 상황은 쉽사리 정리되지 않았다. 경찰들은 몽둥이를 들고 큰 소리로 위협했고, 그 소리를 듣자 환자들이 일단 진정되었다. 우리도 이런 어수선하고 긴박한 상황이 처음인지라 적잖이 당황했다. 하지만 그들이 이해되었다. 이날이 아니면 언제 의사를 만나볼 수 있을지 몰랐다. 진료의 로또를 손에 쥐기 위해 달려드는 사람들은 그들이 가진 어려운 환경이 만들어낸 당연한 모

[→] 진료 대기 중인
환자들이 계속
기다리고 있다.
남성들은 거의 먼저
진료를 끝낸 상태다.

습이었다.

이날 약 600여 명의 환자를 치료하고 돌볼 수 있었다. 이렇게 세 번째 진료 역시 정신없이 지나갔다. 이렇게 많은 환자들이 오다 보니 어린이 환자도 많이 방문했다. 우리는 아이들에게 한국 동요인 〈퐁당퐁당〉, 〈반짝 반짝 작은 별〉 등을 가르쳐 주었다. 비록 발음은 서툴렀지만 음을 익혀 곧잘 따라 불렀다. 아이들을 가까이서 보니 정말 예뻤다. 접수할 때는 바빠서 보지 못했던 순박한 눈빛과 입가의 미소를 보니 눈을 뗄 수 없었다. 서투르게 동요를 따라하는 모습도 정말 귀여웠다. 아이들을 바라보니 자연스럽게 미소가 지어진다. 몰려오는 환자들로 인해 쌓인 피로감이 조금 풀리는 느낌이었다.

3일차 일정이 끝난 후 숙소로 돌아가 팔에 파스를 붙였다. 팔이 너무 아파서 들지 못할 지경이었다. 하지만 남아 있는 마지막 봉사 일정이 있었다. 임시방편으로라도 응급처치가 필요했다. 이후 우리는 내일의 상황에 대해 조심스레 회의를 했다. 아마도 내일은 접수를 중단해야 할지도 모르겠다는 이야기가 오갔다. 예상을 뛰어넘는 환자들의 수로 인하여 준비해 간 약품들이 벌써 바닥을 드러내기 시작했다. 현지에서 약을 사서 계속 보충했지만, 그것만으로도 역부족이었다. 사전에 준비를 철저히 해도 언제나 현지에서는 변수가 생기기 마련이다.

우려와 함께 4일차 일정이 시작되었다. 우리는 접수를 그만하기로 결정했다. 접수를 계속 받을 경우 약품이 턱없이 부족한 상황

[↑] 시어머니와 며느리가 쇠똥으로 연료를 빚고 있다. 자원이 없는 이들에게 쇠똥은 중요한 땔감이다.

이 예상되었기 때문이다. 너무 많은 사람들이 번호표를 받고 대기하는 상황이어서 할 수 없이 이런 결정을 내릴 수밖에 없었다. 일단 학교 정문을 닫기로 했다. 너무나 많은 사람들이 한꺼번에 몰리다 사고가 날 수 있으니, 미리 대비를 해야 했다. 봉사단체에서 봉사를 제대로 진행하기 위해서 최우선에 두는 것이 바로 안전이다. 자칫하여 의욕이 지나쳐 사고가 나게 되면 우리는 이들에게 피해를 끼치게 되는 것은 물론이고, 이와 함께 마음의 빚까지 지게 된다. 하나라도 더 내어 주고 싶은 이들에게 어떤 상처와 피해도 주고 싶지 않았다.

　그럼에도 불구하고 우리의 예상대로 너무나 많은 사람들이 학교 밖에서 문이 열리기만을 기다리고 있었다. 일단 학교 정문을 폐쇄하고, 기존에 번호표를 받은 사람들과 접수를 마친 사람들만 입장을 시켰다. 우리의 요청으로 지역경찰도 수십 명이나 지원되었다. 그러나 경찰들이 출입을 통제했음에도 불구하고, 어느 순간 둑이 터져 물밀듯 사람들이 들어왔다. 어제보다 더 많은 사람들이 찾아 왔고, 진료를 받으러 온 사람과 구경 온 사람에 물건 파는 사람까지 더해져 혼잡은 이만저만이 아니었다. 마치 시골 장날에 온 산골마을 사람들이 몰려나와 아수라장이 된 상황이었다. 의료진과 봉사자들은 화장실까지 참아야 했다. 사투 아닌 사투를 벌이며 진료를 하였다. 나는 이럴 때면 점심은 아예 포기한다. 나이 탓인지 현지 음식에 대해 젊은 친구들보다는 적응을 못하는 것도 있지만, 이렇게 바쁠 때면 점심을 거르는 경우가 몸도 마음도 편하기 때문이다.

| 기본적인 의료 시스템만 있었어도⋯ |

나흘이라는 시간이 경과하면서 현지인들의 성격이 어느 정도 파악되었다. 대부분의 사람들이 순박하긴 하지만 일부는 거칠고 호전적

이었다. 경찰이 있었음에도 불구하고 사람들이 한꺼번에 들이닥쳐 압사의 공포를 느낀 순간도 있었다. 이렇게 네팔에서 진료를 하다 보니 '곳간에서 인심난다'는 우리의 옛말이 생각난다. 인간이 기본적으로 질서를 지켜야 하지만 본인들이 반드시 진료를 받기 위해서는 다른 사람을 고려할 여유가 없는 순간이 발생한다. 그렇기에 자신이 심리적으로 여유가 있어야 타인을 배려할 여력이 생긴다. 이렇게 우리는 그들의 공격성과 순박함을 동시에 경험해 가며 네팔에서의 마지막 날을 기다리고 있었다.

이곳은 네팔의 남부로 어려운 상황이었다. 일부 주민들은 식량부족과 척박한 생활여건으로 생존을 위해서는 많은 어려움을 극복해야 했다. 그 결과 공격적이고 전투적 성향이 몸에 배어 있는 것처럼 느껴졌다. 이곳은 지리적으로 인도 북부와 국경을 접하고 있기 때문에 네팔 본토의 문화보다 인도 북부의 영향을 많이 받았다. 그러나 지성이면 감천이라 했던가. 우리도 용케 이렇게 거친 사람들과 씨름하며 소통해 나가다 보니 벌써 무사히 5일차 아침을 맞이하게 되었다. 역시나 오늘도 어김없이 많은 사람들이 찾아와 오전 딱 1시간 접수를 했음에도 불구하고, 많은 대기인원이 생겼다. '과연 접수한 사람 모두를 진료할 수 있을까'라는 걱정은 이내 현실이 되었다.

오늘도 역시 오후가 되자 진료소 안쪽까지 사람들이 들어와 진료하기 어려운 상황에 이르렀다. 봉사자와 경찰 등의 도움으로 혼란은 정리됐지만, 계속 반복되는 상황에 해결책이 없음을 알기에 우리는 예정보다 일찍 진료를 마무리할 수밖에 없었다. 이어 그날 저녁엔 4일 간의 짧은 진료일정 동안 수고해 준 네팔지역 NGO 관계자와 통역원 그리고 진료를 도와준 현지 의사 모두를 초대했다. 모두 모여 저녁을 함께 하며 공식적인 봉사일정을 마무리했다.

공식적인 봉사일정 이후 떠나는 아쉬움이 남았다. 내가 예상한 히말라야 설산은 보지 못했지만, 이들에게 어느 순간 정이 들었다. 초가집과 아궁이, 맨발의 아이들, 면도하는 남성 등 하나하나가 잊히지 않았다. 맨발로 돌아다니는 이들을 보며 '한국의 남는 신발'들을 모두 모아서 가져다주고 싶을 정도로 애틋해졌다. 쉴 새 없이 몰려오는 환자들을 보며 힘들기도 하고, 공격적인 면 때문에 때로는 무섭기도 했다. 하지만 그들은 기본적인 의료시스템을 경험한 적이 없었기에 한 번의 치료가 절실했다. 오아시스 물 한 방울처럼 더욱 그것을 갈망한 것이다. 그런 모습이 너무도 안타까웠다.

| 상상과는 달랐던 그곳의 행복 |

다시 돌아갈 준비로 분주한 6일차 아침. 우리는 국내선 비행기가 종종 결항되기에 이틀이라는 여유를 갖고 출발하게 되었다. 약 2시간

반을 달려 도착한 지역공항에는 우리를 기다리는 17명 정원의 경비행기가 대기하고 있었다. 그러나 비행기가 작다 보니 화물을 실을 수 있는 허용범위도 적어 몇 개의 짐은 두 시간 후 출발하는 비행기로 받기로 했다. 이들의 세심한 배려에 감사하며 떠나는 섭섭한 마음을 달랬다. 그렇게 우리는 로우떳(Rautahat)과 작별을 고하고 있었다. 그런데 이럴 수가! 올 때는 육로로 이동해 무려 12시간이나 걸렸는데 경비행기로 돌아갈 때는 단 13분밖에 안 걸렸다. 그것도 모르고 우리는 12시간의 고된 버스를 경험했던 것이다. 다들 허탈감에 너털웃음을 지었다.

한국에서 생각했던 네팔과 직접 체험한 네팔의 모습은 나의 상상을 완전히 뒤엎어 버렸다. 따뜻한 물 한 방울 나오지 않았던 숙소, 자신의 가족과 지인만의 진료를 우선시하며 나머지 일반인들을 줄세우는 경찰들, 더없이 남루한 옷차림과 거친 발바닥 등 가난한 오

[→] 마을 입구에 자리 잡은 동네 시장. 각종 먹거리를 늘어놓고 판다.

지 사람들의 생활상을 낱낱이 경험하였다. 그럼에도 사람들의 호기심 어린 얼굴은 순수했고, 웃음이 가득했다. 진료 도중 이따금씩 내려다보는 네팔의 자연경관은 감탄을 자아냈고, 내 손을 잡아끄는 아이들의 조막만 한 손에서는 온기가 느껴졌다. 가난하지만 그것이 행복의 절대치를 나타내는 것이 아니라는 사실을 온전히 느끼게 해준 그곳, 네팔을 잊지 못할 것이다. 언제가 반드시 시간을 내서 다시 찾기로 마음의 약속을 하였다. 비록 네팔의 감기가 서울까지 따라와 일주일간이나 코와 목을 아프게 하였지만 또다시 만날 날을 기약하였다.

[↑] 진료 번호표를 받기 위해 늘어서 있는 네팔 여성들. 하나같이 카메라가 신기한 눈치다.

산간오지에서 첫 의술의 씨앗을 뿌리다

봄의 절정을 알리는 벚꽃은 이미 지고, 나무들이 숨겨 왔던 푸른 망울을 터트렸다. 한국의 날씨는 초여름에 접어들었다. 하늘이 초여름의 더위를 식히기 위해서인지 비를 자주 뿌렸다. 일을 마치고 돌아온 저녁, 창가에 서서 창밖에 내리는 비를 보며 고즈넉한 기분에 젖었다. 벌써 2013년의 절반이 지나고 있다. 올 한 해 내가 계획한 대로 잘 되고 있는지, 놓치고 간 것은 없는지 돌이켜 보았다. 너무나 바쁘게 지나쳐 와서 기억나는 일들도 희미했다. 출근과 퇴근의 반복으로 기계처럼 돌아가는 하루하루였다. 물론 그런 일상이 나쁜 것은 아니지만 삶의 색다른 활기를 찾기에는 부족했다. 그러다 문득, 반복되는 삶을 재충전해줄 활력소가 필요하다는 생각이 들었다.

열린의사회 홈페이지에 이번에는 태국에 간다는 공지가 올라왔다. 태국은 6·25전쟁 당시 UN참전국이자 전통적으로 한국과 우방인 국가다. 또한 우리나라 사람들이 흔히 관광으로 즐겨 찾는 나라 중 하나이다. 여름이 되면 파타야나 푸켓으로 휴양을 가고, 겨울이 되면 중년 남성들은 골프관광을 간다. 한국보다 훨씬 값이 싸고 거리도 가까워 여행을 가기에 적격인 곳이다. 그 정도로 한국 사람들에게 태국은 관광의 명소로 익히 알려져 있다. 나도 태국으로 여행을 갔던 적이 있었지만 겉보기에 환경이 그리 열악한 편이 아니었다. 그래서 처음에 홈페이지의 공지를 보고 '해외에서 의료봉사가 필요할 정도로 낙후된 지역인가?'라는 의문이 들었다.

그러한 생각이 꼬리에 꼬리를 물다 보니 내가 모르는 '태국의 이면'에 관심이 갔다. 태국에 대한 기억은 희미하게 남아 있지만, 상당히 볼거리가 많고 열정적인 나라로 기억한다. 지금처럼 시든 꽃잎과 같은 생활에 활력을 되찾아 줄 시원한 물줄기가 필요했다.

| 제주항공과 함께 가는 태국 |

특히나 이번 봉사는 경쟁률이 치열했다. 제주항공에서 항공편을 지원해 주었기 때문이다. 대부분 열린의사회에서 가는 해외봉사는 항공료를 포함한 모든 경비를 자비로 부담한다. 하지만 이번에는 제주항공사에서 항공편을 지원해 주었기 때문에 나머지 부분에 대한 경비만 부담하면 되는 좋은 기회였다. 그렇지만 외신이 전하는 태국의 정세는 불안으로 떨었다. 뉴스는 총리의 부정부패와 관련된 시위로 떠들썩했다. 정부진압으로 시위대의 90명 이상이 사망하는 심각한 상태였다.

정세가 불안해서 어떤 일이 발생할지 몰랐지만 눈앞의 기회를 포기할 수는 없었다. 더구나 우리 봉사자들 외에 특별한 사람들과 함께 봉사를 하게 되었다. 제주항공사에서 항공편을 지원해 주는 동시에 제주항공사 직원들도 함께 봉사를 하게 된 것이다. 이들과의 만남이 처음은 아니다. 2011년 10월 필리핀 마닐라 인근의 퀘존(Quezon)지역, 12월엔 제주도 아동복지 시설, 2012년 2월 방콕 북부의 아유타야(Ayuthaya)주, 11월에는 필리핀 라구나(Laguna) 지역 등 이미 여러 차례 봉사의 경험이 있었다. 제주항공과 열린의 사회는 2011년 12월 공동으로 의료봉사활동을 추진하기 위해 업무 협약을 맺었다.

제주항공이 지나는 노선 중 의료봉사가 필요한 지역을 선정하여 함께 봉사활동을 진행한다. 이처럼 우리는 종종 대기업과 함께 봉사를 주최할 때가 있다. 대기업과 함께 봉사를 하면 그들은 그들의 브랜드가치를 높이고, 우리와 같은 민간단체는 부족한 자금을 후원받아 메울 수 있어 더욱 질 높은 의료봉사가 가능하다. 우리는 다양한 의료경험으로 전문성을 가지고 있지만 개인들의 자원만으로는 수많은 사람들을 만족시키는 봉사를 추진하기에는 어려운 점이 있다. 따라서 기업이 가진 자원을 효율적으로 활용해 지속적인 봉사를 할 수 있다는 점이 장점이다.

[→] 봉사에 대해 감사한 마음을
전한다는 태국 화장품회사 사장님.
봉사단원들에게 기념품을 주셨다.

이렇게 열린의사회와 제주항공 직원들 간의 5일간의 동행이 시작됐다. 한국에서 태국까지는 약 4시간 정도가 소요된다. 그동안 봉사했던 다른 나라들에 비하면 정말 가까운 거리다. 봉사를 가기 전 이동시간에 먼저 지치는 경우가 많다. 평균 12시간 이상이 걸리는 지역이 다반사다. 하지만 태국은 아시아권이기에 이동시간이 상당히 줄어들었다. 봉사를 가는 것은 내 개인적으로는 좋은 일이지만 가족이 있는 이들에겐 일주일 이상의 긴 봉사는 부담이 될 수 있다. 젊은 자원봉사자들은 부모님이 걱정할까 염려하여 자주 연락을 드리곤 한다. 또한 대부분 한국의 병원에서 바쁘게 일을 하는 의료진에게도 장기간의 휴가를 내고 봉사를 가는 것은 무리가 있다. 따라서 단기간 봉사에는 사람들이 많이 몰린다.

이번 의료봉사활동에는 가정의학과, 내과, 마취통증과, 외과, 치과, 한의과 등 여섯 개 과목의 열린의사회 의료진 15명과 제주항공 직원 및 자원봉사자 19명이 참가하며 총 34명이 태국으로 떠났다. 항상 봉사를 갈 때마다 만나게 되는 새로운 봉사자들과의 만남도 해외봉사를 갈 때 생기는 즐거움 중 하나이다. 해외봉사를 가면 장기간 같이 지내고 숙소도 같이 사용하며 생각 이상으로 친해지게 된다. 그래서 '이번엔 누구와 함께 같은 업무를 할까?', '어떤 사람과 같이 방을 쓸까?'하는 설렘도 있다.

공항에서 첫모임은 평소와 약간 달랐다. 만날 때마다 사람이 달라지는 우리단체와 달리, 항공사 직원들은 이미 안면이 있었기에 훨씬 화기애애한 분위기였다. 그 분위기에 동화되어 우리도 이미 알고 있던 친구처럼 좀더 친근해졌다. 저녁 8시 반 비행기에 몸을 싣고서 4시간의 짧은 비행을 마친 후 수완나폼 공항에서 짐을 챙겨 나왔다. 도착했을 때의 시간은 밤이었지만, 밤인데도 불구하고 태국의 날씨는 한국보다 훨씬 무더웠다. 한국과는 다른 온도와 바람을 느끼며 그 나라만의 오묘한 특유의 향기를 맡았을 때 타지에 와 있다는 것을 실감한다.

우리가 도착한 이곳, 태국의 정식명칭은 타일랜드 왕국이다. 태국의 정치제도는 입헌군주국이지만 포미볼 국왕의 절대적인 권위와 카리스마는 전국곳곳에 퍼져 있다. 오랜 세월동안 서구열강의 침략을 받으면서도 독립을 지켜 왔기 때문에 국왕에 대한 국민들의 사랑과 존경은 거의 신적인 것에 가깝다. 거리마다 그의 사진이 걸려 있고, 국왕의 탄신일은 아버지의 날로 정해져 가장 경건한 국경일로 자리 잡고 있다. 태국은 적도 인근에 위치하여 일 년 내내 따뜻한 날씨가 지속되지만 열대몬순기후로 강수량은 비교적 많은 편이다. 우리가 간 6월은 마침 우기였지만 다행히 비는 내리지 않았다.

버스 안에서 이런저런 생각을 하며 숙소에 도착하니 벌써 새벽 1시가 넘었다. 이른 아침 진료지로 이동해야 했기 때문에 서둘러 잠을 청했다. 뜻대로 빨리 잠이 오지는 않았지만 억지로라도 눈을 감았다.

{ 태국 }

드디어 맞이하는 방콕에서의 첫날. 햇빛이 강해 햇살이 눈 사이로 스며들어 잠에서 일찍 깼다. 진료지로 가기 전 약품들을 트럭에 싣고 인원점검을 마쳤다. 우리가 진료할 곳은 방콕 인근의 아유타야이다. 아유타야는 방콕의 북서부에 위치한 곳으로, 방콕 이전의 수도로 400여 년간 번성했던 곳이다. 이곳은 천년의 역사를 가진 타이의 전통 무술인 무에타이(Muay Thai)의 기원이 된 도시이기도 하다. 태국의 수도로 알려진 방콕이 왕도로 정해진 것은 200여 년 전에 불과하다.

아유타야로 향하는 버스 안. 도심지인 방콕을 벗어나 외곽으로 들어서니 울퉁불퉁한 비포장도로 때문에 버스가 흔들렸다. 방콕 시내전경과 다른 모습이 눈앞에 펼쳐졌다. 멀리 보이는 방콕의 고층 빌딩들 뒤로 차창 밖에는 이제 막 지어지는 건물들이나 신축 건물 준비를 위한 공터들이 보였다. 낡고 허름한 아파트들, 너저분한 판잣집, 다듬어지지 않은 나무들로 채워진 숲들이 보였다. 방콕에서 아유타야까지 이동하는 동안 가장 많이 본 것은 논밭이었다. 서울역에서 기차를 타고 수원을 지나 천안까지 가는 길에 볼 수 있는 넓게 펼쳐진 논밭과 비슷했지만 정돈은 덜 된 모습이었다.

진료지로 가는 이 시간은 가장 설레고 또 긴장되는 순간이다. 내가 잘할 수 있을까? 현지인들과의 소통은 잘될까? 방해가 되는 것은 아닐까? 등 온갖 걱정과 불안, 설렘이 교차하며 머릿속에서 뒤엉켰다. 내가 주로 맡는 일이 접수를 하는 일이기 때문에 현지 환자들과 통하는 것이 중요했다. 주로 통역봉사자들이 매 부서마다 배정되지만 상황에 따라서는 눈치껏 알아들어야 하는 경우가 많다. 빠르게 마음을 읽지 않으면 많은 환자들을 받을 수 없고 기다리는 시간도 길어지기 때문이다.

| 태국 최상류층 귀족의 초청 |

한 시간쯤 달려 논밭이 눈에 익숙해질 무렵 목적지에 도착했다. 우리를 기다리는 특별한 사람이 있었다. 우리가 도착한 이곳에는 태국의 최상류층 귀족 중 한 사람의 회사가 위치해 있다. '태국의 최상류층 귀족이라니?'하고 뜬금없다는 의문을 가질 수도 있을 것이다. 하지만 이 귀족은 이번 태국 편과 관련된 에피소드에서 빼놓을 수 없는 중요한 인물이다. 그의 이름은 솜체인눅 인트락울 (Somechainuk engtrakul). 인트락울 회장은 이번에 제주항공과 열린의사회를 태국으로 초청한 인물이다. 회사 앞 공터에서 우리를 기다리고 있던 그는 버스에서 내리는 우리를 보자 환하게 웃으며 걸어 나왔다.

그는 한국에 대한 엄청난 관심과 애정을 갖고 있었다. 이미 오랫동안 한국을 방문하여 여러 지역을 여행했고, 두 차례에 걸친 눈 수술도 한국에서 받을 정도로 우리나라의 의료시스템에 깊은 관심을 가졌다. 마침 그 수술을 진행한 의사가 이번에 같이 봉사한 의료진들이었기에 더욱 반가워했다. 그는 우리를 초청하여 자신의 회사 사원들 가족을 위한 의료검진을 마련하였다. 이곳은 주변에 병원이 없는 무의촌이었다. 그랬기에 의료서비스가 미비했으며 사원들과 사원가족들의 건강 복지를 위해 어렵게 우릴 초청한 것이다.

와트반팽(Wat Ban Paeng)사원 인근지역에서 첫날의 진료가 진행될 예정이다. 우리가 방문한다는 소식은 이미 온 마을에 퍼져 있었다. 진료준비를 마치기 전부터 사람들이 웅성대는 소리가 들렸다. 기다리는 사람들을 보자 마음이 더 급해졌다. 9시부터 진료가 시작되어야 하기에 서둘러 약품정리를 시작했고 간이의자와 책상을 배치했다. 진료시간이 시작되기 전에 미리 마련해 놓은 대기의자에 사람들이 모여들기 시작했다. 주로 40~60대로 보이는 중년 여성들이 많았다. 그들은 질서정연하게 앉아 차례를 기다렸다. 햇빛을 가리는 천막이 쳐져 있었지만 공기가 뜨거워 사람들은 연신 부채를 부쳤다. 부채가 없는 이들은 손부채도 마다하지 않았다.

날씨가 매우 더웠으므로 큰 선풍기를 가동시켜 온도를 낮추었다. 온도가 높아서 기다리다 지치면 환자는 쉽게 짜증이 나고, 의료진도 제대로 진료를 진행하기 힘들다. 그렇기에 적정 온도를 맞추는 것이 중요했다. 그러나 역시 선풍기만으로 태국의 더위를 상대하기에는 역부족이었다.

| 행복해서 웃는 것이 아니라, 웃어서 행복한 겁니다 |

첫날에는 이진영 간호사와 함께 접수를 보았다. 접수 시에는 환자의 기본정보를 토대로 환자들의 증세를 제대로 파악하여 올바른 과에 넘기는 일이 가장 기본적이고 중요한 일이다. 모든 환자들은 접수를 거쳐 가기 때문에 접수에서 정확한 판단을 해야 한다. 그래야 환자도 헛걸음을 하지 않고 진료가 밀리지도 않는다. 따라서 환자의 상태를 구별할 수 있는 안목이 필요하다. 이제는 접수를 많이 해서인지 환자를 보고 판단할 수 있는 눈이 어느 정도 생겼다.

현지봉사자들을 통해 환자들의 상태를 듣고, 혈압과 체온을 체크했다. 이번에 봉사를 지원해 준 현지인은 삐삐라는 이름을 가진 남성이었다. 삐삐를 연상시키는 귀여운 이름이지만 듬직한 체격을 가진 남성이었다. 웃는 모습이 귀엽고 친근한 성격 덕에 쉽게 친해졌다. 그는 한국말도 웬만큼 소통이 될 정도로 잘했다. 현지인이 한국말을 잘하는 경우는 드물었기에 신기하기도 하고 한편으로는 마음이 놓였다. 해외에 나갈 때마다 느끼는 것이지만 말이 통한다는 것

[→] 잠시 시간을 내 태국 자원봉사자들과 한 컷. 모두 힘든 내색 없이 활기차다.

은 오랫동안 만나지 않은 친구를 갑자기 만난 것처럼 반가운 일이다.

태국 봉사가 다른 곳과 달랐던 특이한 점이 있었다. 주로 봉사를 가면 치과 환자를 가장 많이 만날 수 있는데, 태국에서는 치과 환자들이 가장 적었다. 치과보다는 한의과나 내과, 외과 환자들이 많았다. 태국의 수질 위생상태는 아프리카보다 나았다. 그러나 큰 병원에 가려면 멀리 나가야 하기 때문에 작은 병을 키우는 경우가 많았다. 아마도 이것이 원인이 된 듯하다. 이미 통증이 오래 지속되고 있는 것을 호소하는 환자들이 많았다. 그렇기에 속은 썩어 들어갔고, 무릎과 허리 등 특정부위가 쑤신다고 말하는 환자들이 대부

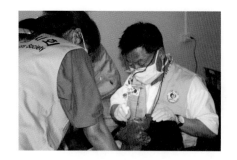

[←] 치과 환자는 적었지만,
환자 치료로 바쁜 것은
어느 팀이든 매한가지였다.

분이었다.

대화를 나눠 보니 지역주민들은 병으로 인한 육체의 고통을 숙명으로 받아들이고 있었다. 이렇듯 불교의 윤회사상은 태국인들의 생각과 행동 곳곳에 녹아 있다. 자신이 병에 걸려도 혹은 가난한 곳에 태어나도 현세에 이렇게 태어났으니 내세를 기대하며 살아간다. 내게는 이해가 되지 않았지만 그들은 여유로웠다. 자신의 병과 관련되어 얘기하면서도 환자들은 모두 웃는 얼굴이었다. 그들의 미소에 나도 저절로 미소가 지어졌다. '행복해서 웃는 것이 아니라 웃으니 행복하다'는 말처럼 웃으니 쌓였던 피로도 풀리는 기분이었다.

드디어 점심시간이다. 다들 배가 고파 무엇이든 먹을 기세였다. 하지만 태국음식이 가진 특유의 향이 나에게는 약간 맞지 않았다. 태국에서 주로 먹는 쌀은 안남미다. 불면 날아갈 것처럼 길쭉하게 생긴 찰기가 없는 밥에서는 윤기가 돌지 않았다. 그러나 시장이 반찬이라 했던가. 몇 분이 가져온 고추장과 김을 함께 먹었더니 한 그릇을 금방 비웠다. 먹어야 남은 봉사도 할 수 있는 힘이 생긴다. 그것을 위해서라도 점심은 어떻게든 챙겨 먹어야 했다.

제주항공사 직원들은 각 진료과목마다 배정되어 의료진들을 도왔다. 의료진이 최대한 환자에게 집중할 수 있도록 옆에서 보조하는 것은 상당히 중요하다. 세밀한 사항을 요구하는 일이 많다. 병원에서는 간호사들이 보조하는 경우가 많지만, 해외봉사 시 인력이 부족하여 간호사들은 주로 다른 업무를 맡는다. 따라서 자원봉사자들이 업무를 미리 숙지하고 따라가는 것은 원활한 봉사를 위해서 매우 중요하다. 또한 '이리오세요'와 같은 간단한 말도 소통되지 않는 경우가 있기 때문에 직접 가서 인도해 주는 일도 큰 힘이 된다.

모두가 열심히 움직여 준 딕에 첫날 일정이 생각보다 일찍 끝났다. 숙소로 돌아가 땀으로 젖은 옷을 갈아입고 피로를 풀었다. 피로를 푸는 방식은 저마다 제각각이었다. 남성들은 숙소 앞 수영장에서 수영내기를 했다. 작은 음료수를 걸고 한 내기였지만 사뭇 진지했다. 가정의학과 박 선생님과 자원봉사자 박 군의 대결이었다. 박 씨들은 박빙의 승부를 보여주었지만, 과거 수영선수 출신인 박 군이 승리했다. 자원봉사 이후 이렇게 같이 봉사하는 사람들이 친해지는 것을 구경하는 재미도 쏠쏠하다. 해외로 봉사를 나가면 객지에서 의지할 수 있는 것은 결국 가장 가까운 곳에 있는 한국인이다. 서로가 의지하고 도우며 훨씬 끈끈해지는 유대감이 생긴다.

[→] 태국 회장님의 누님과 함께한 만찬. 시장이 반찬으로 다른 봉사자들과 함께 먹으니 입맛에 맞지 않는 식사도 깨끗이 비워냈다.

{ 태국 }

[→] 현지 봉사자 빼빼 씨와 함께
환자들의 접수를 받고 있다.

| 빠툼타니와 회장님 |

다음날은 태국의 중부도시인 빠툼타니(Pathumthani)에서 진료가
진행되었다. 전날보다 서로가 어느 정도 친해진 분위기였기에 서먹
함은 크게 줄어들었다. 다시 아유타야 호텔에서 한 시간을 달려 하
얀 건물에 들어섰다. 첫날보다 많은 환자들로 붐비고 있었다. 에어
컨을 가동해서 실내 온도는 좀더 쾌적했지만 밖에서 안내하는 사람
들은 더운 날씨로 온몸이 땀으로 젖었다. 안에서 편안히 봉사를 하
는 것 같은 마음에 미안한 생각이 들었다.

오늘도 어제와 별반 다르지 않았다. 남녀 환자의 비율은 2 대
5 정도였다. 대부분의 여성들은 근골격계 통증을 호소했다. 눈이나
피부, 신경 쪽에 문제가 있는 환자들도 많았다. 오토바이를 타다가

넘어진 사람, 피부에 종양이 있어 간단한 제거수술을 받은 사람 등 큰 수술이 필요한 사람보다는 간단한 수술이나 약이 필요한 이들이 많았다.

300명이 넘는 환자들을 받으며 약국에서도 비상상황이 발생하였다. 너무 많은 양의 알약을 까다 보니 날카롭고 딱딱한 포장에 손이 베어 피가 나고 손톱이 깨지는 일들이 많았다. 약국에서 봉사하는 이들 손에는 밴드가 칭칭 감겨 있었다. 봉사자들은 아플 법도 하지만 연신 밝은 표정이었다. 40도가 넘는 열기에도 모두가 짜증하나 내지 않고 즐거운 표정이었다. 이제는 현지어도 익었는지 간단한 태국말로 인사를 건네기도 했다. 우리가 태국말로 얘기하자 환자들은 재밌는지 웃으며 바라보았다. 젊은 사람들과 이렇게 봉사를 다니다 보면 그들의 에너지를 받는 느낌이 든다.

쉬는 시간, 태국 회장님이 의료봉사 현장에 나타나 갑자기 자신과 같이 사진 찍기를 권유하였다. 내 얼굴을 보며 외모가 태국 귀족 느낌이 난다는 칭찬의 말도 해 주었다. 다른 나라에서도 이와 비슷한 얘기를 들은 적이 몇 번 있었다. 약간 이국적인 모습이 얼굴에 있나보다. 이런 말을 들을 때마다 내심 기분이 좋다. 외모가 비슷하다는 것은 그만큼 동질감이 느껴진다는 뜻이리라. 비록 의사소통이 원활하게 이루어지는 것은 아니지만, 국가를 초월해서 내가 진심으로 소통하길 원하면 그 마음이 닿는다는 생각이 든다.

마지막 날은 오전진료만 마치고 귀국하는 일정이었다. 다들 짧은 시간 동안 정이 많이 들었기 때문인지 진료지로 향하는 차 안에서 못 다한 담소를 나누었다. 와트라드라홍(Wat Lad Rahong) 사원에서도 짧은 몇 시간 동안이었지만 200여 명의 환자들의 접수를 마쳤다. 마지막 날인 데다 오전에만 진료를 했기에 더욱 많은 사람들이 한꺼번에 몰려왔다. 우리도 그들의 마음을 읽어 기다리는 환자들을 한 명이라도 더 돌보기 위해 노력했다.

이렇게 3일간 봉사를 하면서 한 가지 놀란 점이 있다. 우리들뿐만 아니라 우리를 초청한 인트락울 회장님도 우리의 일거수일투족을 지키며 나름대로의 봉사를 같이하고 있었다. 봉사자들이 더울까 염려하여 아이스커피나 시원한 음료수를 종일 만들어 주었고, 필요한 것이 있으면 적극적으로 현지에서 공수해 주는 등 많은 부분을 도와주었다. 환자들도 회장님이 옆에 있어서인지 질서를 잘 지켰고, 현장을 통제하는 경찰 없이도 진료가 진행되었다. 우리들이 편히 봉사할 수 있도록 최대한의 배려를 해 주었기 때문에 우리도 덩달

[→] 우리와 함께 이동하며
봉사를 같이한 인트락울
태국회장님의 누님과 함께.

아 진행에 박차를 가했다.

　그가 봉사하면서 보여준 모습은 우리가 일반적으로 생각하던 귀족 재벌의 이미지와는 많이 달랐다. 특권계층의 경우 대체로 누군가를 시키거나 담당자에게 맡겨 놓고 본인은 모습을 드러내지 않는 경우가 많다. 이렇게 직접 자기가 발 벗고 봉사를 하는 것은 낯익은 풍경은 아니었다. 하지만 이방인에게 그가 보여준 행동은 '노블레스 오블리주'의 표본이었다. 벼는 익을수록 고개를 숙인다고 하지 않던가. 자기가 가진 사회적 신분과 지위에 맞는 솔선수범하는 정신. 그 모습을 보고 우리는 모두 감동받았다. 그와 함께 봉사를 하며 또 다른 배울 점을 얻어 갔다.

| 태국 의료체계의 문제점 |

그런데 배울 점을 얻어 가는 동시에 한 가지 의문이 들었다. 최근 태국에서는 의료관광이 붐이다. 의료를 내세워 관광객을 불러들일 정도인데 해외봉사까지 필요한 이유가 무엇일까? 사실, 태국에서 방콕을 제외한 지역은 의료사각지대에 놓여 있다. 우리가 봉사한 지역은 빈곤하고 낙후된 지역은 아닌 것 같았다. 그들의 옷차림으로 추정해 보면 태국의 중산층 정도는 돼 보였다. 하지만 이들마저도

병원 문턱을 넘기가 어려운 실정이다. 그 이유는 태국의 민간의료 시스템의 불공평에 기초하고 있기 때문이다.

일반적으로 태국 의료체계의 문제점을 몇 가지로 요약할 수 있다. 우선 첫째로 보건 자원의 형평성이 부족하다. 매년 태국의 보건 의료비용은 증가하는 추세다. 보건의료 인력, 병동, 시설에 있어서 지역 간 불균형이 매우 심각하다. 특히 방콕과 북동지역 간의 편차가 심하게 나타나고 있다. 방콕의 인구대비 입원실은 1인당 206실이며 의사 1인당 국민 비율은 767명이다. 하지만 북동지역 인구대비 입원실은 1인당 759실이며 의사 1인당 국민 비율은 7,251명으로 병실과 인력의 불균형이 현저히 나타난다는 것을 알 수 있다. 태국은 1989년부터 경제성장기를 맞이해 민간 보건의료시설이 방콕과 대도시에 집중되며 지역 간 불균형이 심화되었다. 정부의 의료예산도 대도시에 편중되는 경향을 보이며, 방콕과 같은 대도시에 매우 많은 보건의료 분야 예산이 집중되었다.

[→] 접수를 하는 도중,
환자를 진료진에게 안내하기
위해 대기하고 있다.

둘째는 보건의료 접근의 불균형이다. 도시 농촌 지역은 각각 보건의료 서비스에 있어서 공평한 접근의 기회를 갖지 못하고 있다. 도시가 농촌보다 의료시설 접근이 더 유리하다. 이로 인해 국민들의 건강상태 불균형이 나타난다. 영아 사망률은 도시와 농촌의 건강수준을 비교하는 지표로 유용하다. 병원균 감염에 민감한 영아의 초기진료가 중요하기 때문에 인근 병원의 지리적 접근성과 의료 수준을 알 수 있는 수단이 된다. 도심이 아닌 지역의 영아 사망률은 도심지역보다 약 1.85배 정도 높은 것으로 나타났다. 이것도 많이 개선된 상태이지만 여전히 불균형했다.

셋째, 보건의료비용 부담에서도 차이가 나타난다. 빈곤층이 소득에서 차지하는 보건의료 비용에 대한 부담은 부유층에 비해 매우 크다. 2001년 탁신 정부는 빈곤층을 위한 보건의료 비용의 부담을 덜어주기 위한 방안으로 유니버셜(Universal) 보장제도, 즉 전 국민 의료보장 건강보험 제도를 시행했다. 이후, 보건의료 지출에 대한 부유층과 빈곤층의 불균형 정도가 다소 낮아졌고, 빈곤층이 부담하는 보건의료비용에 대한 부담도 많이 낮아졌다.

이러한 문제점들을 보면 마치 한국의 1970년대를 연상시킨다. 한국도 의료시스템이 정착된 지 얼마 되지 않았다. 1979년에 지어진 고려대 구로병원도 독일차관을 도입해 지어졌다. 당시 의료혜택이 부족했던 구로지역의 군 보충대 자리에 설립 허가를 받았다. 70~80년대만 해도 한국의 의료수준이 낮아 해외로부터 도움을 많이 받았다. 다년간의 노력으로 한국의 무의촌은 많이 사라진 상태다. 1981년부터 공중보건의사를 무의지역에 배치하기 시작하면서 1983년까지 총 1,500여 명을 배치시킴으로써 무의촌을 완전 해소하였다.

그리고 읍, 면 단위 밑에 리(里)나 촌락 등 보건취약 지역에 대해서는 농어촌 보건의료를 위한 특별조치법에 따라서 2천여 개 이상의 보건진료소가 설치되었다. 이와 함께 공중보건의사와 진료원의 배치도 계속 진행하고 있다. 또한 환경적으로 의사의 정착이 어려워 의료혜택을 받지 못하는 주민의 진료를 위해서 무료 순회진료를 실시하여 보건향상 및 복리증진에 기여하고 있다.

시간이 흐름에 따라 태국의 의료보험도 과거에 비해 많이 개선되고 있다. 앞서 언급한 전 국민 의료보험제도(UCH: Universal Coverage of Healthcare)는 이른바 '30바트 프로젝트'이다. 30바트면 한화로 1,000원 정도이다. 이 돈만 있으면 누구나 국가가 운영하는 병원에 갈 수 있었다. 말만 들어도 얼마나 꿈 같은 일인가. 단돈 1,000원으로 병원 진료를 받을 수 있다니. 이러한 파격적인 조건 덕에 한국에서는 12년이 걸린 전 국민 의료보험 가입이 태국에서는 단 7년 만에 급속도로 퍼졌다.

이렇게 빠른 시간 내에 전 국민 의료보험 가입을 이끌어 낼 수 있었던 까닭은 부담과 보장이 극단적으로 낮은 정책 때문이다. 그러나 이러한 혜택은 UCH와 계약된 1차 공공의료기관을 방문할 때에만 적용된다. 환자들은 민간병원이나 2차 의료기관도 방문할 수는 있으나 여기서 발생하는 모든 비용은 전액 본인부담으로 지불해야 한다. 공공병원과 민간병원의 진료비 차이는 적게는 열 배에서 크게는 수백 배나 차이가 난다. 서민들은 상당히 값싼 가격에 병원을 이용할 수 있다. 그렇지만 대신 이들에게 제공되는 의료서비스는 우리나라에 비해 상당히 제한적이다.

저렴한 가격으로 인한 의료이용 증가는 재정압박이라는 또 다른 문제를 낳고 있다. 의료비가 일반 조세로 충당되다 보니 의료이용 인원이 증가함에 따라 국가 재정부담도 함께 늘고 있다. 더불어 의료기관들도 만성 적자에 시달리고 있다. 2011년 조사에 의하면 979개 병원 가운데 265개 병원의 빚이 387억 원에 이른다. 의료서비스 질 저하의 문제도 동반된다. 국가에서 병원에 지원을 제때 해주지 못하다 보니 병원은 재정적 손해를 입는다. 병원은 재정 안전성을 확보하고자 인력감축, 오래된 장비사용 등 의료서비스의 전반적인 질 저하를 불러일으키고 있다.

의료관광 활성화에 따른 부작용도 나타나고 있다. 태국은 인건비가 싸기 때문에 대외경쟁력이 높다. 미국 병원들보다 약 50~70% 저렴한 가격이다. 가격이 가진 메리트로 약 한 해 동안 45만 명 이상의 순수 의료관광객을 태국으로 불러들였다. 이들이 의료서비스와 휴양지 관광으로 지출한 비용이 만들어낸 부가가치도 1조 달러가 넘는다. 이에 반해 국내 환자에 대한 의료서비스가 약화되고 공보험이 축소되며 지역 간 건강 불평등이 심화되었다. 우수 의료인력은 도심이나 의료관광서비스 목적인 민간병원으로 유출되는 등 의료 양극화 심화현상이 공통적으로 나타나고 있다.

종합해 보면 도농 간의 의료불균형, 단기간에 시행된 전 국민 의료보험 제도의 효율성 문제, 관광 활성화로 인한 어두운 그림자 등이 있다. 특히 의료불균형의 문제가 시급하다. 모든 국민이 건강보험에 들었다 할지라도 그것이 매우 기초적인 단계라면 실질적인 도움을 받기 힘들다. 이러한 남겨진 숙제들을 해결하는 것이 태국 의료계의 장기적 과제일 것이다. 봉사를 갈 때마다 드는 생각이 있다. 이 나라로 봉사를 갔지만 봉사가 필요하지 않을 정도의 자생력을 갖추는 것이 그들에세 가장 필요한 것 아닐까? 그러기 위해서 부실한 부분에 대한 자국의 제도적 보완이 필요하다.

봉사를 마치면서 오히려 피로를 풀고 온 기분이 들었다. 사람들과 어울리며 활기를 얻었고, 마주한 환자들에게서 마음의 여유를 배웠다. 다시 한국으로 돌아오면 몇 주간은 봉사했던 나라에 대한 기억으로 여운이 떠나질 않는다. 체력적, 환경적으로 힘들었던 나라에서는 빈민들의 생활고와 아이들의 눈, 화상자국이나 흉터로 얼룩진 몸 등 가슴 아린 잔상들이 머리에 남는다. 그때에 최선을 다해 도와준 것 같다가도 돌아와서 생각해 보면 어딘가 모르게 부족하다 싶다.

이번 태국에서는 가슴이 아플 정도로 상황이 심각한 환자들은 많이 없었다. 하지만 작은 병과 큰 병 모두 겪어본 당사자에게는 가장 크게 와 닿기 마련이다. 발바닥에 박힌 가시 하나로도 모든 일에 집중하기 힘든 법이다. 나는 그들이 겪은 불편함을 해소할 수 있는 방안이 가끔 오는 해외봉사가 아닌 가까이서 쉽게 만날 수 있는 방법이었으면 한다. 태국의 의료시스템을 보며 우리나라의 의료체계를 돌아보게 했다. 그리고 최근 화두가 되는 의료민영화까지…. 여러 가지 생각을 하게 만드는 밤이다.

[↑] 제주항공과 함께한 태국 의료봉사자들과 단체 기념사진.

| 같이 가고 싶었지만 |

올해는 유난히도 추위가 일찍 찾아왔다. 선선했던 가을도 갑자기 불어온 겨울의 텃세를 이기지 못하고 일찍 물러났다. 2012년의 겨울은 55년 만의 한파라는 타이틀을 달고 우리들 사이로 매섭게 몰아닥쳤다. 벌써부터 이렇게 추운데 겨울의 절정인 1월에는 얼마나 더 추울지 두렵기까지 했다. 올해는 참 이상하다. 여름에는 폭염으로 전국을 타들어 가게 하더니 겨울에는 엄청난 추위로 모든 것을 얼어붙게 만들었다. 날씨는 혹서와 혹한을 오가며 변덕을 부렸다. 그에 따른 사람의 마음이 참 간사하다. 더울 때는 추운 것이 낫다 싶다가도 너무 추우니 또 더운 것이 낫기도 하다. 빨리 따뜻해지면 좋으련만.

비록 날씨는 추웠지만 그럼에도 나는 기분이 들떴다. 아들과 해외봉사에 가기로 예정되는 날이 다가왔기 때문이다. 그동안 혼자서 주로 봉사를 다녔는데, 올해에는 아들과 함께 신청했다. 10년 전에는 주로 혼자 신청하는 사람들이 많았다. 하지만 최근 들어서 가족이나 친구 단위로 신청하는 사람들이 늘고 있다. 봉사를 자원하는 수도 크게 늘어났다. 개인적으로 정말 괜찮은 모습이라고 생각한다. 봉사의 기쁨을 가족이나 친구와 같이 느끼면 나눔의 씨앗이 퍼지는 속도가 빨라질 터였다. 이렇게 부자(父子)가 같이 혹은 친구끼리 같이 봉사를 가는 것을 옆에서 지켜볼 때면 내심 가슴 한구석에 부러움이 있었다. 그들을 보며 '나도 언젠가 사랑하는 내 아들과 같이 와야지'라는 생각을 종종했다. 그러던 중 이번 스리랑카 해외봉사에 같이 가기로 마음을 먹은 것이다.

하지만 얼마 지나지 않아 나의 행복한 상상은 송두리째 깨져 버렸다. 아들이 갑작스러운 사정으로 같이 봉사를 갈 수 없게 된 것이다. 뜻밖의 변수였다. 출국을 얼마 남기지 않고 벌어진 상황이라 나도 매우 당황스러웠다. 이미 비행기 표 값을 포함한 봉사참여비도 두 사람 몫으로 다 지불한 상태다. 규정상 모든 비용을 환불받을 수도 없었다. 그보다도 한 명의 인원이 갑작스럽게 참석하지 못해 봉사단체에 미안한 마음도 들었다. 이렇게 된 이상 어쩔 수 없다. 두 사람 몫까지 나 혼자서라도 해야겠다는 마음이 들었다. 아들과 함께 봉사를 가지 못한 것이 무척이나 아쉬웠지만, 나의 도움을 기다리고 있을 사람들과의 만남을 지키는 것이 중요하다.

| 잘못 꿰맨 첫 단추 |

스리랑카 정부는 장기간의 내전으로 나라 전체가 고통받았다. 특히, 민간 피해가 많이 발생하였다. 내전은 인구의 다수를 차지하는 불교계 싱할라족과 소수 힌두교계 타밀족 간의 뿌리 깊은 종족, 종

교 간 갈등에서 비롯되었다. 국민들은 총 27년간의 전쟁과 45년간의 비상사태 속에서 생명의 위협을 느끼며 두려움에 떨어야 했다. 스리랑카 정부군과 타밀 반군 간의 무력충돌이 시작된 1983년부터 지금까지 약 10만 명 이상의 사망자와 수십만의 부상자, 그리고 백만 명 이상의 난민이 발생했다. 또한 자살 폭탄테러와 암살, 납치와 인간방패 등 수많은 인권 유린사태가 보고되면서 스리랑카 내전은 세계적으로 가장 잔혹하고 폭력적인 분쟁의 하나로 기록되었다. 이와 같은 상황에서 영부인이 후원하는 복지재단인 칼톤(Carlton)재단에서 열린의사회로 연락이 왔다.

얼마 지나지 않아 또 한 가지 난관에 봉착했다. 12월 7일 출국 예정인 와중에 전전날부터 폭설이 쏟아지기 시작했다. 눈은 마치 하늘에 구멍이 뚫린 것처럼 하루 종일 내렸다. 아스팔트 바닥이 보이지 않을 정도로 눈이 쌓였다. 매스컴에서는 동파사고나 빙판길 낙상, 운전주의 등에 폭설로 일어날 사고에 대해 안내방송을 내보냈다. 큰일이었다. 평소라면 하얗게 내리는 눈을 보며 즐거울 텐데…. 그러나 출국을 앞둔 지금 시점에서는 눈덩이는 큰 골칫덩이가 되어 굴러 왔다. '과연 비행기가 무사히 뜰 수 있을까?'라는 걱정은 공항에 도착하는 내내 계속되었다. 하지만 인간의 마음처럼 안 되는 게 날씨이다. 결항이 되지 않길 하늘에 기도하는 수밖에 없었다.

출국 시간은 오전 10시. 출발 세 시간 전인 7시부터 이미 봉사단원들이 모여 있었다. 이른 아침임에도 늦지 않고 모였지만 다들 얼굴에 걱정이 가득했다. 폭설 때문이다. 모두 비행기가 정상적으로 운행할지에 대한 불안감을 가지고 있었다. 아니나 다를까 계속 내리는 눈으로 출발 시간은 지연되었다. 그렇게 우리는 1시간 늦은 11시 20분이 돼서야 비행기에 탑승했다. 그래도 비행기가 결항되지 않아 다행인 것으로 위안을 삼았다. 이른 시간에 모여 아침잠을 설친 우리들은 달콤한 단잠에 빠졌다. 그런데 아무 움직임이 없자 이상한 마음에 하나둘 깨기 시작했다. 시간 꽤 지났는데도 비행기가 움직이지 않았기 때문이다. '비행기가 고장이 났나?' 혹은 '눈 때문에 결국 결항된 것인가?'하는 걱정들로 머리가 복잡했다.

안내방송을 듣자 이유를 알 수 있었다. 비행기 동체에 있는 성에를 제거하기 위해 출발이 늦어진 것이다. 아마도 안전사고를 방지하기 위해서 성에를 제거해야만 비행기가 뜰 수 있나보다. 마음속에선 '미리미리 제거해두면 안 되나?'하는 불만이 생겼다. 비행기의 성에를 다 제거하려면 얼마나 많은 시간이 걸릴까? 얼마나 될지 모르는 시간 동안 앉아서 하염없이 기다려야 했다. 눈이 결국 불행의 씨앗이 되어 돌아왔다. 하지만 이것은 전초전에 불과했다. 지루한 기다림 끝에 결국 3시간이 지나서야 비행기가 출발할 수 있었다. 의미 없이 소비된 시간이 너무도 아까웠지만 하는 수 없었다.

그러나 출발과 동시에 다음 비행기인 홍콩발 싱가폴행은 이미 놓친 상태가 되고 말았다. 한번 잘못 꿰맨 첫 단추로 인해 시작부터 꼬이기 시작했다. 출발한 지 약 3시간 만에 홍콩에 도착했다. 쉴 틈도 없이 우리는 허둥지둥 다음 비행기 편을 알아보았다. 홍콩 공항에서 가장 빠른 경로를 알아봐주었다. 그들은 우선 오늘밤 10시 비행기로 인도 첸나이로 들어갔다가, 내일 아침 10시 비행기로 스리랑카 콜롬보공항으로 들어가라고 말했다. 하지만 이렇게 되면 일정에 크게 차질이 생겼다. 원래 계획이 오늘밤 10시 경에 콜롬보 도착이었기 때문이다. 초반에 사무국에서 세웠던 모든 계획이 뒤바뀌기 시작했다. 그러나 우리가 선택할 수 있는 가장 빠른 방법은 이 방법뿐이었다.

어쩔 수 없이 인도로 출발하는 비행기로 다시 예매를 했다. 이렇게 일정이 바뀌자 다음 계획도 조정해야 했다. 비록 한 번의 위기가 왔지만 남아있는 일정을 위해서 발 빠른 대처가 필요하다. 우리들은 다급히 스리랑카 숙소와 봉사관련 단체에 전화를 걸어 의료 일정을 조정했다. 다행히도 우리의 사정을 이해해 준 덕에 시간 변경에 있어서 협조를 해 주었다. 그날 밤 10시경 인도 첸나이로 가는 비행기에 탑승했다. 그곳에서 이미 2일차를 맞았다. 이렇게 우리는 자정을 지나 다음 날 새벽 3시 반에 도착하였다. 하지만, 다음 비행 시간까지는 무려 7시간이나 남은 상태였다. 너무나 길어진 여정으로 인해 우리의 몸과 마음이 점점 지쳐 갔다.

이렇게 공항에서 오랜 시간을 기다린 것은 처음 있는 일이다. 우리는 공항대기실 의자에 앉아 밀려드는 피로를 이겨 보고자 쪽잠을 청했다. 사람들마다 잠을 자는 모습도 제각각이다. 어떤 이는 의자에 앉아 목만 숙인 채 꾸벅꾸벅 졸았고, 또 다른 이는 짐에 기대어 앉아서 잠에 들었다. 그런데 나는 잠보다도 우선 씻고 싶었다. 공항이 아무리 냉방이 된다지만 이틀 동안 내 몸은 땀에 찌들어 있었다. 찝찝한 마음에 간단한 옷가지를 챙겨 공항 화장실에서 최대한 씻을 수 있는 모든 신체 부위를 씻어 냈다. 이렇게 씻으니 좀 살 것 같다는 생각이 든다. 간단하게 씻기만 해도 확실히 피로가 덜어지는 기분이다.

드디어 오전 10시가 가까워 왔다. 다시 연착될 것 같은 두려움에 서둘러 첸나이공항을 빠져나가 콜롬보행 비행기에 몸을 실었다. 약 1시간 만에 스리랑카의 콜롬보에 도착했다. 인도에서 이곳까지 한 시간밖에 걸리지 않았는데, 장시간동안 인도 공항에 갇혀 있었던 것을 생각하니 억울했다. 하지만 곧 안도와 감사가 느껴졌다. 여러 차례 우여곡절을 겪었지만 그래도 무사히 도착해서 다행이었다. 고비에 고비를 넘어 도착한 반다라나이케 국제공항. 생각보다 세련되고 현대적인 건물의 모습이다. 인도 밑에 있는 작은 나라라고만 여겼기에 공항의 모습도 작을 것이라 지레짐작했었다. 하지만 공항의 깔끔한 시설은 내 예상을 완전히 깨 버렸다.

스리랑카는 지정학적으로 인도의 남동쪽, 즉 인도양에 위치한 섬나라다. 인도의 꼬리부분과 가까이 맞닿아 있다. 과거에는 이곳이 '실론'이라는 이름으로도 불렸다고 한다. 이것을 들으니 내가 종종 즐겨 마시는 실론티라는 음료가 생각난다. 스리랑카는 인도와 함께 세계 최대 홍차 생산국이자 수출국이다. 아마도 여기서 실론티라는 명칭이 유래되었나 보다. 국토의 생김새가 눈물 혹은 진주를 닮았다. 그래서 '동양의 진주'라고 불리기도 한다. 진주라는 명칭에 걸맞게 경치가 매우 아름답고 인도문화의 영향을 받아 불교 등 고대 문명이 풍부한 문화의 보고이다. 또한 생태적으로도 정글에서부터 고산지대까지 다양한 식생 관찰이 가능한 곳이다.

스리랑카의 면적은 65,610km². 남한의 3분의 2정도로 작은 국가이다. 적도에 가까이 위치하고 있어 고온다습의 열대성 기온을 가지고 있다. 연평균기온이 27~28도에 이르고 대부분 지역의 상대습도가 매우 높다. 공항을 나서자 열기가 더욱 피부로 전해졌다. 인도의 공항에서 미리 옷을 갈아입고 와서 다행이었다. 만약 한국의 두툼한 겨울옷을 그대로 입고 있었다면 땀으로 옷을 적실 뻔했다. 스리랑카의 전체 인구 중 70%는 국토의 4분의 1밖에 안 되는 남서부의 평야지대에 밀집해 있다. 스리랑카의 수도 콜롬보도 남서부의 중심지이다.

하지만 우리가 진료를 할 곳은 눈물의 시작점인 킬리노치치(Killino-chchi). 얼마 전까지만 해도 반군의 거점지역이던 곳이다. 이곳에서 북쪽으로 약 332km를 더 가야 했다. 그곳은 콜롬보보다 의료접근성이 훨씬 부족한 낙후지역이다. 의료복지의 형평성을 맞추기 위해서라도 최대한 의료의 손길이 닿지 않는 곳을 찾아다닌다. 공항에 도착하자마자 킬리노치치로 바로 이동했다. 장시간의 비행이동이 끝났나 싶었는데 다시 도로이동이 기다리고 있었다. 이번 봉사는 이미 진료도 시작하기 전에 이동만으로 지치는 기분이 들었다. 이동하는 차안에서 콜롬보 거리의 풍경을 감상하며 여유를 찾았다. 인도와 비슷한 생김새를 지닌 스리랑카 사람들, 3륜 택시 바자지(Bajaj)와 자동차가 함께 지나다니는 거리를 보니 인도의 풍경과 비슷했다. 그러나 사람이 떼구름처럼 많은 인도에 비해 사람의 수가 적어 비교적 한산한 모습이었다.

| 반갑지 않은 동침 |

시간이 지날수록 도심과는 멀어졌다. 더 낮은 건물, 더 낡은 건물들이 늘어선 길로 들어갔다. 한밤중이 되어서야 도착한 곳은 군부대 입구였다. 정문에서 군인들이 보초를 서고 있었다. 그곳을 지나자

여기저기 막사들이 보였다. 북부지역으로 들어갈수록 검문이 점점 많아져 계속 멈춰야 했다. 아직까지도 북부지역은 치안이 불안정한 상태였다. 대절한 버스에서 내리자 감격이 밀려왔다. 이 땅을 밟기 위해 그토록 달려왔구나! 숙소에 도착해서 잠시 쉴 수 있다는 생각에 몸이 들떴다. 너무 피곤한 나머지 빨리 잠에 들고 싶었다. 숙소로 안내받은 곳은 장교들이 묵던 막사 중 한 곳이었다. 몇 개의 방과 부엌, 간단한 야외식당을 갖추고 있었다. 첫인상이 썩 좋지는 않았지만, 그래도 깨끗하고 안락한 침실을 기대하며 방문을 열었다.

　　문을 열자마자 발을 디뎠는데, 발밑에 무언가 물컹한 것이 밟혔다. 방을 쓰던 사람이 무얼 놓고 갔나? 발밑을 쳐다보니 이게 무엇인가!? 도마뱀이었다. 한국에서 책으로나 보던 것이 내 발밑에서 살아 움직였다. 발로 밟은 탓에 이미 꼬리가 잘려 두 동강이 났다. 그 모습을 보고 경악해서 나도 모르게 비명을 질렀다. 몇 사람도 나의 비명소리에 놀라 방으로 들어왔다. 불을 켜자, 오른쪽 왼쪽 할 것 없이 천지가 도마뱀이었다. 그 광경을 보고 거의 졸도할 뻔했다. 도마뱀과 바퀴벌레, 이름도 알 수 없는 벌레들이 벽을 타고 기어 다녔다. 이들에게 도마뱀은 균을 잡아먹는 이로운 동물이기에 방치한다지만, 나에게 도마뱀은 쉽게 동거할 수 없는 생물이었다. 몇 명의 청년들이 눈에 보이는 도마뱀 몇 마리를 밖으로 내보내 주었지만, 아직도 남아 있을 벌레들에 이미 몸서리가 쳐졌다.

　　'이런 곳밖에 숙소가 없나'하는 원망과 '편한 집을 놔두고 왜 이곳에 왔을까?'하는 후회가 동시에 밀려왔다. 단출한 침대 두 개가 덩그러니 놓여 있었다. 그 위엔 몇십 년은 빨지 않은 것처럼 누리끼리한 때가 찌든 베개 두 개가 올려져 있다. '이 침대에서 잘 수 있을까?'하는 의문이 들 정도로 위생상태가 심각했다. 도저히 그냥 누울 수 없었다. 궁리 끝에 봉사올 때 미리 준비해둔 여러 겹의 수건을 꺼냈다. 나는 어떤 일이 있을지 모르기 때문에 짐을 굉장히 꼼꼼히 준비하는 편이다. 수건을 임시방편 삼아 베개를 감쌌다. 이렇게 하니 그나마 머리를 둘 수 있을 것 같았다. 벌레들에게 물릴까 걱정되어 머리맡에 모기향을 피우고 누웠다.

하지만 불편한 잠자리 때문에 잠이 오지 않았다. 자는 도중에는 움직일 수도 없었다. 침대 두 개가 어찌나 붙어 있던지, 뒤척이면 옆 사람이 깰까봐 노심초사했기 때문이다. 윙윙거리는 모기소리, 밖에서는 원숭이들이 나무에 매달려 끽끽댔다. 침실의 곰팡이 냄새까지 나의 잠을 방해했다. 특히, 도마뱀과 벌레들이 얼굴에 떨어질까 걱정되어 거의 뜬눈으로 밤을 샜다. 다음날 아침, 잠을 푹 자지 못해 일어나기가 너무 힘들었다. 그래도 씻기 위해 몸을 일으켜 화장실로 향했다. 먼지, 때가 잔뜩 낀 화장실 거울은 뿌옇게 변해 제 기능을 잃었다. 그나마 보이는 쪽으로 희미하게 얼굴을 비춰 보니 무언가 이상했다. 오돌토돌한 붉은 돌기들이 나의 왼쪽 볼에 올라와 있었다. 베개를 베고 누운 볼에 두드러기가 난 것이다. 베개에 있는 수많은 진드기들로 인해 생긴 트러블이었다. 그것을 보니 아침부터 짜증이 솟구쳤다. 겹겹이 싼 수건만으로는 진드기들을 막기에 역부족이었나 보다.

　화장실도 침실 못지않게 더러웠다. 양변기는 말 그대로 100년을 닦지 않은 것처럼 보였다. 차마 앉아서 용변을 보지 못할 정도였다. 바닥 타일에 낀 때는 진흙이 틈을 매운 것처럼 보였다. 그래도 세수하려고 물을 틀자 더러운 갯물보다도 더 더러워 보이는 흙탕물이 수도관을 타고 콸콸 쏟아졌다. 이것으로는 씻을 수 없다는 판단이 들 정도로 시커먼 색이다. 큰 통에 물을 받아놓고 흙탕물이 가라앉을 때까지 기다렸다. 맨 윗물만 그릇으로 떠서 씻었지만, 찜찜한 기분을 가라앉힐 수 없었다. 차라리 씻는 게 아니라 고행에 가깝다고 할 정도였다. 먹는 물만큼이나 씻는 물도 부족한 곳이니 이 상황을 이해하자고 애써 자기암시를 걸었다.

| 킬리노치치 주민들의 도움 |

서울에서 떠난 지 3일째 되는 날. 이동시간이 예상보다 길어져 하루의 시간이 날아갔다. 예정대로라면 진료 시작일보다 하루 먼저 도착해서 여유롭게 준비를 하고 진료에 들어가야 했다. 하지만 일정이 바뀐 탓에 오늘 아침부터 부리나케 진료지로 가서 봉사를 시

작해야 했다. 군부대의 호위를 받으며 이동한 진료장소는 인근 초등학교. 이곳에 진료소를 설치하고, 이틀간 진료를 진행하기로 하였다. 학교건물은 초라했다. 우리가 생각하는 일반적인 교실의 모습이 아니다. 단지 바닥에 지붕만 있는 건물이었다. 전기가 들어오지 않아 어두운 방도 있었다. 교실들이 덥고 습한 날씨에 고작 선풍기 하나에 의존하고 있었다. 이러한 환경에서 제대로 된 공부가 가능하다는 것이 대단했다. 그래도 교실 한 벽 가득 붙어 있는 아이들의 그림들은 정말 예뻤다. 아이들의 마음이 반영된 그림들은 척박한 환경과 달리 희망적이고 아름다웠다. 그림을 보니 한결 마음이 정화되는 기분이다.

도착한 시간은 아침이었는데도, 벌써 많은 환자들이 우리를 기다리고 있었다. 환자들을 보니 마음이 급해졌다. 소아과, 내과, 정형외과, 산부인과, 신경과, 치과, 약국까지 작은 종합병원 배치를 시작했다. 그런데 준비를 마칠 때까지도 통역원이 도착하지 않았다. 영어를 할 줄 아는 장교들을 통역원으로 구성했는데, 갑자기 부대 행사가 생겨서 우리 일정에 합류하지 못한다는 연락이 왔다. 어쩔 수 없이 인근 지역에 있는 영어 가능 민간인들을 급히 모은다고 했다. 우리가 있는 북부지역의 킬리노치치(Killinochchi)는 타밀족 사람들이 대부분이어서 영어와 타밀어 두 가지 다 구사할 수 있는 사람이어야 했다.

급조된 통역원들은 은퇴한 지역 주민들이었다. 인도나 스리랑

[↑] 준비해 간 빵을 나눠 주며 사진을 찍자 아이가 놀란 듯하다.

[→] 빵을 받기 위해 줄을 서
있는 주민들. 치안을 위해
군인이 여러 명 배치되어 있다.

{ 스리랑카 }

카는 영국 식민지 상태에 오래 있었기 때문에 아직도 영어를 사용하기도 하지만, 대부분 영어를 완벽하게 구사하지는 못한다. 그나마 이 사람들은 선생님으로 일했거나 교육을 잘 받은 편이었다. 급변하는 환경이다 보니, 이렇게 통역이 오지 않는 문제를 비롯해 여건이 계속 변한다. 예정시간보다 2시간이 지체되었다. 더 이상 지체할 수 없어 통역원들을 빨리 부서별로 배치했다. 나는 접수를 맡았다. 환자의 이름, 성별, 나이, 아픈 곳 등 간단한 인적사항을 기록하는 일이다.

어느 새 건물 앞에는 기다리는 사람들이 길게 늘어선 줄로 가득 차 버렸다. 이어 군인들이 수송해 오는 버스에서도 사람들이 끊임없이 내렸다. 정신없이 접수를 보면서도 이제는 주민들이 조금 줄어들었나 싶어서 밖을 내다보면, 군인들이 쉬지 않고 버스 한가득 주민들을 실어 왔다. 그러다보니 대기자가 줄어들 기미가 보이지 않았다. 주민들은 모두들 기운이 없는지 표정이 없었다. 아이들과 눈을 마주쳐도 단지 우리를 신기한 사람인 양 바라보았다. 나는 통역의 도움을 받아 그들의 이름을 불러주곤 했다. 그제야 그들의 미소를 볼 수 있었다. 자신의 이름을 알아듣고는 활짝 웃으며 쑥스러워 했다. 어떤 할머니 한 분은 "아침은 먹었냐"며 인사도 건넸다. 이렇게 내가 먼저 다가가니 상대도 한 발 다가와 주는 것에 소소한 기쁨을 느낀다.

[↑] 친근한 아주머니들과 이름을 부르자 웃음 짓는 천진난만한 아이.

| 장 약사의 응급 사고 |

진료 두 번째 날에는 마을에 소문이 퍼졌는지 더욱 많은 환자들이
우리를 기다리고 있었다. 밀려드는 환자들로 통제하기 어려운 상황
이었다. 그때, 지켜보던 지역 군인들이 환자들의 통제를 도와주었
다. 군인들이 등장하자 소란스러웠던 장내가 급속도로 조용해졌다.
스리랑카에서 군부의 힘은 생각보다 막강했다. 아직도 전쟁과 관련

된 많은 상처, 즉 트라우마가 주민들 사이에서 잊혀지지 않는 것처럼 보였다. 그중 하나가 군부에 대한 두려움이었다. 그래도 군인들의 도움으로 환자들의 접수가 한결 용이해졌다. 소아과와 내과 환자들이 많아 가정의학과와 신경과 선생님들은 허리 한 번 펼 수 없이 분주했다.

점심은 커리를 먹었다. 인도문화에 영향을 받은 스리랑카도 커리를 즐겨먹는 음식문화를 가졌다. 인도에서 커리를 주로 난과 함께 먹는 반면 이곳에는 로띠와 커리를 즐겨 먹었다. 하지만 현지식이 이질의 위험이 있었기에 다음날부터는 햄버거로 점심을 때웠다. 세계 어디를 가나 맥도날드나 KFC 같은 패스트푸드점은 하나씩 꼭 있다. 현지식이 입맛에 맞지 않을 때, 그런 것들이 좋은 대체음식이 되곤 한다. 하지만 나는 현지음식도 곧잘 맞는 편이었다. 스리랑카는 더운 지역이라 그런지 열대과일도 많이 팔았다. 한국에서는 비싼 파파야나 망고와 같은 열대과일도 값이 싸서 달콤한 후식으로 제격이었다.

점심때가 지나서 갑자기 밖이 소란스러워졌다. 누군가 응급 사고가 났나 싶어 소란의 진원지를 들여다보았다. 무언가 좋지 않은

[→] 점심으로 먹었던 커리.
현지인들은 손으로 먹는다.
한 번밖에 먹지 못했지만,
현지 음식문화를 즐길 수
있는 시간이었다.

예감이 스쳤다. 이럴 때마다 한 번씩 사고가 터졌기 때문에 신경을
곤두세웠다. 혹시 마을 사람들이 다쳤을까? 아니면 싸움이 벌어진
것일까? 여러 생각들이 머리를 헤집었다. 그런데 다친 사람은 마을
주민이 아니라 봉사단원인 장 약사였다. 그의 이마는 크게 찢어져
붉은 피를 흘리고 있었다. 약이 떨어질 때마다 급히 진료실을 돌며
재고 조절을 위해 뛰어다니다가 건물 처마 끝에 달려있던 쇳덩이
에 부딪혀서 이마가 찢어진 것이다. 이마에 흐르는 피를 손으로 닦
고 있던 그를 빨리 침대에 눕혔다. 지혈을 시키면서 정형외과 선생
님 한 분이 봉합을 했다. 총 7바늘을 꿰맸으니 찢어진 정도가 생각
보다 컸다.

　　오후 진료도 거의 끝나갔다. 약국을 지나면서 창틈 사이를 들
여다보니 아까 다친 장 약사가 땀을 뻘뻘 흘리며 열심히 봉투에 약
을 담고 있었다. 피도 많이 흘려 누워 있어야 하는데 다시 일을 하
고 있다니. 그 모습을 보니 기가 막혔다. 어지러울 텐데도 오히려 자
기가 일을 만들었다고 우리들에게 미안해하고 있었다. 안쓰러운 마
음에 가서 쉬라고 했지만 꿋꿋이 하던 일을 마저 했다.

[→] 현지 전통 의상을 입고 있는
스리랑카의 자원봉사자와 함께. 덕분에
접수진행이 수월했다.

그런데, 큰일이었다. 일부 약의 재고가 모두 떨어졌기 때문이다. 약뿐만이 아니라 약봉지도 턱없이 부족했다. 생각지도 못한 질환으로 환자들이 몰리다 보니 기관지 관련 약이나 알레르기 약이 일찍부터 동이 났다. 그래서 의사들은 일부 질환의 처방 일수를 줄여야 했다. 오늘은 다행히 잘 마무리가 되어 급한 불은 껐다. 하지만 당장 내일부터가 문제였다. 검진을 끝내더라도 약이 없으면 무용지물이었다. 그렇다고 환자들을 빈손으로 돌려보낼 수는 없었다.

　　진료를 마친 뒤 봉사단원 몇 명이 모여 약을 구하러 시내로 떠났다. 우리는 현지 안내인과 함께 약을 구하기 위해 주변 약국들을 닥치는 대로 수색하기 시작했다. 하지만 킬리노치치 시내의 약국은 대부분 작은 곳이었다. 과연 수백 명 분량의 약 재고를 가지고 있을 약국이 있을까? 거리는 이미 어두워져 대부분의 약국들은 문을 닫았다. 사정이 이러다 보니 결국 우리끼리 찾는다고 해결될 문제가 아니었다. 고민하다가 결국 현지 안내인에게 고민을 털어놓고 조언을 구했다. 우리의 사정을 듣자 현지 안내인 닐 미니(Nil Mini

[→] 하루 일과를 마친 후, 쉴 새도 없이
의료진과 자원봉사자 간의 회의가 열린다.

Cabral) 씨는 급히 어디론가 전화를 걸었다. 통화로 우리의 사정을 설명하는 듯했다. 얼마 지나지 않아 그의 표정이 밝아졌다. 스리랑카 보건복지부에서 약을 보내주기로 한 것이다.

어떻게 이렇게 금세 해결하게 된 것일까? 그것은 숨어있는 조력자 덕분이었다. 우리가 스리랑카로 올 수 있도록 먼저 제안해 준 영부인이 문제해결을 도와준 것이다. 스리랑카 대통령은 빈부격차를 해결하기 위해 여러 정책들을 시행하고 있다. 영부인도 마찬가지로 복지와 의료 문제에 관심이 많아 관련된 일을 진행하고 있었다. 그중에서 그녀가 특별히 신경을 쓰는 부분이 있다. 바로 Carlton Social Health Service이다. 이는 영부인이 직접 운영하는 국민건강 프로그램 운영 조직이다. 이러한 영부인의 도움 덕분에 우리는 발등에 떨어진 불을 끌 수 있었다. 지금처럼 약이 떨어지는 경우는 봉사를 하다 보면 많이 있는 일이다. 하지만 이렇게 쉽게 해결이 되는 경우는 드물었다. 우리는 모두 천운이 도왔다고 생각했다.

다음날 진료실로 도착할 약들이 기다려졌다. 만약 약을 구하지 못했더라면 편히 잠을 잘 수 있었을까? 금방 해결되어 정말 다행이었다. 다음날 아침, 우리 진료소로 한 대의 차량이 도착했다. 안에는 우리가 오매불망 기다리던 약품들이 실려 있었다. 차량 가득 쌓여 있는 약들을 보자 마음이 놓였다. 총알 하나 없이 전쟁터로 나가던 군인에게 총알이 상자 가득 배달된 기분이었다. 약국은 앞으로 정리해야 될 약들로 정신없이 돌아갔다. 다들 그 모습을 보자 준비하던 것을 멈추고, 약재 정리와 옮기는 것을 도와주었다. 각자의 부서에 만 머무는 것이 아니라 손이 필요할 때는 함께 도우며 힘을 보탰다.

| 하늘의 별 따기, 진료 |

출국 전 스리랑카라는 나라의 특수성에 맞춰 보건문제나 질환들에 대해서 나름대로 준비했다. 하지만 진료를 하다 보니 전혀 생각하지 못한 상황에 부딪히게 되었다. 그중 흥미로운 점은 알레르기 비염이나 천식환자가 상당히 많다는 것이다. 이 질환들은 어른, 아이 할 것 없이 너무 많았다. 그러다 보니 진료를 시작한 첫날부터 기관지 관련 약품들이 너무 많이 소모되어 어제와 같은 긴급상황을 만들어 냈다. 이제는 스리랑카가 내전의 후유증으로 인한 전염병이 많다고 해서 그와 관련된 약품들을 준비했다. 그런데 우리의 예상이 빗나갔다. 기생충으로 인한 피부병이나 간염보다도 기관지나 알레르기 질환이 더 많았던 것이다.

스리랑카는 개발도상국으로 아직 의료시설이나 의사, 간호사들이 절대 부족한 실정이다. 2011년 통계에 따르면, OECD 국가들의 평균 활동의사 수가 인구 1,000명당 3.2명이고, 한국도 2명 수준인데, 스리랑카는 0.5명 정도밖에 되지 않는다. 1990년대까지만

[→] 의료 봉사진의 설명을
들으며 나무에 기대어
잠시 휴식 중이다.

해도 인구대비 의사수가 0.1명이었다고 하니 의사를 만나기가 하늘
의 별 따기였을 것이다. 상황이 이러하니 환자들이 끊임없이 오는
것이 이해가 되었다. 우리가 와 있는 킬리노치치에도 종합병원이
하나 있다. 그러나 규모가 작고, 널리 퍼져 있는 밀림이나 드문드문
산재한 가정집에서 찾아오기에는 접근성이 매우 떨어졌다.

| 난민촌과는 전혀 다른 만찬 |

역시 마지막 날에는 사람이 많이 몰렸다. 마을 사람들이 다 몰려온
것처럼 문전성시를 이뤘다. 그렇게 진료를 마치고 돌아가던 중 생
각지도 못한 소식이 들렸다. 그 지역 사령관이 우리에게 감사의 표

시로 연회를 열어 준다는 것이었다. 연회라는 말에 기분은 좋았지만, 공식적으로 잡힌 일정이 아니었기에 한 차례 논의를 거쳤다. 일정에 차질이 빚어지지 않는다면 초대에 응하는 것이 도리라는 의견이 우세했다. 다수의 의견에 따라 우리는 저녁만찬에 초대되었다. 차는 깊은 산중으로 들어갔고, 혹시 잘못 들어선 것이 아닐까 불안해하던 중 희미한 빛이 저 멀리서 보였다. 3시간을 이동하여 도착한 그곳에서는 이미 정글파티가 이루어지고 있었다.

우리가 들어서자마자 폭죽이 터졌고, 이어 캠프파이어를 위한 화려한 점등식을 거쳤다. 내 생에 태어나서 가장 멋진 파티에 초대받은 기분이었다. 군인과 지역유지들이 참석한 가운데 사령관은 마치 대통령과 같은 카리스마로 좌중을 압도했다. 마치 이 동네에서는 그가 대통령 같았다. 고위 장교들의 아내들은 화려한 비단옷과

[↓] 여러 군인의 호위를 받으며 진료 대기 중인 환자들.

액세서리로 몸을 치장하고 있었다. 본연의 피부가 보이지 않을 정도로 화장도 화려했다. 풍성한 뷔페음식들은 스리랑카에서 볼 수 있는 최상급 음식이었다. 아침에 본 난민촌과는 완전히 다른 세상이었다. 그곳에서 나는 상하계급의 격차를 확연히 느낄 수 있었다. 그것은 나에게 엄청난 문화충격으로 다가왔다. 성대한 파티를 마치고 돌아오니 이미 새벽 1시가 지나 있었다. 캠프파이어의 여운이 가시기도 전 피곤함을 이기지 못하고 잠자리에 들었다.

| 내전의 아픔이 남은 사람들 |

다음날 아침, 우리는 일찍부터 킬리노치치를 떠날 채비를 마쳤다. 새로운 진료지인 물라티브(Mullaitivu)로 이동하기 위해서이다. 마지막 하루의 진료는 특별히 물라티브라는 지역으로 정하였다. 다양한 곳에서의 진료가 환자에게 도움이 될 것이라 생각했다. 킬리노치치와 더불어 마지막 전쟁터였던 이곳은 내전의 피해가 심한 지역 중 하나이다. 이곳은 얼마 전부터 민간인 출입이 허용된 곳이다. 출입이 허용되었지만 아직도 경계의 태세를 늦추지 않는 지역이다. 물라티브로 가는 길이 험하기 때문에 이른 시간부터 의약품과 진료장비를 챙겨 이동을 시작했다.

{ 스리랑카 }

우리는 킬리노치치 시내를 벗어나 점점 동쪽으로 이동했다. 논밭을 지나니 작은 집들이 나타났다. 거의 모든 집들의 담벼락에는 총알자국이 나 있고, 폭탄에 지붕이 없어진 집들도 보인다. 형체만 남아있는 집의 골조가 내전 당시 상황을 보여주는 듯하다. 어떤 집은 부서진 벽에 대충 천막을 덮어서 살고 있고, 판자 위로 군데군데 빨래만이 널려 있었다. 목적지에 다다를수록 검문 역시 심해졌다. 우거진 숲 사이로 난 좁은 흙길 곳곳에 검문소가 있고, 군인들이 지키고 있었다. 우리의 진료소는 군부대 안이었다. 전투는 3년 전에 종결되었지만 돌발상황이 일어날 수 있기 때문에 안전에 대비하여 지역 사령관이 결정한 일이다.

물라티브에서는 불구가 된 사람들이 많았다. 팔이 없거나 다리가 없는 주민들의 모습은 이곳에서 익숙한 풍경이었다. 그중에서도 가장 기억이 남는 사람들이 있다. 한 소녀가 오른팔이 보이지 않는 헐렁한 한쪽 옷소매를 늘어뜨리고 진료소를 찾아왔다. 몇 년 전 마을에서 일어난 전투 중에 포탄이 떨어져 가족은 몰살당했고, 소녀는 한쪽 팔만 잃은 채 겨우 목숨을 건졌다. 과거 이야기를 하는 와중에도 계속 담담한 표정이다. 통역을 통해 자기의 피부병에 대해 말하는 소녀의 모습은 과거의 아픔에 굴하지 않고 의젓한 모습이었다.

또 다른 이는 지뢰에 왼쪽 다리를 잃고 목발을 짚고 다니는 여인이었다. 이십대 후반에서 삼십대 초반쯤으로 보이는 그녀는 치과진료를 위해 이곳을 찾았다. 하지만 나는 치과진료도 진료지만, 다

[↑] 복도에서 벽을 따라 환자들이 늘어앉아 있다. 불구가 된 사람이 많아 보는 내내 가슴이 저렸다.

{ 스리랑카 }

리도 걱정되어 정형외과 검진도 보게 했다. 절단 이후 제대로 병원도 찾아보지 못한 처지가 안쓰러웠다. 절단 이후에도 간헐적으로 통증이 있는지, 피로가 누적되면 아픈지 등 상세히 물어보며 검사를 했다. 다행히 통증은 없었지만, 이미 손쓸 수 없이 불구가 된 이들을 바라보는 마음은 내내 쓰렸다.

| 갑작스런 진료 중지, 그래서 우리는… |

오전 진료 도중, 갑자기 이곳에서의 진료는 불가능하다는 통보를 받았다. 정확한 원인은 알 수 없지만, 당국의 결정이라는 것이다. 아마도 물라티브의 대형병원과 마찰이 우려되어 내린 결정인 듯했다. 하는 수 없이 진행하던 진료를 포기해야 했다. 그러나 그렇다고 이 먼 타국까지 와서 아무것도 하지 않고 돌아갈 수는 없었다. 우리는 긴급회의 끝에 빵과 우유를 사서 정착촌에 나눠 주기로 결정했다. 비록 진료를 하지 못해도, 우리에게는 간단한 간식조차 먹기 어려운 이들에게 작은 선물을 주고 싶었다.

결정이 내려지자 당장 인근 빵집으로 향했다. 오랜만에 대량의 빵과 우유를 주문받은 가게주인도 덩달아 신이 났다. 수북이 쌓인 간식들을 보자 우리의 마음도 풍성해졌다. 벌써부터 나눠 줄 생각에 몸이 근질거리기 시작한 것이다. 빵과 우유를 실은 나눔의 버스를 타고 정착촌으로 향했다. 정착촌은 이곳에서 30분 정도 떨어진 곳에 있었다. 밀림의 나무를 베어 땅을 고르고, 묻혀 있는 지뢰들을 하나하나 제거한 후 집을 잃은 타밀족들이 살 수 있게 건설되었다고 한다. 그러나 눈으로 직접 보니 거주하는 것이 아니라 단순히 사람들을 모아 놓은 것에 불과했다. 텐트형식에 가까운 집들은 나무가 기둥역할을 했고, 지붕이나 벽은 양철을 씌우거나 둘렀다. 전기는 물론 상하수도 시설도 없다. 단지 입구에 공동 우물이 하나 있었다. 몇 년 전에 한국에서 지어준 것이라 했다. 먹고 사는 것이 가장 중요한 문제가 되는 이곳에서 의료혜택이나 교육을 받을 수 있을 리가 없었다.

전쟁이 종결되면서 정착촌이 만들어지기 시작했다고 하는데 3년이 지나도록 제자리걸음이었다. 나중에 관계자 말을 들어 보니 몇몇 시설을 제외하고 여기서 크게 발전하는 것은 힘들다고 했다. 내전 당시 피란민은 20~30만 명 정도였다. 그중 일부는 고향으

[→] 봉사자들과 함께
대기하는 환자들에게 빵을
나누어 주고 있다.

{ 스리랑카 }

로 돌아갔지만 대다수가 이곳에 거주한다고 한다. 현재 165세대에 546명 정도가 살고 있는데, 시간이 지날수록 그 수가 점점 늘어나고 있다. 주민들의 옷이나 신발은 마치 그것 하나만 계속 입은 것처럼 낡고 해져 있었다. 검은 때가 흐르는 옷들, 신발조차 없어서 맨발로 다니는 아이들이 대부분이었다.

빵을 나눠 주기 위해 왔지만 사람들은 멀찍이서 구경만 할 뿐 쉽게 다가오지 않았다. 나눠 주고 싶었지만 받는 이는 아직 준비되어 있지 않았다. 멀리서 온 낯선 이방인이 어색했나 보다. 애타는 마음에 이리오라고 손짓하자 한 남자아이가 수줍은 표정으로 나에게 다가왔다. 낯선 카메라가 보이자 그것을 경계하는 눈빛으로 바라보았다. 그러니 동시에 두 눈에는 호기심이 가득했다. 아이들은 모두 수줍음 많고 겁도 많았다. 그중 씩씩한 모습의 여자아이는 어린 남동생을 업고 종종걸음으로 우리 곁으로 왔다. 제 것보다 동생 것을 먼저 챙기는 누나의 얼굴에는 뿌듯한 미소가 담겨있다. 아마도 이들은 우리가 의료봉사를 하러 온 줄 모르고 빵을 나눠 주러 왔다고 착각할 수도 있었다. 하지만 우리가 무엇을 하러 왔다고 알리는 것보다 그들이 행복한 것이 우선이었다. 치료를 받아서 기쁘건, 빵을 받아서 기쁘건 그것과 상관없이 그들이 즐거우면 그것으로 족했다.

이 마을에는 눈으로 가늠할 수 있을 만큼 남성들이 적었고, 어른보다는 아이들이 많았다. 전쟁에서 남성들이 많이 죽었기 때문이라고 어렴풋이 짐작했다. 진료 중에도 아이들만 온 경우가 많았는

[↑] 천진난만하게 장난을 치고 있는 스리랑카의 아이들.

[←] 카메라를 내밀자
귀여운 두 남성 아이가
어깨동무를 하며 포즈를
취해 주었다.

데, 아이들만 사는 집들은 주변 이웃이나 친척들이 도와준다. 전쟁으로 가족을 잃은 아이들에게 주변이웃과 친척들이 부모가 되었다. 피로 얽힌 혈연적인 가족관계를 넘어 서로의 사정을 알고 돕고 돕는 상부상조가 실천되고 있었다. 아이와 어른, 남녀 구분 없이 마을 사람들 대부분에게 빵을 전했다. 이렇게 몇백 개의 빵과 우유를 나눠 주고 나니 하루가 저물어 갔다.

| 최상과 최하를 오간 봉사 |

다음날, 한국으로 가는 비행기 편은 늦은 밤 예약되어 있었다. 그전에 스리랑카를 소개해 주고, 여러모로 도와준 스리랑카 영부인과의 만남이 약속되어 있었다. 이 일정은 한국에서부터 준비된 공식일정이었다. 이곳에서부터 다시 대통령궁이 있는 콜롬보까지 긴 시간을 이동했다. 4시간의 이동 끝에 다시 도착한 콜롬보. 며칠 만에 봐서인지 낯설음보다는 반가움이 먼저 다가왔다. 시가지로 들어가 대통령궁이 있는 콜롬보의 심장부로 향했다. 스리랑카 국기가 펄럭이는 대통령 궁, 바다와 마주 보고 있는 궁의 외관은 유럽풍이었다. 주변부에는 활발한 비즈니스가 벌어지는 도시답게 백화점, 기업체 사무실들이 모여 있었다. 궁의 정문 앞에는 총을 든 군인들이 삼엄한

[→] 스리랑카의 영부인이
봉사단에게 선물을 나눠
주었다. 감사한 마음으로
선물을 받고 있다.

경비를 서서 한 명 한 명씩 철저한 몸수색을 거친 후에야 궁 안으로
들어설 수 있었다.

수많은 문 중 한 곳으로 들어서자 식탁에는 우리들을 위한 멋
진 만찬이 차려져 있었다. 음식도 우리 입맛에 맞춘 듯 간이 딱 맞
았다. 진 푸른색의 사리를 입은 영부인이 은은한 미소로 우리를 맞
아 주었다. 금목걸이와 금팔찌 등으로 멋을 냈지만 화려함보다는
우아함이 느껴졌다. 우리의 노고를 풀어 주려는 듯 최대한의 호의
를 베풀어 주었다. 기념패 수여식에서는 봉사단 한 명 한 명에게 눈
을 마주치며 인사해 주었고, 세계 최대의 보석 산출국답게 붉은 빛
의 자수정을 스리랑카의 징표로 주었다. 뜻밖의 선물에 우리도 기
분이 좋아졌다. 이런 호화로운 대접을 받고자 온 것은 아니었지만,
멋진 환영을 받으니 기분이 좋아지는 것은 누구나 마찬가지였다.

이번 스리랑카 봉사는 최상과 최하의 만남이라고 할 수 있다.

대통령궁과 정글에서의 파티 등에서는 스리랑카 최상층의 생활을 엿볼 수 있었다. 한편 총알이 뚫린 집, 불구가 된 사람들, 빵 한 조각에 기뻐하는 아이들은 스리랑카의 가난한 최하층의 모습을 여실히 보여주었다. 여행으로서는 경험해 보지 못했을 진귀한 경험이었다. 폭설부터 시작하여 통관, 약 부족 등 여러 가지 어려움이 있었다. 하지만 하늘의 도움으로 이곳까지 왔고, 잘 이겨 나갈 수 있었다. 아마도 하늘이 허락하지 않았다면 인천공항의 비행기조차 뜰 수 없었을 것이다. 하늘이 한 가지 더 허락하신다면 장기간 내전의 아픔을 지니고 있는 이들을 사랑으로 보듬어 주는 축복을 주시길 바란다.

| 가을의 문턱에서 다시 |

9월 말에 접어드니 기세 높던 더위도 한풀 꺾였다. 이제는 선선한 바람이 몸을 스친다. 청명함이 감도는 가을이다. 퇴근하는 길, 무심코 바라본 푸른 하늘은 붉은 노을이 내뿜은 열기로 진한 다홍색으로 빛났다. 가을이라는 계절은 유독 사람의 마음을 풍성하게 만드는 힘이 있다. 그래서인지 추수의 계절, 천고마비의 계절, 오곡을 물들이는 가을 등 가을을 수식하는 단어는 무궁무진하다. 하지만 가을은 풍요로운 동시에 고독함의 속성도 가지고 있다. 요즘따라 더 쓸쓸한 이유는 무엇일까? 나도 모르는 외로움의 바람이 내 가슴에 구멍을 내 차갑게 후비었다. 하던 일을 접고 홀쩍 떠나고 싶은 마음도 일었다. 마음을 따듯하게 해줄 보글보글 끓는 된장찌개가 그리워지는 오후 어느 날이었다.

이 무렵, 국가보훈처에서 열린의사회로 한 통의 소식이 찾아왔다. 새로운 봉사지에 대한 권유가 들어온 것이다. 한국전쟁 참전국인 필리핀과의 지속적인 교류협력과 보은의 차원에서 의료봉사를 가는 것에 관한 사안이었다. 작년에 에티오피아 의료봉사도 국가보훈처의 후원 아래 봉사를 다녀왔던 기억이 났다. 나누러 왔지만 오히려 받은 것이 많은 봉사였다. 아디스아바바는 한국에 대한 에티오피아인들의 따듯한 정을 느끼게 해 주었다. 그리고 보면 남아공, 에티오피아, 태국, 필리핀, 인도 등 열린의사회는 6·25전쟁 참전국가에서의 봉사경험도 다양하다. 이러한 의료봉사는 민간교류 활성화에 기여하고, 한국의 이미지 제고 차원에도 보탬이 된다.

특히나 이번에 봉사지역으로 제안이 들어온 필리핀은 과거에 봉사로 다녀온 경험이 있는 곳이다. 필리핀에는 의료접근성이 떨어지는 의료 낙후지역이 많다. 따라서 우리 단체 스스로도 의료봉사의 필요성을 느껴 과거에 다녀온 경험이 있었고, 지속적으로 봉사단골지역으로 손꼽히는 곳이기도 하다. 의료봉사자 모집 공지가 올라오자마자 나는 고민할 필요 없이 지원자 신청을 했다. 이미 오래된 일이지만 8년 전 필리핀 앙헬레스(Angeles) 원주민 부족과의 만남이 아직도 잊히지 않는다. 그래서 비록 다녀왔던 곳이었지만 다시 한 번 가고 싶었다. 아마 그때부터 이미 봉사로 얻는 즐거움이 내 외로움의 빈 공간을 가득 채우고도 남을 것을 알고 있었는지도 모른다.

| 천사의 도시, 앙헬레스 |

필리핀은 우리에게 주로 어학연수나 관광의 개념으로 익숙한 나라다. 세부나 보라카이의 관광지는 여름이 되면 즐겨 찾는 곳이고, 망고와 진주가 유명한 곳이기도 하다. 필리핀은 수많은 섬으로 이루

어졌는데 총 면적은 30만 400km². 남한 면적이 9만 9,720km²라는 점을 감안하면 약 3배에 이른다. 필리핀은 사면이 바다로 둘러싸인 섬이다. 인근 바다가 태풍의 발생지이며 환태평양조산대에 있기 때문에 화산과 지진으로 인한 피해도 적지 않다. 고고학 자료에 의하면 과거 필리핀은 대륙의 일부였으나, 화산폭발로 인해 대륙으로부터 분리되었다고 한다. 필리핀의 국토는 7,000여 개의 크고 작은 섬으로 구성되어 있다. 대부분의 섬은 이름 없는 암초이거나 산호초이고, 사람이 정착하고 있는 섬은 약 880개 정도이다.

여러 개의 섬에 거주하던 각기 다른 부족이 통일을 이루게 된 것은 에스파냐와 미국의 식민지 당시였다. 이 과정에서 혼혈도 많이 생겼고, 다양한 서구문화가 유입되었다. 필리핀은 다양한 종족과 종교뿐만 아니라 원주민이 가지고 있던 기존문화에 에스파냐, 미국 문화까지 혼합된 복합사회이다. 그러므로 필리핀 사회를 한마디로 정의하는 것은 매우 어렵다. 그렇지만 대체적으로 발견되는 문화 요소는 정실주의가 뿌리 깊이 박혀 있다. 필리핀은 가톨릭을 국교로 삼고 있다. 가톨릭 종교관은 사람들에게 영향을 주어 낙태나 이혼은 부정한 것으로 여겨진다.

해외봉사를 시작한 지 얼마 되지 않은 봉사 초보시절. 필리핀 앙헬레스로 봉사를 간다는 소식을 들었다. 봉사를 시작한 지 얼마 되지 않은 초반기였기에 의욕적으로 우선 어려운 사람들을 돕고 싶은 마음이 앞섰다. 당시 해외봉사가 국내에서 본격화되기 전이었으므로 자원봉사자가 지금보다 많지 않았다. 그래서 한결 수월하게 봉사자로 들어갈 수 있었다. 의료진까지 합친 총 자원봉사자는 15명. 지금에 비하면 적은 인원이었지만 당시에는 보통보다 많은 인원이었다. 도착하기 전부터 의기투합하여 아이들에게 줄 학용품과 사탕을 같이 싸고, 현지 정보를 나누고 맡은 분야별로 기본 의료지식을 배우며 준비했다. 이러한 노력 덕에 우리는 봉사를 가기 전에 이미 친해진 상태였다. 이렇게 봉사를 하며 사람 사는 재미를 느끼는 것도 쏠쏠한 행복이다.

앙헬레스(Angeles)는 필리핀 중부 루손지방에 속한 팜팡가주에 위치한 작은 도시이다. 이 도시는 엔젤레스라는 이름을 스페인식으로 발음하여 앙헬레스라는 명칭으로 부른다. 말 그대로 천사의 도시일까? 하지만 천사를 보기 전 앙헬레스의 화려한 밤거리는 악마의 유혹을 떠오르게 했다. 앙헬레스는 필리핀 최대 유흥지역인 클락이 있는 곳이다. 밤에 도착하여 숙소로 향하는 길, 화려한 네온사인으로 뒤덮인 휘황찬란한 거리의 풍경이 나의 눈길을 사로잡았다. 차들과 사람들, 거리의 상인들이 한데 모여 그들만의 질서로 움직이고 있었다. 혼란스럽지만 부딪히지 않게 빠르게 지나가는 그 모습이 화려한 묘기 같았다. 조명 사이로 언뜻언뜻 보이는 거리의 분위기는 어딘지 모르게 위험해 보였다.

| 침입자에게 밀려난 아이따 부족 |

다음날 아침, 가야 할 길이 멀었기에 일찍부터 서둘러 약품과 식료품, 아이들에게 나눠 줄 학용품과 기타 장비를 챙겨 이동하는 버스에 올랐다. 이동하는 차안에서 태양빛이 비춘 앙헬레스의 길거리는 네온사인에 밝혀진 밤거리의 분위기와 사뭇 달랐다. 향락과 유흥의 불이 꺼진 모습은 허름한 건물의 모습을 적나라하게 드러냈다. 밤과는 다른 모습에 낯설었지만, 그곳에 눈길을 두기보다 앞으로 만나게 될 미지의 세계에 더 관심이 갔다. 우리가 진료하게 될 사람들은 앙헬레스의 도심지에서 떨어져 생활하는 아이따 부족이다. 문명의 세계와 동떨어져 생활하는 그들과 만날 생각에 벌써부터 심장이 두근대었다. 버스가 꽤 긴 시간동안 이동하고 나서야 인근 학교에 도착했다.

아니, 학교라기보다는 폐교에 가까웠다. 그것마저도 한국에서 흔히 보는 폐교의 모습과도 거리가 멀었다. 학교라는 이름을 붙이

[→] 지역봉사 책임자로부터
봉사확인 증서를 받고 있다.

{ 필리핀 }

[↑] 필리핀 형제들이 우리를 보고 있다. 아직은 외지인들이 낯선 눈빛이다.

기에도 무색한 그곳은 폐교의 수준에도 미치지 못하는 허름한 건물이다. 교실마다 나눠져 학습하는 공간이 아니라 한 공간 안에 여러 명의 학생들이 함께 모여 공부를 하는 듯했다. 우리를 초대한 현지 NGO단체가 먼저 환영해 주었다. 이미 많은 사람들이 미리 모여 우리를 마중 나와 반겨 주었다. 처음 원주민들을 본 순간, 필리핀이 아닌 아프리카에 온 것 같은 착각이 들었다. 생각보다 더 까만 피부에 심한 곱슬머리, 마른 체구가 특징이었다. 타잔과 같은 모습의 그들은 내가 텔레비전으로만 접했던 원주민의 모습과 흡사했다.

이들은 그들 스스로 아이따라고 부르는 순수혈통의 네그리토스(Negritos)족이다. 여기서 아이따는 '사람'이라는 뜻을 가지고 있다. 아이따족은 다른 필리핀 사람과 외형적으로 쉽게 구분된다. 피부가 몹시 검고, 짧은 곱슬머리를 가지고 있다. 대부분이 키가 150cm가 넘는 사람이 거의 없는 작은 종족이다. 흙으로 만든 집 대신에 나뭇가지, 작은 가지, 잎, 풀로 만든 오두막에 산다. 밭을 일구어 고구마나 쌀, 야채를 심고, 과일을 따 먹기도 한다. 독이 묻은 화살과 활로 사냥을 한다. 필리핀 섬의 순수혈통인 아이따 부족은 외부 침입자들에게 밀리고 밀려 산지에 흩어져 살고 있다. 지금도 많은 필리핀 사람들은 이 작은 아이따 부족을 무시한다고 한다.

이 많은 사람들이 어디에서 온 것일까? 분명히 이곳으로 오면서 본 주변에는 사람들이 살 만한 장소가 별로 없었다. 궁금증이 해결되지 않아 기다리고 있던 환자 한 명에게 어디에 사는지 물었다. 알고 보니, 우리를 만나기 위해서 밤새 산을 걸어 내려온 것이었다. 그 사정을 듣고 나는 너무도 놀랐다. 아침부터 우리가 진료를 시작했기에 미리 나와 있지 않으면 진료를 받을 수 없다는 초조함이 그들의 발걸음을 재촉한 것이다. 맨발로 단걸음에 마중 나온 이들의 구멍 뚫린 옷은 흙먼지로 뒤덮여 있었고, 나뭇가지에 스쳐 까진 상처도 보였다. 미안하고 안타까운 마음이 가슴을 먹먹하게 했다. 우리가 오히려 '아이따 부족의 마을에서 진료를 했으면 좋았을 텐데…' 하는 생각이 들었다.

하지만 산에는 많은 아이따 부족들이 부락을 형성하고 있었다. 큰 부락의 경우 100여 명의 원주민이 모여 살았고, 약 6개 정도의 부락을 가지고 있었다. 부락 간의 거리도 도보로 최소 한 시간에서 많으면 4~5시간이었다. 그렇기에 어떤 부락만을 위해 진료소를 세우기보다는 최대한 많은 인원의 아이따 부족원들이 진료를 받을 수 있는 공동의 중심지가 필요했다. 시간과 장소를 모두 고려했을 때 이곳이 그나마 적합했다. 우선 정해진 시간 동안 빨리 진료를 시작해야 했기에 안타까운 마음을 뒤로 하고 준비를 시작했다.

이곳 주민들은 의료보험제도가 있지만, 보험료를 내지 못해 대부분이 의료보험증을 만들 수가 없는 사람들이다. 그래서 아파도 병원에 갈 수 없는 경우가 태반이었다. 하지만 그들의 마음만은 순수하고, 수줍음이 많았다.

우리를 찾는 환자들은 주로 아이들이 많았다. 한 손에는 갓난아이를 안고 다른 한 손에는 대여섯 살로 보이는 아이 손을 붙잡고 온 엄마. 적으면 5명부터 많게는 10명까지 아이들을 데려오는 엄마의 발걸음은 분주했다. 5살짜리 꼬마가 3살짜리 동생을 안고 오는 경우도 더러 있었다. 특히 이렇게 작은 어린아이가 그보다 더 작은 아이를 데려오는 것을 보며 안쓰러웠다. 5살짜리 아이는 작은 체구와 달리 듬직한 보호자 역할을 했다. 3살 동생의 코에서 흐르는 콧물을 닦아 주는 아이의 모습은 어른보다 더 어른스러웠다. 아이 엄마는 어디서 무얼 하고 있는 것일까? 아이의 치안이나 안전에 대한 관념은 이곳에서 통용되지 않았다.

| 아이가 많은 이유 |

아이따 부족은 왜 이렇게 아이가 많은 것일까? 이유는 그들이 살고 있는 환경적 특징과 사회적 분위기 때문이다. 필리핀은 기본적으로

[→] 큰 아이의 손을 잡고 작은 아이를 안은 채,
진료소를 찾아온 필리핀 엄마.

[↘] 페이스페인팅은 진료를 처음 하는 아이들에게 긴장을 풀고 가까이 다가갈 수 있는 기회를 마련해 준다.
[↓] 병원에 갈 기회가 거의 없다 보니 진료를 받으러 온 환자들이 굉장히 많다.

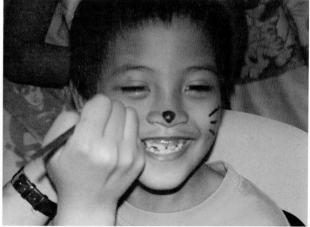

5명의 아이가 보통이고, 시골에 가면 Children factory라 불릴 정도로 아이들이 많다. 더구나 아이따 부족은 '산'이라는 울타리 속에서 살아간다. 산속에 살며 해가 떨어지면 바로 잠이 들고, 아침 해가 깨우는 알람시간에 맞춰 다시 일어난다. 이러한 생활패턴이 이들에겐 일상이다. 전기가 없으므로 늦게까지 자지 않고 다른 일을 한다는 것은 불가능한 일이다. 또한 낙태를 금지하는 풍습으로 인해 아이가 생기면 바로 낳는다. 이들에게 피임이라는 개념도 없으며, 피임 도구조차 본 적이 없는 이들이 수두룩했다. 이러한 사회적 특징이 특수한 주거환경과 결합해 출산 증가에 영향을 준 것으로 볼 수 있다.

현대식 의료 개념이 없는 이들에게 의사의 진료는 난생 처음 받아보는 것이었다. 문명과 단절되어 살아왔기에 의료라는 복지 개념은 의식주가 풍족한 이후 '추후의 개념'이었다. 치료하러 온 것이 아니라 사탕이나 쌀과 같은 식료품을 나눠 주러 온 것이라 생각하는 이들도 많았다. 우선, NGO단체의 도움을 얻어 의료봉사에 대한 개념을 설명해 주었다. 번호표를 달아 순서를 알려 주었으며 차례대로 학교 안으로 들어와 진료를 받도록 안내하였다. 필리핀의 공

[→] 외과 선생님의 어르신 진료를 돕고 있다. 이들에겐 현대식 의료 개념이 없어 하나하나 설명해 주어야 했다.

[↑] 필리핀 의료봉사 진료 현장.

용어는 타갈로그어와 영어 이렇게 두 가지였지만, 대부분의 사람들이 영어로 소통이 되지 않았다. 따라서 현지통역이 반드시 필요했다. NGO의 일원들이 봉사자들 한 명당 하나씩 붙어 통역을 도와주었다.

나는 외과진료 보조를 맡았다. 옷을 벗겨 주는 작은 것부터 시작하여 상처 난 부위를 소독하거나, 혹을 제거하는 수술을 보조하는 업무였다. 특별히 어려운 수술을 진행할 경우에는 같이 동행한 간호사 중 한 명이 다른 업무를 제치고 보조를 했다. 전문적인 의학지식을 갖춘 사람이 보조를 해 주어야 정확하고 세밀한 수술이 가능했다. 환자들은 채식 위주의 식습관 때문인지 비만인 사람이 거의 없었다. 맨발이 익숙해 발바닥 가죽 자체가 그들에겐 신발이었다. 원시적 자연에 완전히 적응된 인간의 모습이다.

진료하면서 우리를 가장 괴롭게 했던 것은 벌레였다. 하지만 원주민들은 이미 적응이 되었는지 잘 물리지 않았다. 지금이야 벌레 퇴치 팔찌 등 벌레를 쫓는 물건들이 많이 개발되었지만, 당시에는 물파스가 해외봉사의 필수품이었다. 현지인들에게 하소연을 하니 몸에 바르라고 벌레퇴치 약을 주었다. 현지약이 독한 탓인지 몸에 바르니 확실히 벌레가 덜 물리는 기분이었다. 정체모를 그 약이 대단히 신기했다. 수없이 몰려드는 환자들이 우리들의 혼을 빼놓았다. 그래서 아마 벌레에 물리는지도 몰랐나보다. 발가벗고 돌아다니는 아이들이 학교를 뛰어다녔다. 아이들에게 사탕을 주려고 하면

【 필리핀 】

유리창이 부서질 정도로 난리였다. 이러한 혼란을 통제하느라 우리 모두 애를 먹었다. 손쓸 수 없는 피부병에 걸린 사람도 있었고, 치아 상태는 남녀노소 구분 없이 대부분 나빴다.

| 발바닥에 못이 박힌 남성 |

그중 특별히 내가 기억나는 환자가 한 명 있었다. 발바닥에 못이 박혀 한 달 동안 참고 생활하다 우리가 온다는 소식에 검사를 받으러 온 40대 남성이었다. 상처가 낫기도 전에 다시 못에 찔려서 피와 고름이 범벅이었고, 괴사한 피부는 까맣게 변질되어 있었다. 당장 수술로 빼내야 할 정도로 심각한 상태였다. 더구나 상처 사이로 파상풍균이 침투하여 발열과 마비증상도 있었다. 당장 수술이 필요하다는 의사에 말에도 그는 무언가 고민하는 듯 묵묵부답이었다. 아마도 수술을 망설이는 듯 보였다. 이유를 묻자, 자신이 믿고 있는 신이 자신의 몸에 손을 대면 안 된다고 금기했다는 것이다. 신의 금기 때문이라니! 우리의 상식 수준으로는 도저히 이해할 수 없는 상황이었다. 심각한 상황이었으므로 계속 수술을 권유했지만, 그는 하루 정도 더 고민해 보고 오겠다며 상처 난 발을 이끌고 다시 산으로 들어갔다.

이렇게 의료적 측면에서는 당연히 진행해야 하는 수술이 환자 개인의 사정으로 미루어지는 경우도 종종 있다. 특히, 오지에서는 미신이나 토속신앙에 대한 믿음이 잘못 전해져 병세를 악화시키는 경우도 많다. 하루 뒤, 그가 오나 오지 않나 우리 모두 초조하게 기다렸다. 다행히 그 남성이 다시 우리를 찾아왔다. 굳은 표정이 드디어 수술을 결심한 듯 보였다. 환자의 결심이 서자 수술은 신속히 진행되었다. 마취하고 빼보니 약 7cm 정도 크기의 못이었다. 이 고통을 그동안 어떻게 참았을까? 수술한 이후 불편한 방해물이 사라져 기뻐할 것이라는 우리의 생각과 달리, 그의 표정은 큰 죄를 지은 듯 어둡고 무거웠다. 신의 뜻을 거스르는 행동에 대한 두려움과 염려가 뒤섞인 복잡한 표정이었다. 이들에게는 신에 대한 믿음이 그 자신보다 먼저인 듯했다. 토속신앙은 그들의 생활에 깃들어 행동 하나하나를 통제했다.

날씨가 너무도 더웠다. 다들 밀려드는 환자보다 더위에 먼저 지쳤다. 간신히 구한 선풍기 한 대에 의존하여 진료를 진행해 나갔다. 덜덜덜 소리를 내며 돌아가는 선풍기 한 대만이 우리의 땀을 식혀주는 최선의 도구였다. 더위도 문제지만 뜨거운 뙤약볕에 지친 피부도 걱정이었다. 선크림을 아침에 바르지만 수시로 바를 수 없어 피부는 햇빛에 종일 노출된다. 그래서 봉사를 하러 갈 때는 태양을 가려 줄 모자가 필수품이다. 점심은 싸 간 도시락으로 때웠다. 아이따족은 주로 바나나, 망고와 같은 열대과일을 따 먹었다. 그곳에

{ 필리핀 }

[→] 열대과일의 가격이 매우 싸서
필리핀에 있는 동안은 거의 망고로
식사를 했다.

선 망고 값이 매우 쌌다. 며칠을 두고두고 먹을 만한 양이 한화로
만 원도 되지 않았다. 망고 하나를 베어 물자 달고 맛있는 과즙이 입
안에 퍼졌다. 한국에는 망고 수입이 지금처럼 원활하지 않았을 시
기였기에 귀한 망고를 맛있게 먹었다. 맛이 정말 달고 좋아 봉사를
하던 동안 망고만으로 배를 채웠던 기억이 난다.

| 산에 있는 그들의 보금자리로 |

우리는 항상 해가 지기 전에 진료를 마쳐야 했다. 우리들의 진료가
끝나면 그들은 다시 산으로 올라갔다. 이렇게 3일 동안 아이따 부
족진료를 하면서 1,500명이 넘는 환자와 만났다. 떠날 때가 가까워

오자 그들과 많은 정이 들었다는 것을 깨달았다. 이제는 점점 그들이 사는 모습이 궁금해지기 시작했다. 마지막 날에 나는 봉사자 몇 명과 함께 산에 올라가 보기로 결심했다.

환자 중 한 명에게 양해를 얻어 마을로 가는 길을 알려 줄 수 있느냐고 묻자 우리를 적극적으로 받아 주어 진료가 끝난 이후 같이 동행했다. 해가 완전히 떨어지기 전에 내려와야 했기에 걸음을 바삐 했다. 밝은 황금색으로 빛나는 하늘아래 도톰한 뭉게구름이 아름다운 오후였다. 잠시라도 한눈을 팔면 걸려 넘어질 것 같은 자잘한 돌부리들이 이리저리 널려 있었다. 흙길 사이로 패여 있는 둥그런 구덩이에 고인 물에는 파란 하늘풍경이 조그맣게 담겨져 있었다.

가는 길이 생각보다 험난했다. 무성하게 자란 잡초들이 길을 가로막았다. 2~3시간쯤 올라갔을까? 드디어 오두막의 형상을 한 집들이 나타났다. 움막들은 울타리로 가구마다 구분하였다. 대충 만들다가 그만둔 것 같은 형상이었다. 대나무와 억새풀, 갈대 등으로 만든 집들이 군데군데 서 있었다. 필리핀 전통 가옥인 '바하이 쿠보'였다. 이 바하이 쿠보는 필리핀의 열대성 기후와 유목생활에 아주 적합한 주거형태다. 식용수로 사용하는 공동 펌프가 보였고, 풀어 놓고 기르는 닭들이 마당을 뛰어다녔다. 빨랫줄에 이미 많이 입어 해진 옷들이 바람을 따라 춤을 추고 있었다. 빨래들을 보자 사람 사는 곳이라는 생각이 들었다. 우리가 오자 숨는 아이들도 있었다. 문틈 사이로 얼굴을 빼꼼히 내밀고 낯선 침입자를 경계하였다.

하지만 10분 정도 지나자 서서히 모습을 나타내었다.

우리가 치료를 도와줬던 환자들도 여럿 보였다. 대부분의 아이들은 아이들 특유의 궁금함을 이기지 못하고 단체로 마을을 내려와 우리들을 대면했다. 하지만 거동이 불편하여 만나 보지 못한 어른들은 우리 주변을 둥그렇게 감싸고 질문공세를 시작했다. 알아듣지 못하는 물음에 대해서는 웃음으로 답했다. 지나칠 만큼의 환영과 친절함이 도리어 우리를 미안하게 했다. 주민의 허락을 얻어 집안을 구경하는 동안 현대식 물건은 거의 보지 못했다. 그중 언제부터 썼을지 심히 궁금한 침대 하나가 방에 우두커니 놓여 있었다. 흰 매트는 때로 인해 진회색으로 바뀐 지 오래였고, 오히려 바닥이 위생상 깨끗해 보일 정도였다. 부엌에는 전쟁이 나도 바로 짐을 싸서 떠날 수 있을 만큼 간소한 식기와 가재도구가 한눈에 보였다.

소박하고 순박한 아이따 부족의 생활은 그 자체로 풍요로웠다. 그들의 모습은 한국생활의 찌든 때를 씻겨주었다. 하늘을 천장 삼아 땅을 바닥 삼아 잠에 들었다. 떠다니는 구름과 같은 삶을 사는 그들, 그 속에서 나는 평화를 보았다. 문명과 동떨어져 생활하는 이들이지만 그 누구보다 행복해 보였다. 비록 우리의 통념으로 생각하는 기본적인 '의식주'가 그들에게는 없었지만 그들 스스로 만족하는 '의식주'는 넘치고도 남는 것이었다. 몸을 가릴 수 있는 옷, 지천에 널려 있는 과일들, 가족들이 함께 모여 사는 작은 집만으로 충분했다. '천사의 마을'이라는 말이 와 닿는 순간이었다.

천사의 마을에 대한 기억이 8년이 지난 지금도 생생하다. 그랬기에 다시 필리핀으로 가게 될 기회가 왔을 때 망설이지 않았다. 내가 두 번째 필리핀 봉사로 가게 될 도시는 벵겟군 바기오였다. 내과, 신경과, 외과, 치과, 한의과 등의 다섯 과목의 의사 8명과, 약사와 간호사를 포함한 나머지 봉사자 17명으로 총 25명이 필리핀 봉사자로 선출되었다. 국가보훈처와 함께 필리핀 지역에 관한 사전 봉사회의를 진행했다. 기본적으로 필리핀이라는 나라의 위치, 기후, 사회, 문화 등을 공부하여 현지에 대한 학습을 선행하였다. 또한 '한국'을 대표하여 방문하는 것이기 때문에 우리나라를 어떻게 드러내고, 접근할 것인지 등 외교적 측면도 고려하였다. 2주 남짓한 시간 동안, 최대한 빨리 많은 것을 배우려고 노력했다.

드디어 출국 전날 밤, 맑은 가을하늘에 뜬 달이 유난히 밝았다. 벌써부터 긴장되고 설렌다. 봄 소풍 가는 어린 아이처럼 봉사를 떠나기 하루 전날에는 잠을 잘 이루지 못한다. 달빛에 잠겨 옛 추억이 떠올랐다. 못을 뺐던 그 환자는 이제는 잘 지내고 있을까? 아이들은 이제 커서 성인이 되었겠지…. 그때는 지금보다 체력도 강했고, 해외봉사에 대한 기대감과 의욕이 넘칠 때였다. 의욕이 앞서 실수도 했고, 상황대처 능력은 지금보다 부족했다. 지금은 봉사에 대한 연륜과 경험이 쌓였기에 응급상황에 대처하는 융통성이 있었다. 그러한 경험들이 쌓이고 쌓여 지금 이렇게 봉사에 적응할 수 있는 기반이 된 것이다.

아쉬운 점은 그때 봉사를 했던 동료들이 어느 순간 하나둘 사라져 이제는 만날 수 없게 된 것이다. 다들 잘 지내고 있을까? 일이 바빠서 못하는 사람도 있을 것이고, 다른 데에서 꾸준히 봉사를 하는 이도 있을 것이다. 14년간 봉사를 하다 보니 느낀 점은 이렇게 지속적으로 꾸준히 무언가를 한다는 것이 쉽지만은 않다는 점이었다. 2000년부터 시작하여 14년을 한 달도 쉬지 않고 시간을 쪼개서라도 국내와 해외봉사를 나갔다. 이렇게 나누고 사는 것에 나름대로 뿌듯함과 자부심도 가지고 있다. 언제나 봉사를 하고 돌아오면서 느끼지만, 이렇게 현재의 넉넉함과 나눌 수 있음에 감사한다. 다시 만나게 될 필리핀, 앞으로는 어떤 일들이 기다리고 있을까?

| 많은 사람들을 한 번 더 |

바기오는 필리핀의 수도 마닐라에서 북서쪽으로 250km 떨어져 있다. 앙헬레스와는 차로 4시간 정도 떨어진 거리에 위치하니 비교적 가까운 편이다. 해발 1,500m의 높은 지대에 자리 잡고 있어 연평균 기온이 18도 안팎으로 쾌적한 날씨이다. 이런 선선한 기후 때

문에 제2차 세계대전 전에는 여름철에 정부기관이 이곳으로 옮겨져 여름의 수도라고 불렀다. 또한 워낙 높은 곳에 있어서 가끔 구름이 도시보다 더 아래 지대에 깔리기도 하는데, 이 때문에 '구름 위의 도시'라고 부르기도 한다. 인천공항에서부터 비행기로 3시간을 이동하여 '구름 위의 도시' 바기오에 도착하였다. 제일 먼저 클락 공항이 우리를 맞아 주었다. 하지만 항공이동보다 긴 도로이동이 기다리고 있었다. 공항에서부터 다시 5시간을 버스로 달린 후에야 인근 숙소에 도착했다.

그렇게 첫날이 지나가고 눈 깜짝할 새에 둘째 날이 찾아왔다. 잠을 푹 자지 못했기에 다들 몹시 피곤한 상태였다. 숙소에서 두 시간 휴식한 것이 전부였다. 하지만 6·25전쟁 참전 기념비 헌화를 위해 PMA(Philippine Military Academy)를 방문하였다. 봉사를 시작하기 전 우선 참전군들에 대한 감사인사를 먼저 드렸다. PMA 내에는 필리핀 육군 6·25전쟁 참전 기념비가 우뚝 서 있었다. 이 기념비는 한국전쟁 때 필리핀 군인들이 참전하여 한국을 도와준 고마움을 기리기 위해서 국가보훈처 지원금으로 설립되었다. 검은색 바탕에 KOREAN WAR MEMORIAL라고 새겨진 글씨를 보니 숙연한 마음에 잠이 달아났다. 헌화를 하며 이름 모를 필리핀 참전군에게 기도를 드렸다. '고맙습니다. 다시 이곳에서 많은 사람들을 도울 수 있게 힘을 주세요.'

헌화 이후 바로 오후 진료를 위해 바기오컨벤션센터로 향했다.

[→] 한국전쟁 참전 기념비
앞에서. 그들에 대한
감사함을 되새기며 숙연한
마음으로 헌화를 했다.

여러 가지 행사를 하는 야외장소였다. 간이의자와 책상을 설치하고, 부서마다 책상을 배치해 구분했다. 이번에 나는 환자들의 혈압과 혈당을 체크하는 일을 맡았다. 우리는 진료받으러 오는 환자들에게 접수 스티커를 붙여주었다. 환자들은 주로 학생과 아이들이 많았다. 아이따 부족과의 공통점이었다. 하지만 옷차림이나 영양상태는 비교적 아이따 부족보다 양호했다. 소아과로 줄을 길게 선 아이들은 연신 재잘댔고, 기다리는 동안 얘기를 나누며 급속도로 친해졌다. 누구든지 쉽게 친해지는 아이들의 친화력은 어딜 가나 똑같나 보다. 다행히 이번에는 어린이 보호자는 보이지 않았다.

이번에는 아이들이 많았던 탓에 소아과 진료가 가장 인기 있었지만, 거기에는 숨겨진 다른 이유도 있었다. 소아과 진료는 이수익 선생님과 송지영 간호사 투톱으로 진행되었다. 첫날 감기로 왔던 환자를 보고 의료진이 "심장이 좋지 않다"고 하자 "그걸 어떻게 알았나?"면서 입소문이 나기 시작했다. 이후 소아과 명의(名醫)를 보기 위해 환자들이 몰려들었고, 외과 환자보다 소아진료 환자가 확연하게 늘어났다. 다음으로 인기가 많은 과목은 내과와 한의과였다. 필리핀에서 한의과는 부자들만 받는 진료과목이다. 서민들은 한의과 진료를 경험해 보지 못해 침을 무서워하는 경우도 있었다. 큰 침으로 몸을 찔러 피가 나는 것을 처음 경험했을 테니 얼마나 무서웠을까? 하지만 여러 번 침을 맞는 광경이 계속되자 곧 치료환경에 익숙해졌고, 두려워하는 분위기는 많이 가라앉았다. 어수선하기도 했

{ 필리핀 }

[↑] 접수를 하며 환자들의 가슴에 대기표를 붙여 주었다.

지만 서로 맞춰 가며 첫날 오후진료는 그렇게 마무리되었다.

둘째 날부터 다음날까지 종일 진료가 이어졌다. 바기오는 빈부의 격차가 커서 외곽으로 나가면 빈민촌이 나오고, 의료혜택을 받지 못해 불편함을 참고 살아가는 주민들이 많다. 특히, 필리핀의 음식들이 대부분 짜기 때문에 고혈압 합병증에 걸린 이들이 많다. 약을 복용해야 하지만, 대부분이 돈이 없어 치료를 받지 못하고 그대로 견디는 사람들이었다. 고혈압 합병증은 높은 혈압으로 인해 혈관이 손상되고 혈액을 통해 산소와 영양분을 공급받는 인체의 장기에 이상이 온 것을 말한다.

　　따라서 협심증이나 심근경색, 부정맥, 심부전 등이 나타나게 된다. 필리핀 10대 사망원인 중 가장 수치가 높은 원인 3가지는 심장질환, 폐렴, 뇌혈관 질환인데 고혈압 합병증은 심장질환과 뇌혈관 질환에도 영향을 준다. 이런 증상들은 급사의 위험도 커서 '침묵의 살인자'라고 불리기도 한다. 치료에는 약도 중요하지만, 운동과 식이요법이 중요했기에 약을 주면서도 운동병행과 식단조절을 하라는 당부를 잊지 않았다.

치과에서는 충치치료와 발치 환자가 많다. 주로 한국에서는 치아교정을 위해 혹은 사랑니를 뺄 경우에만 발치를 한다. 하지만 이곳에서는 대부분이 정기적인 치료를 받을 수 없어 발치를 해야만 하는 상황이었다. 특히 나는 20대로 보이는 젊은이들이 발치를 하는 것을 보면 마음이 아팠다. 젊은 나이에 이 하나가 없으면 얼마나 불편할까? 키는 크지만 앳된 얼굴의 남성이 발치하는 것을 보자 갑자기 한국에 있는 아들 생각이 났다. 우리 아들이 지금처럼 한국에 태어나지 않았더라면 어땠을까? 아마 속절없이 아파도 참는 수밖에 없었을 것이다. 내 몸이 아프면 바로 가까운 병원에 갈 수 있는 환경에 살고 있다는 것에 감사를 느낀다.

배가 슬슬 고픈 걸 보니 점심시간이 왔나 보다. 바기오에서의 점심은 다른 때와는 달랐다. 우리들은 버스로 이동할 때마다 길거리에서 파는 '그것'의 맛이 궁금했다. 그래서 봉사자들끼리 모여 꼭 먹어보기로 했었는데, 드디어 때가 된 것이다. 점심시간이 되자 '그것'을 먹기 위해 삼삼오오 모여들었다. 진료지에서 위로 조금 올라가면 길거리 포장마차에서 파는 그것의 정체는 바나나튀김이었다. 막대기에 낀 바나나를 튀겨 그것을 설탕에 굴리고 다시 튀기면 맛있는 바나나 큐가 완성되었다. 바바나 큐는 '바나나 바비큐'의 줄임말이다. 이곳의 바나나는 부로라는 명칭의 약간 뭉뚝하고 각이 있는 모양이었다. 설탕에 굴려 요리를 해서 달짝지근한 단맛과 바삭한 튀김이 우리의 입맛을 사로잡았다. 가격은 단돈 10페소. 한화로

230원 정도였다. 그래서 봉사 내내 점심으로 이것을 사 먹었던 기억이 있다.

| 의료체계의 걸림돌, 부정부패 |

다시 시작한 오후 진료. 오전보다 많이 몰리는 환자 때문에 손놀림이 빨라졌다. 약값이 없어 병원을 갈 수 없기 때문에 그냥 아프다고 거짓말을 하고 약을 타러 온 사람도 종종 보였다. 필리핀에서는 약값이 매우 비싸다. 그래서 2009년에는 필리핀 소비자단체 회원들이 보건부 청사 앞에서 약값 인하를 요구하는 시위를 벌였다. 필리핀은 아시아의 다른 나라에 비해 비싼 약값 때문에 전체 인구의 3분의 1 이상을 차지하는 빈곤층이 의료서비스를 제대로 받지 못하고 있다. 필리핀의 경우 의료보험은 사적 보험체계를 갖고 있다. 본인의 적합성과 소득 수준에 맞는 보험을 개인이 선택하는 제도이다. 하지만 이러한 사보험 제도는 가난한 서민들은 꿈꿀 수 없는 그림의 떡이다.

보건 및 복지정책은 필리핀 보건부와 사회복지개발부에서 각각 관장하고 있다. 국민건강을 위한 보건 프로그램으로 기초건강관리 프로그램, 임산부와 어린이를 위한 건강관리 프로그램, 결핵관리 프로그램 등이 시행되고 있으며, 의약품 품질을 높이고 약품 공급을 원활하게 만들기 위해 의약품 개발 프로그램이 마련 중에 있다. 필리핀 정부는 의료인력 양성 및 의료시설의 확충을 위해 노력하고 있으나 의사 및 간호사를 포함한 의료인의 수는 크게 부족한 실정이다. 병원 및 병상 수 등 의료 인프라도 열악한 수준이다. 더불어 필리핀 사회에 전반적으로 만연한 부정부패도 의료체계에 큰 걸림돌이 되고 있다.

필리핀의 부정부패는 페르난도 마르코스가 대통령에 당선된 이후부터 심화된다. 1969년 전반적인 세계 경제가 하강함에 따라 필리핀의 경제도 위기를 맞았다. 이후 1972년 마르코스 대통령은 계엄령을 선포하고 21년간 독재의 길을 걷게 된다. 이 과정에서 수많은 부정부패와 비리를 저질렀다. 그럼에도 다시 1986년 대통령 선거에서 마르코스가 대통령으로 당선되었다. 그러자 반정부세력들은 선거관리위원회를 장악한 마르코스 세력이 선거부정을 저질렀다고 폭로했다. 결국 군부마저도 마르코스에게 등을 돌려 군사 시위에 참여했고, 이후 마르코스는 하와이로 망명하였다. '신발 3천 켤레' 일화로 유명한 이멜다 마르코스는 그의 부인이다. 그녀의 호화로운 생활이 알려지며 세간의 화제가 되었다. 그녀는 한 번도 빠짐없이 패션쇼에 참가하고 성대한 파티를 열었으며 그녀의 신발은 무려 3천 켤레나 되었다고 한다.

아키노와 라모스에 이어 1998년 당선된 에스트라다 대통령은

'가난하고 소외된 자들의 대변인'으로 전 대통령들의 과업을 이어
받아 개혁을 하겠다고 약속했다. 하지만 여전히 민생을 돌보지 않
고 정실주의로 회귀하는 모습을 보여주어 국민들을 실망시켰다. 뿐
만 아니라 무슬림을 자극하여 정치적 갈등을 증폭시켰고, 불법 도
박을 묵인하기도 했다. 결국 2001년 도박 혐의로 필리핀 역사상 최
초로 탄핵을 당한 대통령으로 기록되면서 불명예스럽게 대통령직
을 마감하였다. 이렇게 연속적인 부패가 대를 잇다 보니, 서민들에
게 적합한 온전한 의료시스템이 자리 잡기는 어려웠을 것이다. 하
지만 국민들이 나라의 재산이고 나라를 이끌어 갈 힘이라는 사실을
간과해서는 안 된다. 그들의 건강을 돌봐야 하는 것이 정부의 기본
적인 책임이다.

| 바기오에 울린 천사들의 합창 |

마지막 날의 아침이 밝았다. 바기오에서의 진료를 마무리하는 때
가 다가오니 환자 한 명 한 명이 더 소중했다. 이날 우리를 찾아온
깜짝 손님이 있었다. 맹아학교 아이들 20여 명이 찾아온 것이다.
5~10세의 아이들이 치과진료를 위해 기다리고 있었다. 눈이 보이
지 않아 거동이 쉽지 않았기에 이서영 선생님과 이정인 선생님이

직접 책상을 들고 학생들 쪽으로 이동하였다. 학생들은 순서대로 치과진료를 받았는데, 대부분 치아상태가 매우 좋지 않았다. 충치 치료를 했고, 썩은 이는 뽑아냈다. 청각이 발달한 아이들이라 소리로만 듣는 치과기기가 무서웠을 것임에도 불구하고 꾹 참고 치료를 잘 받아주는 아이들의 모습이 대견했다.

아이들은 우리의 치료에 대한 답으로 봉사자들을 위해 핸드벨을 들고 노래를 해 주었다. 맑고 깨끗한 목소리와 귓가에 여운을 남기는 종소리가 우리의 몸과 마음을 위로해 주었다. 그들의 핸드벨 소리는 마치 우리에게 눈빛으로 말하는 듯했다. 생각지도 못한 선물에 우리는 모두 감동받았다. 아름다운 모습을 보며 눈물을 글썽이는 사람도 있었고, 순간의 모습을 기록하고자 영상이나 사진으로 촬영하는 사람도 있었다. 아름다운 하모니에 의료진과 환자 모두 넋을 놓았다. 그래서 모든 진료를 잠시 중단하고 다함께 경청하였다. 앙헬레스에서 만난 천사 같은 아이들이 떠올랐다. 이번에는 바기오 천사들의 합창이 우리의 마음을 울렸다.

마지막 날의 감동으로 아직 여운이 가시지 않았다. 하지만 예정된 일정을 모두 마치고 떠나야 할 때가 왔다. 한국으로 돌아가는 비행기 안, 조그맣게 멀어지는 필리핀을 보며 혼잣말로 작별의 인사를 고했다. 나는 감사하게도 문명과 닿아 있는 곳과 단절된 곳, 모두를 경험했다. 바기오는 아이따 부족보다 깨끗한 물, 다양한 음식 등 먹는 것에 있어서 좀더 풍부했다. 옷도 제대로 갖춰 입었으며, 교

[←] 시각 장애를 가진
아이들에게 접수표를 붙여
주고 있다. 아이들의 모습에
가슴이 아팠다.

육수준도 높았고. 직업도 가지고 있었다. 아이따 부족들은 일반적
인 기준으로 측정되는 물적인 것에 있어서 많이 부족했다. 그럼에
도 그들은 도시사람들보다 부족함이 없었다.

　이들의 공통점은 모두 제대로 된 의료혜택을 받지 못하고 있
는 것이다. 산 속에 사는 아이따 족도, 도시에서 거주하는 바기오 사
람들도 열악한 의료체계 아래 놓여 있다. 사는 지역을 떠나 필요할
때 병원에 가지 못한다는 점은 같았다. 이렇게 병원에 갈 여건이 되
지 않는 이들에게, 우리의 일정 시간과 비용을 할애하여 도울 수 있
다는 것은 감사한 일이다. 그들에게 부족한 것을 나눠 주어 기쁘고,

받는 사람들은 부족한 것을 얻음에 고마워한다.

사람들은 봉사를 거창하게 생각하기도 한다. 하지만 데이브 토이센의 《나눔》에 나온 말처럼 "아무것도 주지 못할 만큼 가난한 사람은 없다. 아무것도 받지 않을 만큼 부자인 사람도 없다." 어느샌가 나는 서로가 주고받으며 부족한 부분을 채워 가는 감동에 중독되어 있었다.

이맘때가 되면 '당신의 마음을 전하세요'라는 문구가 곳곳에서 눈에 띈다. 서로의 마음을 확인할 수 있는 기념일이 돌아왔나 보다. 2월 14일, 밸런타인데이의 뜨거운 열기는 추운 날씨마저 녹게 한다. 내가 어린 시절에는 분명히 없었는데 언젠가부터 초콜릿과 편지로 마음을 전하는 밸런타인데이가 유행이다. 이날이 되면 너나 할 것 없이 초콜릿을 사서 나눠 준다. 꼭 사랑하는 연인이 아니더라도 회사동료나 친구, 가족에게 고마움의 마음을 전한다. 초콜릿을 판매하려는 일본기업의 상술에서 시작되었다는 부정적 인식도 있지만 이렇게라도 마음을 전할 수 있는 기회를 만들어 준다는 점을 나는 긍정적으로 본다.

회사에 가니 사원들이 나에게 초콜릿을 전해 주었다. 나도 전날 미리 사둔 초콜릿들을 전해 주며 직원들을 격려했다. 평소에는 표현하기 어려운 마음을 달콤한 초콜릿을 통해 주고받는 이 시간이 즐거웠다. 혹독한 겨울 추위 속에서 잠시나마 따뜻한 정으로 흐뭇해 있을 무렵, '띠리링'하는 문자메시지가 울렸다. '밸런타인데이 세일문자인가?'하는 생각을 하며 확인했다. 하지만 단순한 스팸메시지는 아니었다. 한동안 잊고 있었던 해외봉사의 소식이 다시 찾아온 것이다. 2월 말부터 시작되는 베트남 해외봉사에 대한 지원자를 뽑고 있다는 안내 메시지였다.

오랫동안 봉사를 가다보니 이렇게 문자메시지로 접수 안내가 오기도 한다. 마음을 전하는 밸런타인데이 때 문자를 받았기 때문인지는 몰라도 그들에게도 나눔을 전하고 싶었다. 베트남은 10년 전 하롱베이로 여행 차 갔었던 적이 있다. 10년 전의 일이라 머릿속에 남은 기억은 희미하지만 베트남에 대한 첫인상이 뚜렷하게 남아있다. 여행으로 갔던 하노이 지역은 베트남의 수도였지만 이번에 봉사로 가게 되는 곳은 호치민이었다. 베트남의 수도인 하노이보다 오히려 호치민이라는 명칭이 오히려 익숙한 이 느낌은 무엇일까? 또한 2012년이 한국과 베트남 수교 20주년을 맞은 해였기에 의미있는 봉사가 될 것 같았다.

그렇지만 한 해를 시작하는 단계였기 때문에 할 일이 많았다. 그럼에도 불구하고 봉사를 가게 되면 모든 일상업무 중에서 그것이 가장 우선이 된다. 언제부터 이렇게 나보다 타인이 우선시되었을까? 아마도 봉사를 하면서 얻는 행복감을 느낀 이후부터일 것이다. 처음 봉사지인 몽골을 기점으로 '나눔'의 기쁨을 알게 되었고, 그것을 시작으로 이곳저곳을 가며 봉사를 한 것이 벌써 10년이 넘었다. 처음 봉사를 시작했을 때만 해도 이렇게 오랜 시간 봉사를 할 줄은 꿈에도 몰랐다. 한 번이 두 번이 되고 두 번이 세 번이 되자 시간과 물질을 투입하여 나누는 것에 익숙해졌고, 오히려 안 하면 마음이 쓰이는 지경에 이르렀다.

베트남의 봉사 일정이 2월 28일부터 시작되었기 때문에 준비기간이 얼마 남지 않았다. 시간은 촉박했고 준비할 것은 많았다. 2월 말에도 제법 추운 한국 날씨에 비하면 베트남 호치민은 연중 내내 더운 날씨이다. 3월은 베트남의 건기에 해당하는 날씨라 비가 많이 오지 않지만, 북쪽의 하노이보다 남쪽에 위치한 호치민의 평균기온은 10도 가량 더 높은 34도 정도다. 한여름 날씨이기 때문에 짧은 옷가지들로 짐을 꾸렸다. 이렇게 기후가 차이 나는 곳으로 봉사를 갈 때면, 옷을 챙기면서부터 마음이 싱숭생숭하다.

이번 봉사는 5박 7일간의 여정이라 나름 일주일이 소요되는 기간이었다. 하지만 베트남이라는 가까운 지리적 요건 때문에 지원자가 많았다. 지금까지 내가 참여한 봉사 중에 가장 많은 봉사자가 몰렸다. 또한 롯데에서 후원하는 해외봉사였기에 롯데 측에서의 자원봉사자들도 함께했다. 롯데 측 자원봉사자 13명을 제외하고도 열린의사회 봉사자만 40명이었으니 그래도 제법 많은 편이었다. 출국하기 전 발대식에서 미리 얼굴을 본 사이였지만 인원이 많아 기억하기 힘들었다. 그렇지만 출국 당일 그 어느 때보다 떠들썩하고 에너지가 넘쳤다.

2월 말, 3월 초 그렇게 싱숭생숭한 여정이 시작됐다. 저녁 7시를 조금 넘긴 시각 비행기가 인천 하늘을 날아올랐다. 낮에 비행기를 탈 때면 구름을 보며 어린아이 같은 마음이 된다. 예쁘게 펼쳐진 구름을 보면 소녀 같은 감수성이 샘솟는다. 반면 밤에 비행기를 타면 차분해진다. 이동시간에 다른 이들은 보통 잠을 청하지만, 나는 깊은 생각에 빠진다. 밤하늘 아래서 내려다보이는 크고 작은 빛들, 국경을 지날 때마다 시작되는 암흑, 각기 다른 모습을 가진 야경이 매력적이다. 신이 우리를 내려다보면 이런 모습일까? 아름다운 육지를 보며 짧은 여유를 만끽했다. 비록 5시간 반의 짧은 비행이었지만 다시 마음을 가다듬기에 충분하다.

| 베트남, 진료를 위한 준비 |

호치민은 가장 큰 상업도시이자 항구도시이다. 1975년 북베트남이 월남을 통일할 때까지는 남베트남의 수도 사이공(Saigon)이라고 불렀으나, 베트남이 통일하면서 1976년 주변의 위성도시를 병합하여 호치민으로 바뀌었다. 호치민은 아름다운 동나이강(江) 삼각주의 중심에 위치한다. 17세기 후반 중국 국경지대에서 내려온 베트남인에 의하여 개척이 시작되었다. 당시에는 작은 촌락으로 습지가 많았지만, 프랑스인들이 점령한 후 이곳에 배수시설을 설치하며 식민도시로 변했다. 이때 프랑스풍의 관청을 비롯하여 많은 건물이

[↑] 인민위원회 건물 앞의 호치민 상. 아이를 좋아했던 그의 모습대로 아이를 안고 있다.

{ 베트남 }

지어졌다. 베트남의 국민영웅 호치민의 이름을 딴 도시. 아름다운 호치민에서 시작될 이야기가 기대되기 시작했다.

탄손누트국제공항에 도착하니 현지시간으로 열시 반이었다. 공항에 도착하니 한 무리가 우리를 기다리고 있었다. 베트남 전통 의상인 아오자이를 입은 어여쁜 베트남 아가씨들이 일일이 장미꽃을 나누어주며 우리를 환영해 주었다. 공항까지 마중 나와 환영해 주는 경우도 간혹 있었지만, 자주 있는 일은 아니었다. 롯데 측과 함께 봉사를 했기에 현지에서 대대적인 홍보가 있었나 보다. 홍보 덕분에 미리 마중 나와 기다리고 있던 현지인들을 만날 수 있었다. 멀리서 온 우리를 반겨주니 미소가 지어졌고 피곤했던 몸에 다시 생기가 돌았다.

베트남은 한국보다 2시간이 느리다. 짧은 시간 비행을 했지만 긴장이 풀려서인지 피로로 몸이 무거웠다. 한국 시간으로는 열한 시니 보통 잠을 잘 시간이었다. 하롱베이를 여행할 땐 노이바이국제공항을 거쳤다. 탄손누트공항이 노이바이공항보다 규모도 크고 시설도 세련되었다. 이곳은 1930년대에 프랑스 식민정부에서 처음 세운 곳으로 역사가 오래되었다. 베트남 전쟁 중 미군의 군사시설로 사용된 곳이기도 하다. 통관이 오래 걸리지는 않았지만 입국수속과 통관까지 마치고 나니 벌써 11시 반이 훌쩍 지나 있었다.

내일부터 시작될 봉사를 준비하기 위해 숙소로 향했다. 숙소로 향하러 공항을 나서자 더운 열기로 숨이 턱 막혔다. 베트남 남부

지방은 일교차가 크지 않기 때문에 밤에도 온도가 높았다. 내일부터 시작될 진료가 걱정이었다. 이렇게 더운데 지치지 않고 무사히 진료를 마칠 수 있을까? 다들 쉬고 싶은 마음에 서둘러 버스에 올랐다. 숙소는 한국인이 짓고 한국인이 운영하는 아파트형 호텔 Green hills였다. 베트남에서 가장 큰 도시인 호치민시의 꽝쭝소프트웨어단지(Quang Trung Software City)에 위치했다. 옥상에 올라가면 호치민 시가 한눈에 내려다보일 정도로 전망이 좋았다. 이런 좋은 곳에 묵게 되는 것만으로도 감사했다.

첫날 진료를 시작하기 전 준비단계가 항상 필요하다. 약이나 항시 필요한 비품을 미리 준비해 두어야 순서가 단계별로 막힘없이 진행될 수 있다. 첫날에 진료 시작과 동시에 모든 것을 시작하게 되면 순서가 꼬이고 필요한 것을 제때에 공급하기 힘들다. 그래서 급한 마음에 다른 약품을 주는 것과 같은 실수를 하게 된다. 그런 사고를 미연에 방지하기 위해 전날 미리 약품을 정리해 둔다. 약사들과 봉사자들이 함께 약품정리와 물품정리를 했다. 이제 약품정리도 능숙해졌다. 이부푸로펜, 프리나, 옵티겔, 아르벤, 세토란 등 많이 쓰

[→] 진료가 시작되기 전 봉사단원들이
모여 준비회의를 한다.

{ 베트남 }

이는 약품의 이름은 외우기도 한다. 약품정리를 마치고 2시쯤 잠에 들었다. 잠든 지 삼십 분쯤 되었나 싶었는데, 마치 눈을 감자마자 뜬 것처럼 아침은 금세 나를 찾아왔다.

| 오토바이가 많은 호치민 |

오늘은 4년에 한 번 있는 2월 29일이다. 이 귀한 날에 봉사를 하는 특별한 설렘으로 가득하다. 6시에 일어나 간단히 아침을 먹은 뒤 단체복으로 갈아입었다. 베트남의 날씨가 매우 더웠지만 태양 빛에 살이 탈 것을 걱정하여 단체복은 긴팔로 맞추었다. 모든 준비를 마치고 진료지로 향하는 길은 한국의 도로와 사뭇 달랐다. 가장 눈에 띈 것은 바로 오토바이였다. 수많은 오토바이들의 행렬이 장관이었다. 마치 오토바이 파도가 물결치는 모양이었다. 오토바이가 온 차로를 차지하여 우리 버스를 경호하듯 같이 달려갔다. 버스를 감싸고 서로 쫓기고 추월하며 각자의 일터로 향하는 모습은 전쟁터의 기마병 같았다.

이러한 일상은 베트남에서만 볼 수 있는 진풍경이었다. 왜 이렇게 베트남에는 오토바이가 많은 것일까? 베트남의 교통환경을 보면 알 수 있다. 우선, 도로가 좁다. 고속도로도 커 봐야 3차선 정도이고 차가 진입할 수 있을 만큼 넓은 도로가 곳곳에 뻗어 있지 않다. 또한 베트남 남부의 넓은 평야지대도 오토바이가 다닐 수 있는 최적의 조건이다. 열악한 대중교통도 한몫한다. 오토바이를 살 여유가 없는 이들은 대중교통을 이용한다. 더운 날씨에 편리한 이동수단 없이 뙤약볕을 걷기는 힘들다. 또한 경제적 요인도 있다. 2013년을 기준으로 베트남의 1인당 GDP는 1,500달러인 것을 감안할 때, 중산층이 자동차를 사기는 무리가 있지만 오토바이 정도는 살 만한 수준이다. 이처럼 다양한 교통, 날씨, 경제 환경들이 원인이 되어 이곳만의 오토바이 물결을 만들었다.

같은 베트남이지만 하노이에 비해 호치민이 오토바이가 더 많다. 베트남 전쟁 이후 이러한 차이가 시작되었다. 우리가 알다시피 남북전쟁에서 북베트남이 승리했다. 미국의 폭격으로 황폐해진 하노이를 재건하는 과정에서 도로정비가 어느 정도 이루어졌다. 하지만 상대적으로 미국의 폭격에 안전했던 호치민의 경우 프랑스 식민

[→] 호치민은 다른 곳보다도
오토바이가 더 많은
편이라. 이동하는 내내 많은
오토바이를 볼 수 있었다.

{ 베트남 }

시대에 건설된 좁은 도로망이 그대로 이어졌다. 이렇게 오토바이가 교통수단의 가장 큰 비중을 차지하는 작은 것 하나에서도 베트남 사회의 독특한 문화와 역사를 들여다볼 수 있다.

검은 오토바이 물결을 지나 한인교회를 방문했다. 롯데에서 환자들에게 나눠 줄 구호품을 미리 한인교회 측에 부탁하여 창고에 두었다. 이것을 다시 받기 위해서 잠시 들렀다. 2천 개의 구호품을 미리 쌓아둘 곳이 마땅치 않았기에 임시적으로 맡아둘 장소가 필요했기 때문이었다. 베트남뿐만 아니라 어디를 가든지 한인교회는 낯선 곳에서 정보를 주는 고마운 곳이다. 목사님들은 솔선수범하여 여러 가지 일에 앞장서 주신다. 현지 정보를 알려 주시거나, 책장, 그릇, 김치를 보내 주시는 등 사소한 것부터 때로는 큰 것까지 힘써 주신다. 이 같은 배려는 우리에게 언제나 고마운 일이다.

| 내 모습은 곧 대한민국 |

교회에서 좀더 이동한 후에 목적지에 도착했다. 첫날 진료를 하게 될 곳은 4군 문화센터였다. 이곳에서 이틀간 봉사 이후 진료지를 다른 곳으로 옮길 예정이었다. 이곳 호치민에서는 그동안 외국인들의 의료봉사가 금지되어 왔다. 우여곡절 끝에 열린의사회가 처음으

로 의료봉사의 첫 발을 내딛었다. 단순한 의료봉사의 차원을 지나서 이미 베트남으로 많이 진출해 있는 한국기업과 교민들의 신뢰도와 이미지 재고에 기여할 것이다. 해외봉사를 한다는 것은 단순한 선의가 아니라 '대한한국'의 국가대표와 같다. 현지 주민들에게 보여지는 우리의 모습은 곧 대한민국이라는 나라의 이미지다.

문화센터는 기자들과 환자들로 인산인해를 이루었다. 처음 문화센터라는 이름을 들었을 때 아카데미 형식으로 공간이 나눠진 곳이라 생각했다. 하지만 현실은 햇빛을 가릴 수 있는 천장만 있는 뻥 뚫린 공간이었기에 살짝 당황했다. 한의과와 같은 경우 진료의 특성상 공간과 칸막이가 필요하다. 물론 더욱 열악한 환경에서도 잘 헤쳐 왔지만 생각지도 못한 장애물은 항상 우리를 당황시킨다. 이미 몰려 있는 환자들, 어수선한 진료소를 보고 마음이 급해졌다.

하지만 우리들은 침착하게 그동안의 국내외 봉사의 경험을 살려 임시방편으로 진료소를 만들었다. 생김새가 볼품은 없지만 침을 놓을 때 개인의 프라이버시를 지켜줄 칸막이 역할로 나름 쓸 만했다. 나는 이번에 구호품 증정 업무를 맡았기에 미리 세팅준비를 했다. 과자 등을 담아 만든 2천 개의 구호품 중 5백여 개를 트럭에서 내리고 정돈하여 책상 위에 쌓아두었다. 의료진은 의료진대로, 봉사자들은 봉사자대로 준비를 마치고 간단한 회의를 이후 곧바로 밀려드는 환자를 맞이했다. 처음에는 어수선했지만 차츰 일에 능률이 올랐다.

{ 베트남 }

접수번호를 붙여 주며 살펴본 결과 베트남 사람들은 체격이 대체로 작았다. 베트남인의 평균 신장은 주변국보다 5~6cm정도가 작다. 보건당국 국가영양연구소에 따르면 각종 통계결과에서 베트남은 신장이 낮은 국가로 분류되고 있다. 베트남인 성인 남성의 평균신장이 164.4cm이며, 여성의 평균 신장은 154.8cm에 불과하다. 이처럼 베트남인의 체격이 작은 것은 유전 때문이 아니라 베트남 전쟁 후 경제적으로 어려운 시대 속에서 영양부족 상태가 장기간 지속된 것이 원인이라고 분석한다. 위생상태가 나빠 어린아이가 병에 걸리기 쉬운 것이 성장에 영향을 주고 있다.

그동안 주로 접수업무를 맡았지만 가끔 구호품 전달이 중요한 업무의 성격을 가질 때는 구호품 전달을 맡기도 한다. 구호품의 내용물은 식용유와 미원, 생수, 참기름, 초코파이로 구성되었다. 주로 이것들은 현지인들에게 꼭 필요하고 자주 사용되는 것이다. 베트남에서는 식용유를 많이 사용한다. 중국 요리에 영향을 받아 튀긴 음식이 발달했기 때문이다. 거리에 나가면 튀긴 길거리 음식들이 천지이다. 인공 조미료인 미원도 많이 사용한다. 한국에서는 사람들이 MSG에 민감해져서 미원의 사용을 줄이려고 노력하지만 베트남에서는 아직도 음식조리 시 미원을 빼놓지 않고 넣을 정도로 미원에 대한 의존도가 높다.

베트남 사람들은 우리의 구호품 중 초코파이를 정말 좋아했다. 초코파이의 단맛에 그들이 반한 것이다. 베트남은 사회주의 국가이다. 사회주의 국가에서는 단맛이 귀하다. 사탕수수를 수입해서 설탕을 만들어야 하는데 설탕은 꼭 필요하지 않은 물품이기에 사치품으로 취급한다. 베트남에서 사탕수수 재배는 비숙련 노동과 자체적인 품질 고급화 실패, 국제 설탕시세의 불안정 등으로 어려움을 겪고 있다. 북한에서도 초코파이가 우리 돈 1만 원도 넘는 가격에 암시장에서 거래되고 있다고 하니 '단맛'을 좋아하는 것은 만국 공통인가보다.

기다리던 점심시간이 왔다. 베트남하면 바로 떠오르는 음식인 쌀국수가 준비되어 있었다. 이번에는 환자들까지 모두 먹일 정도로 많은 양의 쌀국수가 마련되었다. 쌀국수는 한국에서도 이미 베트남 전통음식으로 알려져 한국인들의 입맛을 사로잡았기에 거부감 없이 먹을 수 있었다. 베트남에서 현지 쌀국수를 먹어 보니 한국의 쌀국수는 한국인의 입맛에 맞췄다는 것을 금방 알 수 있었다. 현지인들의 입맛에 맞춘 쌀국수는 향과 맛이 더욱 깊었다. 베트남 쌀국수에는 정향, 팔각, 계피 등을 넣어 섞은 향신료와, 고수라는 식물이 들어간다. 봉사자 중 일부는 이러한 쌀국수 특유의 맛과 향을 싫어했기에 햄버거 같은 다른 음식으로 대체했다.

평소에는 환자들과 같이 먹지 못하고 봉사자들끼리 간단히 먹었다. 하지만 먹으면서도 마음이 편하지 않았다. 기다리는 환자들을 위해 빨리 서둘러 먹어야 했고 바쁠 경우에는 끼니를 거르는 경우도 많았다. 하지만 환자들과 이렇게 같이 먹으니 마음이 한시름 놓였다. 대기하는 환자들도 점심이 나오니 반기는 기색이었다. 만

[→] 베트남 특유의 향과 맛이 깊은 쌀국수. 롯데 측의 후원을 받아 이번에는 환자들과 함께 점심을 먹을 수 있었다.

약 우리 단체에서만 봉사를 갔으면 이런 준비를 하지 못했을 것이다. 기업의 후원을 받는 것은 봉사의 순수한 의미를 희석시킨다는 부정적 인식도 있다. 하지만 물질적인 지원을 받을 수 있기에 환자들이나 자원봉사자들에게 편리한 이점이 있다.

오후 봉사를 마치고 숙소로 돌아오는 길. 구호품을 전달해 줄 때마다 "깜언, 깜언"이라 말하며 감사의 인사를 전하던 그들의 모습이 떠오른다. 베트남어를 잘 모르는 나도 그들을 보며 웃었다. 웃음은 역시 어디를 가나 통하는 공용어이다. 날씨가 매우 덥고 습도도 높았다. 더구나 긴팔까지 입었기에 정말 더웠다. 몸에 밴 땀을 빨리 씻어내고 싶었다. 시원한 물줄기를 맞으며 씻고 나니 찝찝했던 소금기가 사라졌다. 호치민은 하노이보다 훨씬 더웠다. 이 무더운 열기가 연중 내내 지속된다고 생각하니 새삼 베트남인들이 대단했다. 유독 더위에 취약한 나는 베트남에서 아마 몇 달도 버티지 못하고 한국으로 돌아왔을 것이다.

이러한 날씨 때문에 '논'이라는 고깔형태의 모자를 썼나보다. 보통 베트남의 모습 하면 아오자이와 논이 생각난다. 아오자이(Ao Dai)는 베트남 여성들이 즐겨 입는 전통의상으로, '긴 옷'이란 의미를 갖고 있다. 이 의상은 19세기부터 입기 시작한 것으로 알려졌다. 베트남의 사회주의 정부가 노동에 부적합하고 퇴폐적이라는 이유로 착용을 금지했다가 최근에는 각종 예식이나 일상복으로 즐겨 착용한다. 논(Non)은 야자나무 잎으로 만든 모자로, 아오자이(Ao

{ 베트남 }

[↑] 어르신께 준비한 구호품을 나눠 드렸다. 할머니가 쓰고 있는 논이 눈에 띈다.

[→] 베트남의 전통의상인 아오자이.
미혼인 여성은 흰색 아오자이만을
입으며, 결혼 후에 색색의 아오자이를
입을 수 있다고 한다.

Dai)와 함께 베트남 여인들의 상징이다. 13~15세기 중 쩐 왕조 시대에 유행하였다. 논은 비가 올 때는 우산으로, 햇볕이 내리쬘 때는 양산이 되며, 더울 때는 부채로도 사용되는 다양한 쓰임새를 지녔다.

| 공안의 통제 속에서 |

다음날 아침에도 문화센터에서의 진료를 위해 이른 채비를 마쳤다. 교통체증 때문에 차가 막힐까 걱정되어 어제보다 더 이른 시간에 출발했다. 그럼에도 여전히 많은 오토바이들로 인해 교통이 지체됐지만 늦지 않게 도착할 수 있었다. 둘째 날에는 첫날 진료로 이미 동선이 잡혀서 어제보단 수월하게 진행됐다. 베트남인들은 대부분 차분하지만 어딘지 모르게 경직되어 있었다. 그 이유가 무엇인지 살펴보니 진료할 때 우리의 경찰에 해당하는 공안들이 문화센터 앞을 지키고 서 있기 때문이었다. 환자들은 은연중에 그들의 눈치를 살피는 듯했다. 공안들은 봉사를 나온 우리도 감시했다. 혹시나 다른 활동을 벌이지 않을까 하는 눈초리로 우리와 환자들을 번갈아 보았다.

　비행기에서 처음 내리자마자 눈에 띈 사람도 공안이었는데 국방색 바탕에 빨간색으로 포인트를 준 제복이 2003년 평양 방문 당시 순안공항에 도착하여 입국수속할 때 보고 놀랐던 북한 군인을 생각나게 했다. 그들의 무표정한 모습과 자세를 보고 위압감이 느껴졌다. 공공안전이라는 뜻을 지닌 공안은 경찰기관의 일종으로 사회의 공공안전을 감독하고 관리하는 부문이다. 베트남 공안부는 정보, 보안, 경찰 등 안보관련 조직을 관장함으로써 공산당 군부와 더불어 현 베트남 정권을 지탱하는 3대 중추기관 중 하나다. 공안의 힘은 베트남 곳곳에 큰 영향을 미치는 듯했다. 그들을 보며 나도 행동이 조심스러워졌다. 하지만 혼잡하지 않고 순조로운 진행을 위해 꼭 필요한 분들이었다.

공안의 통제 속에서 시작된 오후 진료. 진료가 끝나고 구호품을 받으러 오는 사람들의 눈이 반짝였다. 마치 이것만을 위해 긴 시간을 기다린 양 구호품 받는 것에 대한 대단한 열의를 보였다. 오후 진료에는 오전에 봤던 낯익은 얼굴들도 몇 명 보였다. 오전에 이미 진료를 마쳤지만 구호품 하나를 더 얻기 위해 다시 온 것이다. 오전에 받아간 사람이 맞느냐 물었지만 한사코 손사래를 치며 부인했다. 인원이 너무 많아 정확히 헤아릴 수 없어 한 사람 한 사람을 통제를 하지 못했다. 때문에 기존에 받아갔던 사람인지 확인할 길이 없었다. 결국 몇 명은 알면서도 눈감아 줄 수밖에 없었다.

쉴 틈 없이 몰려오는 환자들에게 구호품을 나눠 주는 일도 상당한 체력이 요구된다. 환자들은 서로 먼저 받기 위해 간간히 몸싸움을 일으키기도 했다. 그들을 제지하고 마음 상하지 않게 공정하게 나눠 주는 일도 중요하다. 이런 작은 선물 때문에 일어나는 싸움들을 보고 있노라면 '차라리 주지 않는 게 나았을 텐데…'라는 생각이 든다. 선물을 보고 아프지 않은 사람이 다시 오면, 진료에도 방해가 되고 정작 진료를 받고 싶은 환자들이 받지 못하는 사정도 생긴다. 물질로 인해 봉사 본연의 의미가 퇴색되는 느낌도 든다. 하지만 열린의사회 단독으로 진행하는 봉사가 아니었기에 우리 뜻대로 주지 말라고 할 수도 없는 노릇이었다. 이렇듯 구호품을 나눠 주는 것에는 양면성이 있다.

　베트남의 사정을 보면 한국의 과거도 떠오른다. 한국전쟁 이후 국제사회에서 쏟아지던 원조의 손길이 있었다. 밀가루나 쌀과 같은 음식이나 건설장비나 의류도 지원받았다. 미군기지 앞에서 초콜릿, 비스킷, 빵과 같은 주전부리를 얻어먹기 위해 줄 서는 꼬마들도 많았다. 하지만 이제 한국은 경제적 빈국에서 벗어나 도움을 주는 국가로 발전했다. 봉사를 다녀 보면 알 수 있다. 국내봉사로 섬 지방에 가도 치약이나 식용유 같은 생필품 몇 가지를 어르신들을 위해 마련한다. 하지만 그들은 심리적으로 여유롭다. 번거롭게 뭘 이런

[→] 나눠 줄 구호품을
정리해 두었다. 하지만 이
작은 선물로 인해 간간히
일어나는 싸움을 보고
있자니 마음이 불편했다.

것까지 준비했냐고 말하시면서 크게 욕심내지 않는다. 베트남과 비교해 보면 '이제 우리나라도 잘 사는구나'를 느낀다.

두 번째 날 봉사도 순조롭게 끝났다. 봉사를 마치고 나면 피로가 몰려오지만 그래도 하루의 여백을 느낄 수 있는 여유가 찾아온다. 숙소로 돌아와 옥상전경을 바라보며 생각에 잠겼다. 호치민 시내를 감싼 붉은 광채가 눈부시도록 아름답다. 하롱베이의 관광을 통해서는 알지 못했던 베트남 민족의 성격과 특성이 보인다. 역시 사람하고 부딪쳐 봐야 그 나라를 제대로 알 수 있다. 하롱베이에서는 호치민 박물관, 선착장, 테마파크 등 관광명소에 대한 설명만 단순히 들으며 베트남을 스치듯 경험했다. 이렇게 가까이서 환자들을 만나고 피부로 느끼며 치료하는 과정을 통해서 실제로 '사람 사는 베트남 사회'를 직접 체험할 수 있다는 점이 흥미로웠다.

셋째 날엔 베트남 현지 병원인 옥린 병원에서 진료가 이루어졌다. 병원이 실내였기에 문화센터보다 훨씬 쾌적한 환경이었다. 하지만 여전히 접수대와 약국은 뜨거운 태양 아래에서 고생을 했다. 봉사지가 바뀌었지만 소문이 퍼져 사람들도 끊이지 않고 찾아왔다. 첫날과 둘째 날에 비해 어린아이 환자들도 많이 늘었다. 아이들이 늘자 대학생 봉사자들이 더 좋아했다. 아이들의 얼굴에 스티커도 붙여주고 페이스페인팅을 해주며 수줍어하는 아이들과 어울리려 노력했다. 알록달록한 물감이 아이들의 얼굴에 그려지자 아이들의 표정은 해맑은 미소로 번졌다. 진료를 하여 몸의 상처를 치유하

　　　　　　　　　　　{ 베트남 }

는 것도 중요하지만 낯선 손님이 어색하지 않도록 감성적으로 다가
가는 부분도 아이들에게 필요하다. 그래서 항상 아이들을 위해 풍
선아트나 페이스페인팅을 준비하는 것이 많은 도움이 됐다.

　　치료가 끝난 후 구호품을 받으러 엄마 손을 잡고 오는 아이들
을 바라보며 흐뭇해했다. 어느 나라를 가든 아이들은 정말 귀엽다.
하지만 아이들 대부분이 영양실조에 걸려 있다. 사춘기 아이들의
신장은 인접국의 동년배와 비교하여 15~20cm가 작고 몸무게도
10~13kg이 적다. 또한 출생아의 20%가 기형이며, 암에 걸린 아기
가 많다. 인구 증가를 억제하기 위해 정부는 1가구 2자녀, 25세 이
전에 첫 자녀 안 낳기, 둘째 자녀는 첫 자녀 출산 5년 이후에 갖기
등을 장려하고 있다. 그러나 이 같은 정부의 노력에도 불구하고 엄

[→] 시간이 지났으나 여전히
진료를 받기 위해 많은
사람들이 대기 중이었다.

마들의 나이는 주로 20대 초반으로 보였고, 10대 후반도 더러 있었다. 베트남에서는 아동성매매가 사회문제로 대두되었고 이는 미숙아와 기형아 출산의 위험으로 연결된다.

| 사라진 구호품 |

4일간의 진료 중 벌써 반이 지났다. 중간점검이 필요한 시점이었다. 총 2천 개의 구호품 중 이틀간 나눠 준 수량이 벌써 1천 개였다. 구호품을 나눠 준 숫자는 우리가 진료한 환자수를 의미했다. 대략 하루에 5백 개씩 나간 것이고 5백 명의 환자를 치료한 셈이다. 그런데 이상하다! 수량이 맞지 않았다. 오늘이 3일째니 대충 오늘 하루 5백 개가 나간다고 치더라도 약 5백 개는 남아있어야 했다. 그런데 지금 남아있는 수량만 5백 개였다. 오늘 구호품을 나눠 주고 나면 내일 전달할 재고가 없었다. 나머지 수량이 어디로 사라진 것일까?

혹시 수량이 잘못 들어온 건가 싶어 롯데 측 직원에게 2천 개가 확실히 들어온 것이 맞는지 물어보았다. 수량이 부족하다는 나의 말에 직원은 난색을 표했다. 그는 그럴 리 없다며 정확히 2천 개를 들여왔다고 거듭 주장했다. 이번에는 접수대 봉사자와 함께 다녀간 인원 체크를 시작했다. 첫날은 483명, 둘째 날은 516명 정도가 다녀갔다. 셋째 날인 오늘 오전에만 다녀간 환자가 184명 정도였으니 지금까지 총 1,183명이 구호품을 가져간 것이다. 수량이 부족한 것이 확실했다. 수상하다. 분명 어디에서 분실된 것이라고 판단되었다.

우리들은 사라진 물품에 대한 추리를 시작했다. 환자들이 혹시 훔쳐간 것인가? 하지만 그럴 리가 없었다. 창고에서부터 하루에 약 5백 개 정도씩만 가져왔고, 하루 수량이 모두 소진될 때까지 진료를 진행했다. 재고가 없어서 가져가고 싶어도 가져가지 못하는 환자들도 많은 상황이었다. 그렇다면 결론은 시작이 잘못된 것이다. 창고에서부터 문제가 시작된 것이라고 추측했다. 하지만 오늘 아침 가져올 때에만 해도 이것이 전부라고 했었는데…. 최초에 물건을 보관한 한인교회를 함부로 의심할 수도 없는 상황이라 더욱 난감했다.

하지만 내일도 우리를 기다리고 있을 환자들을 생각하면 꼭 없어진 구호품을 찾아야만 했다. 실례를 무릅쓰고 교회로 직접 찾아갔다. 창고 확인이 가능한지 물었더니 해당 직원이 당황한 기색이었다. 그 표정을 놓치지 않고 계속해서 추궁한 결과, 직원이 4백 여 개를 빼돌린 것으로 밝혀졌다. 그는 한인 교민들을 위해 나중에 사용하기 위해서 슬쩍 빼돌렸다고 사실대로 말했다. 가장 열심히 우리를 도와 구호품을 옮겨준 교회 직원이 이렇게 뒤통수를 치다니! 전혀 예상하지 못했던 일이라 배신감과 허탈감도 들었지만, 서로 얼굴을 붉히며 싸우고 싶지 않아 구호품만 가지고 돌아왔다. '교회도 사람 사는 곳이라 어쩔 수 없구나' 등 여러 가지 생각이 들었다.

오전에 많지 않던 환자들이 오후가 되니 걷잡을 수 없이 밀려왔다. 구호품을 얻기 위해 몸싸움하는 사람들로 매우 소란스러웠다. 지역 경찰을 동원하여 철 대문을 잠그고 통제를 해야 할 정도로 많은 사람들이 몰려 있었다. 울고 있는 아이들이 눈에 띄었다. 그중 진등방 형제는 엄마와 함께 문 밖에서 1시간이 넘게 기다리고 있었다. 엄마 품에 안긴 진등방의 눈에 눈물이 비쳤다. 어떤 한 기자가 줄을 서서 기다리는 사람들에게 "저 아이 먼저 진료를 해 줘도 되겠느냐"고 부탁하자 모두가 흔쾌히 동의했다. 키 85cm에 체중 11kg의 가냘 픈 몸을 가진 진등방. 4살 아이 치고는 작은 체구였다. 태어난 지 얼마 되지 않아 잔기침과 미열이 자주 발생했는데 며칠 전부터 기침이 더 심해졌다고 한다.

자원봉사자 누나가 얼굴에 스티커 하나를 붙여주자 쑥스러운 표정을 지었다. 정의석 소아과 전문의가 "신 아인 등로랑"(너무 걱정하지 마세요)라고 베트남어로 말하며 먼저 엄마를 안심시켰다. 진찰 결과 다행히 둘 다 큰 이상은 없었다. 동생은 발육이 다소 부진하고 기침을 많이 해서 몸이 약한 상태일 뿐이었다. 열이 높은 형은 감기 증상이었다. 형제 모두에게 기침 및 감기약과 비타민을 처방했다. 기침 감기에 걸리면 필요하니 약을 더 갖고 가라는 의사 선생님의 따뜻한 말이 엄마에게 위로가 되었다. "깜언, 깜언…." 연신 감사 인사를 하는 엄마의 환한 미소가 보는 이마저 기쁘게 했다.

다른 부서에서는 어떤 일이 있을까? 마취통증의학 전문의 임종오 선생님은 어깨질환이 있는 여성에게 통증시술 주사를 놓고 있었다. 50세 여성 웽헤이 컴베는 통증진료실로 가라는 안내를 받았다. 증세는 유착성 피막염, 우리가 흔히 아는 용어로는 오십견이라고도 한다. 긴 주삿바늘로 어깨를 찔러 약물을 주입하자 약간 아픈 표정이다. 그러나 시술이 끝나자 금세 어깨를 돌리며 만족해했다. 같은 시각, 다른 한편에서는 눈꺼풀이 심하게 처진 안검하수 증상을 가진 남성이 복원수술을 받았다. 외과, 내과, 가정의학과, 한방진료실, 치과에도 환자들이 오후 내내 북적였다.

| 기회의 땅은 의료체제 과도기 |

마지막 날까지 진료를 모두 끝마친 결과 하루 5백여 명씩 2천2백여 명, 3천여 건의 진료와 투약이 이뤄졌다. 4일간 살펴본 결과 베

트남의 의료수준이 아주 열악한 형편은 아니었다. 장기간의 베트남 전쟁을 거친 경험으로 외과 부분은 상당히 발달되어 있었다. 베트남에서 진료는 기본적으로 무료이다. 의료보험으로 각 직장에서는 급료의 3%를 의무적으로 지불하게 되는데 본인 부담금은 1%, 회사 부담금이 2%이다. 국가 교육제도와 마찬가지로 의료혜택은 정부관리와 국영기업체 근로자들에게 우선적으로 주어진다. 베트남 정부의 보건활동은 위생, 면역과 각 지역별 예방책에 중점을 두고 있다. 의사 비율은 인구 3천 명당 한 명꼴로 여타 개도국에 비해 높은 편이다.

그러나 의료시설, 의약품, 의료기술 등이 전반적으로 낙후되어 있으며, 위생소독 처리도 국제 수준보다 낮다. 베트남은 공식적으로는 사회주의 국가를 표방하지만 도이모이(Doi-moi, 개혁개방) 정책을 채택한 이후 본격적으로 시장경제를 도입하였다. 이후 전통적인 사회주의의 보건의료 체계에서 벗어나, 공공의료와 사적 의료가 혼합된 체계로 변하였다. 국가경제도 자본주의의 도입으로 비약적인 발전을 이루었으나 보건의료 부문은 상대적으로 1993년 사회보험을 도입한 이후로 본인 부담률이 60% 이상으로 높아지면서 취약해졌다. 기본 수준인 공공의료로 치료가 어려운 병에 걸린 아이들은 아파도 병원에 가지 못한다. 노인들은 고혈압이나 당뇨병, 피부질환 등을 방치해 병세가 악화되는 경우가 많다.

최근에 정부의 적극적 외국투자 유치로 급격하게 의료시장이

변하고 있다. 대도시를 중심으로 외국의 대형병원이 들어서고 있고, 이들은 현지에 생활하는 외국인이나 부유층을 상대로 고급수준의 의료 서비스를 제공한다. 그러나 아직도 일반서민의 경우 정부에서 제공하는 의료시설에서 벗어나지 못하고 있다. 베트남은 지금 의료 체제의 과도기이다. 사회주의 정치체제로 인해 평등한 의료를 추구하지만 시장경제를 도입하면서 의료서비스의 격차가 벌어지기 시작했다. 어느 국가든지 과도기에는 늘 변동이 많고 혼란스럽다.

우리에게 기회의 땅이라 불리는 베트남. 이미 베트남에서 일하는 한국인들이 13만 명을 넘어서고 있다. 나날이 베트남으로 진출하려는 해외기업과 자본들의 경쟁이 높아지고 있다. 그만큼 경제활동의 기회가 많아지는 지역이다. 기본적으로 민족주의가 강한 베트남 사회는 물밀 듯 밀려오는 해외 문화로 혼란스러울 것이다. 이 시점에서 자국 스스로의 줄다리기가 필요하다. 빈부격차가 의료격차로 이어지지 않도록 노력해야 하며, 과도하게 해외자본에 의지하지 않고 독자적으로 의료수준을 높이고 인력을 양성할 수 있는 제도적 뒷받침이 필요하다. 정부의 현명한 정책이 필요한 시점인 것 같다.

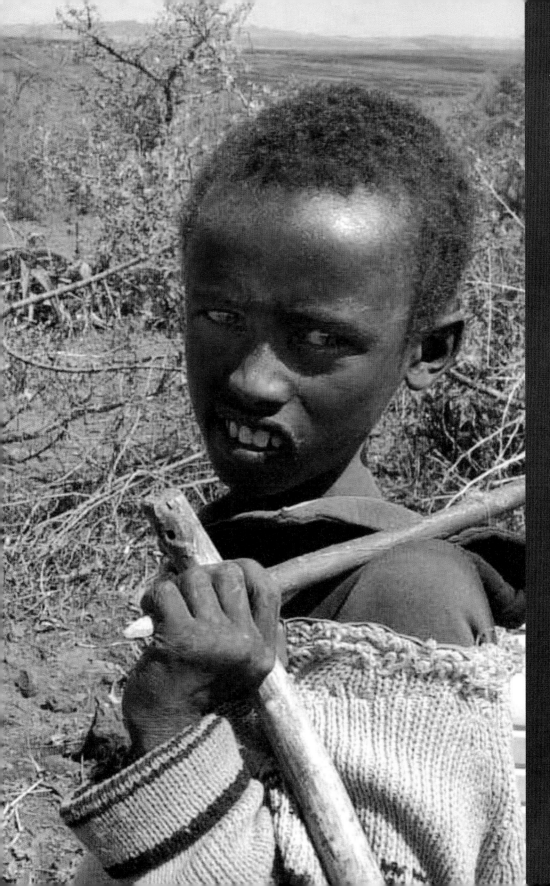

2011년 4월 말. 어김없이 봄꽃들이 봄날의 햇살을 받아 만개했고, 봄 특유의 따뜻한 햇살은 겨울에 불던 차가운 기운을 다독여 주었다. 사람들은 모두 벚꽃내음에 취해 따뜻한 햇살을 만끽하러 나들이를 나왔고, 나도 봄 냄새에 한껏 들떠 주말동안 국내봉사를 하며 소소한 하루를 보내고 있었다. 그 무렵쯤이었을까? 처음으로 아프리카의 봄을 맞이할 기회가 찾아왔다. 국가보훈처에서 하나의 제안이 들어온 것이다. 한국전쟁 참전국인 에티오피아로 의료지원을 요청하는 제안서가 열린의사회의 문을 두드렸다.

에티오피아는 한국전쟁 당시 전투병을 파병해 우리나라 수호를 위해 헌신해 준 국가이다. 2011년은 에티오피아의 한국전쟁 참전 60주년이 되는 해였고, 이날을 맞이하여 참전국에 대한 감사와 보은의 뜻으로 국가보훈처에서 그곳에 대한 의료봉사계획을 세우고 있었다. 소말리아와의 전쟁과 계속된 내전 등으로 아프리카 최빈국으로 전락해 있었으며 당시 에티오피아는 계속되는 가뭄으로 매우 힘든 상황이었다.

에티오피아 의료봉사에 대한 방문계획은 '참전국에 대한 보은과 나눔'이라는 뜻깊은 의미를 지녔기에 열린의사회도 적극적으로 제안을 수용했고, 빠른 결정과 함께 양측의 합의가 진행되었다. 주최는 우리 측에서, 후원은 국가보훈처에서 비용의 반을 지원해 주기로 결정했다. 기회는 찾아가는 자에게 오는 법. 에티오피아로 의료봉사가 결정되었다는 소식이 들리자 나는 서둘러 자원봉사자에 신청했다. 6·25전쟁의 아픔으로 얼룩진 대한민국을 도와준 참전용사들을 직접 뵙고 그들에게 고맙다는 말을 전하고 싶었다. 또한 아프리카라는 낯선 곳에 대한 설렘도 거들었다. 이 설렘은 언제나 나를 자극한다. 아프리카라는 미지의 대륙에 대한 호기심도 한몫했다.

아프리카에서도 가장 열악한 에티오피아

아프리카 하면 무엇이 떠오를까? 아마도 한국의 중장년층은 맨발의 마라토너로 유명한 '아베베 비킬라'를 떠올릴 것이다. 흑인 최초로 금메달을 딴 선수이자, 1960년 로마 올림픽과 4년 뒤 올림픽인 도쿄 올림픽에서도 흑인 최초로 마라톤 2관왕에 빛나는 에티오피아의 국민적 영웅이다.

　아프리카는 아시아 다음으로 큰 대륙이다. 대륙 가운데로 적도가 지나고 있기에 굉장히 더운 지역이 많다. 아프리카는 사하라사막을 기준으로 북부와 중남부로 나뉘는데, 북부 아프리카에는 백인종이 주로 거주하며, 중남부 아프리카에는 흑인종이 살고 있다고 한다. 그중 에티오피아는 아프리카의 뿔에 위치해 있으며, 북쪽에 에리트레아, 동쪽에 지부티와 소말리아, 남쪽에 케냐, 서쪽에 수단과 국경을 접하고 있다. 전체 면적은 1,104,300km²로 한반도의 5배이며 세계에서 27번째로 큰 나라이다. 1인당 GDP(국내총생산)는 365달러밖에 되지 않는 빈국이다. 우리가 진료를 하는 곳은 에티오피아의 수도인 아디스아바바이며 인구 338만 명이 살고 있다.

UNDP 통계에 따르면 에티오피아는 인간개발지수가 169개국 중 157위의 열악한 나라이며 7만 5천 명당 의사 수가 한 명밖에 되지 않는다. 유아사망률(11.2%), 평균수명 48세, 의료수혜가능인구(46%)를 감안할 때 에티오피아의 보건상태는 아프리카에서도 가장 열악한 편에 속하며 그 상황이 점차 악화되어 가는 실정이다. 또한 2010년 열린의사회 의료봉사 당시 진료소가 위치한 블랙라이온병원을 찾는 환자들의 경우 4명 중 1명이 에이즈환자일 정도로 열악한 보건환경을 보여주고 있었다.

에티오피아의 경제력은 최빈국 내에서도 극빈층으로 전락하여 현재 의료사각지대에 놓여 있으며 한국전쟁 참전용사의 생존자도 현저히 줄어 있는 상황이다. 그렇기에 생존한 참전용사 및 가족에게 실질적인 의료지원을 통해 보건상태를 증진시키고, 더불어 참전희생자들의 숭고한 뜻을 기리기 위해 에티오피아 참전용사와 현지 주민에 대해 사랑의 무료진료를 통해 우리가 6·25전쟁 참전에 대한 고마움을 잊지 않고 있다는 것을 보여주고, 다각적인 민간교류 활성화 및 우호증진에 기여하는 것이 우리의 작은 목표였다.

{ 에티오피아 }

같이 에티오피아로 가는 봉사자로 지원한 분들은 열린의사회 의료진 9명과 사무국장님을 포함한 봉사자 5명으로 구성된 총 14명이었다. 나는 이번 봉사단에서 부단장을 맡았던 터라 왠지 모를 부담과 책임감이 느껴졌다. 의료적 지식이 많은 것도 아니고 단지 봉사를 좋아했고, 나의 도움으로 인해 기뻐하는 사람들로 보람찼다. 그렇게 몇 년간 봉사를 해 왔을 뿐인데 오랜 시간 동안 장기적으로 봉사를 하는 사람은 드물었기에 어느새 이곳에서 나는 봉사선배이자 인생선배가 되었다. 보이지 않는 견장은 나도 모르게 나를 압박했다. 아프리카라는 오지에서 어떤 일이 벌어질지 모르기 때문에 봉사단의 안전을 지키는 것도 중요했다. 마음속에 고요한 파도가 칠 때마다 나를 다시 암시를 건다. '괜찮아. 평소 하던 대로 최선을 다하자!'

| 우리도 모르게 쌓여 온 신뢰 |

총 일정은 8박 9일로 예정되어 있었다. 앞으로 9일 동안 어떠한 일들이 내 앞에 또 펼쳐질까? 한국에서의 출발은 늦은 12시였다. 보통 10시면 잠자리에 들지만 이미 떠나는 기대감으로 인해 졸음은 달아나 버린 지 오래였다.

4시간 반, 하늘에 떠 있는 동안 잠시 눈을 붙였다. 자다 깨다를 반복하는 선잠으로 처음에는 잠을 이루지 못했지만 곧이어 들리는 비행기 착륙소리가 선잠마저 깨웠다. 경유지인 두바이에 도착한 이후에도 사람들은 졸린 몸을 이끌고 두바이 공항 내에서 4시간 동안 마치 토끼처럼 웅크려 토끼잠을 잤다. 다음 출발시간인 아침이 되어서야 정신이 드는 듯했다. 두바이에서 다시 3시간을 날아 드디어 에티오피아의 아디스아바바 공항에 도착했다. 멋진 현대식 공항이었다. 지은 지 얼마 되지 않은 신축건물이었고, 10m마다 장식되어 있는 야자수 나무가 아프리카에 온 느낌을 물씬 나게 해 주었다. 공항에 도착한 시간은 아침 11시 40분, 그러나 공항에서 또 문제가 생겼다.

　　역시나, 에티오피아에서도 의약품 통관 문제로 갈등이 일어났다. 항상 해외로 봉사를 다닐 때마다 겪는 일이었다. 일부 의약품이 압류당해 에티오피아 세관과 실랑이를 벌였다. 그러나 다행히도 압류가 풀리기까지 한 시간 정도밖에 걸리지 않았다. 다른 나라보다 굉장히 빨리 풀린 경우였다. 한국에서 에티오피아로 의료봉사를 많이 오기 때문에 에티오피아 세관에서도 이미 대한민국이라는 나라에 대해 어느 정도 알고 있었고, 호의적으로 대처해 주었다. 감사한 일이었다. 그동안 한국의 여러 곳에서 에티오피아에 지원과 봉사를 많이 해 준 덕에 '한국'에서 온 사람에 대한 신뢰가 쌓여 있었다. 앞서 온 사람들이 쌓은 신뢰였고, 뒤에 온 사람들도 그 신뢰를 누렸다.

그러나 정해진 일정 때문에 한 시간이 지체된 것도 아쉬웠다. 서둘러 공항을 나섰고, 공항 밖으로 나가면 찌는 듯이 탈 것 같은 태양이 우릴 기다리고 있을 것이라 예상했다. 그러나 태양빛은 생각보다 그리 강하지 않았고 뭉게구름이 많은 화창하지만 약간은 더운 날씨 정도였다. 적도에 가깝지만 고원에 있기 때문에 기후가 쾌적했다. 5월 아디스아바바의 평균 기온은 18~25도 사이다. 그렇지만 역시 한국에 비하면 공기도 태양의 열기도 모두 무더웠다. 우선 짐을 놓고 사전 준비를 하기 위해 숙소로 이동해야 했다. 기다리고 있던 호텔 측에서 열린의사회를 마중 나왔다. 의약품 통과문제로 생각보다 오래 기다리게 해서 미안한 마음이었다. 사정을 말하자 그들은 "No Problem"이라고 거듭 말하며 미안해하는 우리를 오히려 안심시켰다. 숙소에서 공항까지의 거리는 한 시간 정도, 버스로 이동하며 에티오피아의 풍경을 살폈다.

| MCM병원의 지원과 준비 |

오래된 것으로 보이는 파란색 택시들은 승객들을 태울 준비로 늘어서 있었고, 공항 중심지를 벗어나자 도로포장 공사 중인 곳들이 곳곳에 보였다. 도로뿐만 아니라 건물도 공사 중인 곳이 많았다. 구형

건물들 사이로 새로운 신축건물들이 얼굴을 들이밀고 있었다. 그런데 신축건물들을 세우기 위해 세운 골조가 한국에서 보던 철골조가 아니라 나무골조였다. 나무들로 얼기설기 세워놓은 모습이 약간 위태해 보였다.

신축공사와 도로포장이 많다는 것은 에티오피아가 더욱 발전하는 모습을 단적으로 보여주었다. 아파트와 상가가 함께 있는 주상복합 건물들도 있었고, 다른 대형건물에는 LG나 삼성 등 한국기업 간판도 보였다. 에티오피아정교를 믿는 나라이기에 아름다운 정교회 건물들도 보였다. 도로 옆의 가로수와 지나는 곳곳에는 유칼립투스 나무들이 자라고 있었는데 색이 매우 진하고 깊은 녹색이었다. 유칼립투스는 에센셜 오일의 재료로 쓰이는데, 이것은 뜨거운 햇볕에 그을린 피부에 냉각작용을 해 주고 벼룩과 이를 죽이는 살충효과도 있다.

버스가 드디어 도착했다. 에티오피아 시내를 구경하면서 가다 보니 한 시간이 굉장히 짧게 느껴졌다. 첫날은 준비기간이었다. 다음날 있을 진료에 필요한 장비와 기계가 준비되어 있는지 확인작업에 들어갔다. 우리는 에티오피아 입국 전 MCM(Myungsung Christian Medical Center)병원에서 미리 필요한 진료차량과 치과장비대여를 요청했다. 특히 산부인과진료는 누워서 진료받는 경우가 많기 때문에 누워서 확인할 수 있는 장비와 공간이 반드시 필요했다. 진료차량은 다음날 진료소에서 진료 시작하기 전 미리 대기하기로 약속되었다.

우리는 4일 동안 수도인 아디스아바바에 위치한 참전용사기념회관에서 진료를 진행할 계획이었다. 그곳에는 전문적인 의료장비가 없었기에 그곳으로 가져갈 이동식 의료차량이 필요했다. MCM병원에서도 적극 협조하겠다고 말해주었고, 장비지원을 약속받았기에 한결 편하게 에티오피아로 봉사를 나올 수 있었다. 숙소에서는 다음날 진료와 관련한 진료구분과 약품관련 준비에 들어갔다. 약품정리와 기타 물품관련 준비를 하다 보니 어느덧 새벽 2시가 가까웠다. 밤하늘의 달은 구름과 에티오피아가 내뿜는 뿌연 매연에 가려져 희미하게 빛났고 봉사자들도 늦은 잠을 청했다.

[↓] MCM병원에서 대여해 준 산부인과 전용 이동진료차. 덕분에 많은 사람을 치료할 수 있었다.

아프리카의 뿔이 날린 사랑의 부메랑

아침 일찍부터 비가 쏟아지기 시작했다. 걱정이었다. 환자들이 비로 인해 진료를 받으러 오기 불편하면 어쩌나. 봉사자들 모두 같은 마음으로 걱정했다. 문이 열리기도 전에 이미 150여 명이 대기 중이었다. 첫날이라 일찍 준비하여 이동하였지만 그들이 먼저 참전용사기념회관 입구를 중심으로 한 줄로 서서 질서정연하게 우리를 기다리고 있었다. 참전용사기념회관은 한국정부와 춘천시, 참전용사후원회에서 자금을 모아 참전국에 대한 감사의 마음으로 건립하였다. 당시 완공된 상태는 아니었지만 90% 이상 건설되어 있었다. 오른쪽 부근에 설치된 나무골조가 아직 건설중임을 보여주고 있었고 왼쪽에는 58번째 열린의사회 무료봉사를 환영하는 현수막이 걸려 있었다.

이곳에서도 나의 업무는 접수를 맡으며 체온과 몸무게를 재는 역할이었다. 한국봉사자 1명당 1명의 현지 통역이 지원되었다. 나의 통역을 도와준 사람은 남성 대학생인 야콥이었다. 180cm가 넘는 큰 키에 짧은 곱슬머리와 매부리코가 두드러져 보이는 학생이었다. 현지에서 모집된 통역봉사자로 영어와 에티오피아어인 암하라어를 모두 구사할 수 있는 사람들로 꾸려져 있었다. 그렇기에 주로 대학교를 다니고 있는 청년들이 많았다. 야콥의 도움으로 한결 수월하게 예진이 진행되었다.

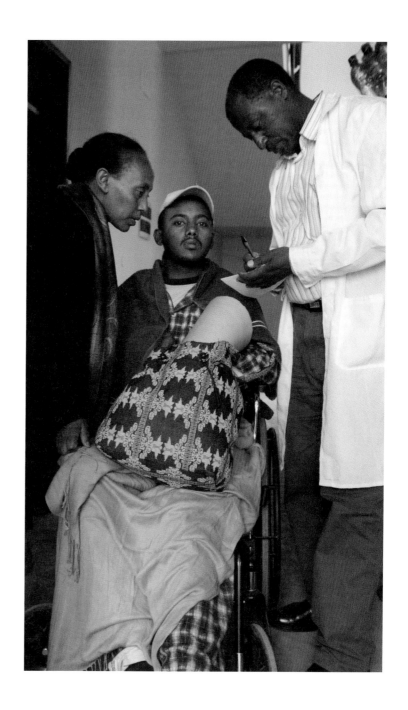

[→] 공동 진료를 하는 현지
의사와 골절 환자. 몰려드는
환자에 진료실이 아닌
곳에서도 바쁘게 움직였다.

아프리카의 뿔이 날린 사랑의 부메랑

드디어 직접 만나는 에티오피아 사람들. 까만 피부에 남녀 모두 키가 큰 편이었고, 마른 체구를 가졌다. 그들이 나를 바라보는 동그랗고 큰 눈은 동양에서 온 낯선 이에 대한 호기심으로 가득했다. 그들 대부분은 이미 한국에 대해 많이 알고 있었다. K-POP이나 한국 역사도 알고 있었고 '안녕하세요'나 '고맙습니다'와 같은 간단한 한국말로 인사를 하는 사람도 있었다. 이렇게 멀리 떨어진 아프리카에서 한국어를 듣게 되니 신기하고 웃음이 났다. 우리나라에 대한 이미지도 굉장히 좋았고, 그랬기에 우리에 대한 태도도 매우 우호적이었다. 우리가 다녀가기 전에도 이미 한국과 여러 차례 교류가 있었기에 가능한 일이었다.

| AIDS와 HIV |

이곳에서는 치과 진료가 가장 많았고, 다음으로 산부인과를 찾는 이들이 많았다. 치과나 산부인과 진료에는 전기가 꼭 필요했는데 현지의 전기사정이 좋지 않아 수시로 전력이 끊겼기에 발전기를 돌려야 했다. 부인과를 찾는 여성들은 주로 흰색 천으로 머리를 두르고, 엉덩이 부근까지 오는 옷을 입었는데, 이것을 에티오피아의 전통의상인 '셰마'라고 한다. 여러 가지 전통자수가 새겨진 흰색 면소

재의 에티오피아 여성 전통의상으로 주로 축제 때에 즐겨 입는데
하얀색의 옷이 깔끔해 보였다.

하얀 자수가 새겨진 셰마를 입고 산부인과 진료를 받으러 온
젊은 여성이 있었다. 한눈에 봐도 이목구비가 뚜렷한 예쁘장한 얼
굴을 가지고 있었다. 임신한 지 3개월 정도 되어 보였고, 한 명의 여
자아이도 엄마 곁에 떨어지지 않고 붙어 있었다. 산부인과로 보내
진찰한 결과 이미 에이즈(AIDS)에 걸려 있었다. 겉으로 봐서는 멀
쩡해 보였지만 그녀도 이미 자기가 에이즈에 걸렸다는 것을 알고
있었다. 하지만 그들 중 그녀가 에이즈가 걸렸다고 해서 그 환자를

이상한 눈초리로 보거나 가까이 하길 꺼리는 사람은 없었다. 에티오피아는 에이즈 환자가 많은 국가 중 하나이다. 에이즈에 걸린 환자의 비율은 5~9% 정도이다. 이것마저도 2005년부터 시작된 유니세프의 에이즈 모자감염 예방노력으로 영아들의 신규에이즈 감염은 50% 이상 감소한 수치이다.

에이즈, 즉 후천성 면역결핍증후군(AIDS)을 일으키는 원인 바이러스는 인간 면역결핍 바이러스(HIV: human immunodeficiency virus)이다. HIV에 감염되면 면역력이 떨어지게 되고, 그 결과 각종 감염성 질환과 종양이 발생하여 사망에 이르게 된다. 최근에는 HIV 바이러스를 강력하게 억제할 수 있는 치료제가 개발되어 있어서 HIV에 감염되었어도 치료만 잘 받으면 면역력을 적절히 유지할 수 있다. 그러나 치료제도 지원받기 힘든 이들에게 최선의 방법은 에이즈가 더 이상 악화되지 않게 유지하는 것 정도였다.

| 한국마을을 찾아서 |

점심시간이 찾아왔다. 현지 음식은 이질의 위험이 있기 때문에 햄버거를 먹었다. 그런대로 맛이 괜찮았다. 에티오피아 사람들도 빈대떡처럼 보이는 음식을 싸들고 와서 나무 그늘에 앉아 음식을 먹

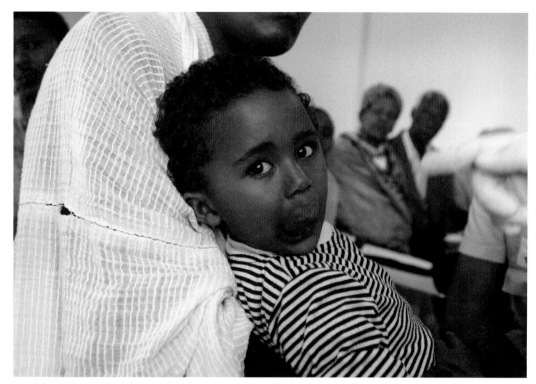

[↑] 입술에 종양이 발생한 아이. 보는 이의 마음을 아프게 한다.

고 있었다. 그게 무엇이냐고 묻자 '인젤라'라고 말했다. 인젤라는 에티오피아인들의 주식이다. 부드러운 빵 같은 것에 고기나 야채를 싸먹는 것이었다. 현지 음식에 호기심이 든 나는 인젤라를 먹어 보고 싶었다. 약간 줄 수 있는지 부탁해서 먹어 보니 시큼한 맛이 났다. 우리나라의 술빵처럼 발효시킨 맛이었다. 테프라는 곡식을 2~3일 정도 발효시켜서 만들었기 때문에 시큼한 맛이 난다고 했다.

어느덧 첫날 진료가 끝나갔다. 집계결과 2백 명 정도의 환자들이 다녀갔고, 통제가 되지 않아 집계를 놓친 환자들이 100명 정도 되었다. 다음날 아침에는 입소문이 났는지 더 많은 환자들이 대기 중이었다. 매우 혼잡스러워서 접수가 약간 지체되기 시작했다. 그래서 지역 경찰들의 도움을 얻어 접수대기중인 환자들의 질서를 유지하였다. 해외봉사 시에는 항상 현지인들의 도움이 필요했다. 통역이나 통제, 사소한 것 하나까지도 현지인의 도움 없이는 진행되기 어려운 부분들이 많았다. 그랬기에 현지 사람들과의 소통과 협력이 매우 중요했다.

셋째 날엔 진료가 끝난 뒤 월드투게더를 방문하였다. 월드투게더는 국제구호개발 NGO로 에티오피아, 케냐, 캄보디아, 미얀마, 베트남, 이라크 등에서 어려운 이웃들의 자립을 위해서 일하고 있으며 국내의 어려운 사람들을 위해서도 지원하고 있는 곳이다. 도움이 필요한 새로운 진료장소를 소개받았고, 에티오피아의 한국마을을 방문했다.

| 참전 용사회 회장, 멜레세 테세마 |

이 넓은 아프리카에 한국마을이라니! 고향친구를 만난 듯 반갑고 새로운 느낌이었다. 한국에 대한 문화나 역사적 유물 소개하는 곳

일까? 아니면 한국인들이 사는 곳일까? 가보기 전 이름으로만 추측했을 때는 한옥마을처럼 관광장소의 느낌이 났다. 하지만 그곳은 실제로 참전용사들이 살고 있는 터전이었다. '한국마을'은 수도 아디스아바바에서 가장 가난한 마을 중 하나였다.

한국마을의 집은 생각보다 심각했다. 벽은 흙으로 만들어 이음새가 단단하지 못해 갈라져 있었고, 작은 나무들이 지지대 역할을 했다. 그 위를 덮고 있는 함석지붕은 이미 녹이 많이 슨 상태였다. 얼룩덜룩 녹으로 얼룩진 지붕과 함석 조각으로 덧댄 나머지 벽 부분의 위생상태도 심각해 보였다. 피부병과 전염병이 발생하기 쉬웠다. 특히 비가 오는 날에는 물이 새는 것은 불 보듯 뻔했다. 추위도 더위도 제대로 막아주지 못하는 이 환경에서 과연 아이들이 잘 자랄 수 있을지, 전쟁의 후유증으로 고생하고 있는 참전용사들이 편히 생활할 수 있을지 의문이었다.

한국에서 한국전쟁에 대한 기억을 점점 잊어가는 것처럼 에티오피아에서도 참전용사들의 업적은 한동안 잊혀졌다. 참전 직후 셀라시에 황제는 이들에게 '코리안 빌리지'란 이름의 정착촌을 주었지만, 1974년 멩기스투 사회주의 정권이 들어서면서 상황이 악화되었다. 현재 한국전 참전용사 중 생존자는 단 2천여 명으로 확인되었다. 이들 중 이 마을에 참전용사와 그 후손들 100여 가구가 어렵게 살고 있다. 그나마 2006년 춘천시와 한국국제협력단(KOICA)이 힘을 합쳐 초등학교를 짓고, 지원에 나서면서 참전용사들은 활기와

[↑] 에티오피아 진료지의 동네 전경. 녹이 슨 함석지붕들이 많이 보인다.

{ 에티오피아 }

자부심을 되찾고 있다고 한다.

그곳에서 특별한 사람을 만날 수 있었다. 회색 중절모에 카키색 정장을 차려입은 노신사였다. 우리가 온다는 소식을 듣고 집 밖으로 나와 있었다. 당시 여든 하나의 나이가 믿기지 않게 정정했던 멜레세 테세마 씨는 참전용사회 회장이었다. 그의 양복 위에 걸려 있는 여러 개의 훈장들이 그가 세운 공로를 증명하고 있었다. 그는 한국전쟁 참전용사로 대한민국을 도왔다는 것에 대한 자부심을 가지고 있었다. 그 이후 우리나라가 발전한 모습을 보며 자기네 일처럼 뿌듯해하였다. 1950년대 한국은 아프리카와 비슷한 처지였다. 한국전쟁이 막바지를 향해 달린 1953년 대한민국의 국민소득은 67달러에 불과했다. 전쟁 직후 피해가 심각한 상황에서 한국 경제를 살린 것은 근면 성실히 일했던 국민들과 강대국들의 원조 덕분이었다.

가난한 우리나라를 도와준 영웅을 직접 만나니 감사하고 뭉클한 마음이 일었다. 한국전쟁 당시 에티오피아는 1951년 5월부터 6,037명에 이르는 3개 대대의 병사를 파병했다. 이 중 121명이 전사했으며, 부상자 또한 536명에 이르렀다. 하지만 한국의 젊은 세대들은 이들의 노고를 알지 못하거나 혹은 이미 알고 있더라도 잊어버린 사람도 있을 것이다. 이들이 6·25전쟁에 참여하여 우리나라를 위해 싸워줌으로써 지금의 우리가 살아 있고 강국으로 발전할 수 있었다. 그러는 동안 우리가 알지 못했던 이들의 삶은 어둠으로 가려져 있었다. 자신의 목숨을 걸고 전쟁에 참여했지만 이들이 받은 대우는 그들의 희생에 한참 미치지 못했다.

6·25전쟁 참전용사들은 13년간의 멩기스투의 군부독재정권 하에서 매우 힘든 시간을 보냈다. 잠깐 멩기스투의 이야기를 하고 넘어가자면, 그는 1974년 9월 군사혁명을 일으켜 하일레 셀라시에 황제를 몰아내고 실질적 지도권을 장악한 인물이다. 정권장악 이후 사회주의 군부독재정권을 수립하여 공산국가들의 지원으로 급격한 사회주의화 정책을 진행시켰으나 그것이 도리어 경제를 망가뜨렸고, 그가 집권하는 기간 동안 기아로 굶어 죽는 사람들이 증가했다. 그러다 1991년 쿠데타로 실각되어 짐바브웨로 망명하였다.

그가 정권을 장악한 이후 친소, 친북의 영향력이 거셌고 그로 인해 참전용사들의 시련이 시작됐다. 단지 북한을 상대로 전투했다는 사실만으로 재산은 모두 몰수되고 수도인 아디스아바바 외곽으로 쫓겨나는 신세가 되었다. 대다수는 투옥돼 고문을 받았고, 일부는 해외로 몸을 피하기도 했다. 직장에서 쫓겨나는 것은 물론 연금도 끊겼다. 남겨진 후손들은 공산정권의 차별 속에 빈민생활을 강요받았다고 한다. 숭고한 희생을 치른 그들을 도리어 죄인 취급하였다. 이처럼 6·25전쟁에 참전했다는 이유만으로 참전용사들은 핍박과 차별을 받는 질곡의 세월을 보내야 했다.

그럼에도 불구하고 이들은 우리를 반겨주었다. 반백 년이 지난 지금에도 당시 기억이 생생하다고 말하며 자신들의 피로 지켜낸 한국이 세계적 강국으로 성장한 것에 큰 자부심을 느낀다고 말했다.

{ 에티오피아 }

또한 에티오피아 사람들은 한국전쟁 때 자신들이 도와줬던 한국이 이젠 자기들보다 더 잘 사는 나라가 돼서, 참전국 에티오피아를 기억해 주고 도와주어 고맙다고 했다. 우리가 더 고마워해야 하는 일인데 그런 말을 들으니 미안한 마음이 들었다. 무심결에 그들을 잊고 있었던 내 자신이 부끄러워졌다. 그들을 만난 이후에 많은 생각을 하게 되었다. 존재조차 몰랐던 '대한민국'이라는 나라에 와서 자신의 목숨을 걸고 얼굴도 모르는 이들을 위해 맞서 싸운다는 것은 나로서는 상상할 수 없는 일이었다. 이들의 역사만으로 존경심과 무한한 감사가 솟구쳤다. 그들이 있었기에 우리가 살아 있는 것이다.

| 작은 병 때문에 죽어가는 사람들 |

진료를 시작 한지 3일째 되는 날에는 더 많은 환자들이 대기하고 있었다. 질서를 유지하기가 더욱 어려워 지역 경찰관을 2명 더 추가로

[→] 진료차량 관리인, 의료진과 함께 찰칵

늘렸다. 설상가상으로 치과의 최형준 선생님이 전날 저녁 현지식사 후에 이질이 발생하여 MCM병원으로 이송돼 링거를 맞고 있던 터라 신근석 선생님 혼자 치과환자들을 맡아야 했다. 보통 치과 진료가 가장 많기에 치과의 선생님들은 적어도 두 명 이상이 봉사에 참여한다. 두 사람 몫을 혼자 맡아야 했기에 부담이 컸음에도 불구하고 그는 차근차근 환자의 상태를 확인하고 치료에 들어갔다.

외과선생님도 바쁘기는 마찬가지였다. 40대 중후반으로 보였던 남성의 다리에 커다란 혹이 있었다. 이것은 신발을 신지 않고 다니다 보니 발에 기생충이 생겨 발이 붓게 되고 염증이 생기며 심한 경우에는 다리를 잘라내야 하는 코끼리발병 증상이었다. 다행히 염증이 심하지 않아 외과선생님은 염증을 제거하는 수술에 들어갔다. 에티오피아의 인구 중 54%가 의료수혜를 받지 못하고 있으며 작은 병에 걸려도 치료를 하지 못해 신체의 일부를 잃거나 심하면 죽기도 하는 등 열악한 의료환경에 처해 있다. 운이 좋아 초반에 치료를 하면 간단히 나을 수 있지만 그렇지 못한 경우가 많기에 병을 키우는 상황이 다반사다.

한센병, 결핵, 폐렴, 말라리아, 홍역 등으로 희생되는 다섯 살 미만 어린이가 매년 47만 명이나 된다. 도시에서도 인적이 드문 곳에서는 야생동물과 들짐승들이 사람을 습격할 정도로 대자연의 위험에 노출된 곳이기도 하다. 엽산부족 등으로 머리가 크게 부풀어 오르는 뇌수종, 세균이 얼굴의 살과 구강, 뼈를 파먹는 노마 등 의료

[↑] 건물을 둘러싸고 진료를 기다리는 환자들이 줄지어 서 있다. 열악한 의료환경에 많은 환자가 몰려왔다.

아프리카의 뿔이 날린 사랑의 부메랑

환경이 열악해 적시적기에 치료받지 못해 사망하는 사례가 빈번하다. 병원 한 번 가보지 못했던 사람들, 다리 피부가 문드러진 여인, 입술이 사라진 아이 등 아마 우리의 의료봉사가 처음이자 마지막으로 그들이 찾은 병원일 수도 있었다. 그렇기에 모두들 한 명의 환자도 소홀함 없이 최선을 다했다.

| 소박한 에티오피아의 한국 문화 |

마지막 날에는 이른 아침부터 경찰이 상주해 있었기 때문인지 2백여 명의 환자들이 줄을 서서 대기하고 있었다. 최형준 선생님은 다행히 컨디션이 회복되어 진료에 복귀하였다. 마지막 날이었기에 찾아온 모든 환자들을 진료하기로 결정했다. 그래서 모든 의료진과 봉사자들이 늦게까지 진료를 진행하여 마무리하였다. 하지만 예진은 주로 다른 과 진료보다 업무가 일찍 끝났기 때문에 현지인들의 실질적인 삶을 들여다볼 기회가 많았다. 에티오피아에서도 좋은 기회가 왔다. 한 명의 중년남성 환자가 진료가 끝난 뒤 자신의 집에 초대하겠다고 했다. 적극적인 그의 요청에 나도 호기심에 이끌려 잠시 그의 집을 방문하기로 했다. 진료소에서 걸어서 몇 분, 그동안 짧게 나눈 몇 마디로 그의 이름이 바르가조므라는 것을 알 수 있었

다. 얼마 지나지 않아 판자로 덧댄 집 벽 외관이 눈에 보였다.

  방안으로 들어서자 온 집이 한눈에 들어왔다. 조그만 주방, 거실, 이불 등이 원룸과 같이 한 곳에 있었고 화장실만 집 밖에 있었다. 그는 아이 3명을 둔 가장이었다. 중학생으로 보이는 여성 아이 두 명과 7살쯤으로 보이는 귀여운 남자아이 한 명이었는데 아이들이 나를 쳐다보고 배시시 웃는 모습이 아직도 기억에 남는다. 바르가조므 씨는 나에게 집 안 이곳저곳 소개해 주었다. 흙바닥의 차가운 기운을 막기 위해 깔린 이불은 무늬와 색이 화려했고, 주방의 식기들은 이가 나간 것이 대부분이었지만 가짓수는 가족 수대로 소박했다. 책장에서 그는 보자기로 곱게 싸여 있는 앨범 하나를 꺼내며 자랑스럽게 나에게 보여주었다. 무엇인가 하고 보았더니 자신의 아버지가 한국전쟁에 참여한 공로로 훈장을 받은 사진이었다. 가까운 곳에 은인이 있었다니. 아마도 이것을 알려 주려고 나를 초대한 것이 아닌가 하는 생각이 들었다.

  그는 아이들에게 손님이 왔으니 뭘 보여주라는 듯 아이들에게 재촉했다. 아이들은 쑥스러운 듯이 한국 아이돌 가수들의 춤을 췄

[→] 산부인과 차량의 진료를 받기 위해
대기 중인 여성환자들.

다. 한류는 에티오피아 아이들 사이에서도 뜨거운 인기였다. 한류를 통해 이렇게 먼 나라에서도 한국의 노래를 들을 수 있는 것도 신기했고, 문화교류가 하나의 중요한 민간외교로서 소통의 매개체가 될 수 있는 것을 깨달았다. 서로 말은 통하지 않았지만 같이 알고 있는 노래나 춤은 어색함을 풀어주고 동질감을 느끼기에 충분했다. 갑자기 들이닥친 어색한 손님에게 이 같은 환영을 해주니 정말 고마웠다.

민간병원이지만 수익은 남기지 않습니다

마지막 진료까지 마친 이후 도와주신 원장님께 감사인사를 드리기 위해 MCM병원으로 이동했다. MCM병원은 이곳 사람들에게 '코리안 호스피털'(Korean Hospital)로 불린다. 그들에게는 한국 정부가 세운 병원으로 알려졌지만, 사실 이곳은 순수 민간병원이다. 이곳의 정식명칭은 명성기독병원으로 선교사 역할을 위해 온 명성교회가 세운 곳이다. 한국의 억대 연봉을 뒤로한 채 이곳에서 근무하는 김철수 원장은 최근 명성기독병원과 명성의과대학(MMC)을 세워 의료발전에 기여한 공로로 에티오피아 정부로부터 1등 훈장을 받았을 정도로 에티오피아 의료환경 향상에 큰 힘이 된 인물이다.

{ 에티오피아 }

MCM병원에는 12개 진료과목과 150여 개 병상, 첨단 의료 장비를 갖춰 에티오피아 대통령도 진료를 받을 정도로 위상이 높다. 한국, 에티오피아, 미국, 노르웨이 등의 의료전문직·일반직을 포함해 총 346명이 근무하고 있다. 대다수가 현지인 의사와 간호사, 직원으로 구성돼 있다. 경제적으로는 고용창출에도 기여하고 있는 MCM병원은 설립 후 지금까지 2,443만 달러, 한화로 약 278억 원이 투입됐다. 영리를 추구하는 민간병원이지만 수익은 남기지 않는다. 연 매출 400만 달러(약 46억 원) 가운데 단 10%가 병원의 수익이며, 수익은 모두 빈곤층 무료진료, 오지 이동진료, 한국전 참전용사들의 무료진료 등에 쓰이고 있다.

다른 나라에서도 에티오피아 의료발전을 위해 노력했었다. 독일과 중국은 에티오피아에 300병상을 갖춘 병원을 지어주었다. 그러나 현재 이들 병원은 자립하지 못해 폐허나 다름없는 상태로 방치되어 있다. 이것은 물적 지원도 중요하지만 장기적으로 보았을 때 운영 노하우 전수나 인재양성이 자립에 있어서 중요하다는 것을 알려 주는 대목이다. 독일, 중국과 달리 MCM병원은 명성의과대학을 설립해 인재를 양성한다. 외부지원이 아니라 에티오피아인 스스로 자립할 수 있는 물적·정신적 여건을 조성하는 것이 김 원장님의 목표이다. 그는 든든한 지원군이자 자랑스러운 한국인이었다. MCM병원 원장님이 여러모로 에티오피아 진료에 도움을 주셔서 정말 감사했다.

에티오피아로 의료봉사를 하고 나누러 왔지만 나는 오히려 그들에게 더 많은 것을 얻고 돌아왔다. 그들의 순수함, 한국에 대한 사랑, 발전하는 힘은 잃어버렸던 내 마음 속의 순수함과 애국심을 느끼게 해주었다. 환자들을 보며 안쓰러웠던 부분도 많았지만 쉬는 시간에 그들과 나눈 담소를 통해 서로 친밀해지고 즐거웠던 일을 생각하면 좋은 벗을 만들고 간다는 마음이 들었다. 그들이 가난함에도 불구하고 큰 행복을 누리는 것은 본래 가지고 있는 긍정적인 마음 때문이었다. 남과 비교하지 않고 작은 행복에도 감사할 수 있는 것! 가장 쉬운 일임에도 가장 실천하기 어려운 것 중 하나이다. 하지만 이들은 내게 그렇게 생각할 수 있는 힘을 주었다.

열린의사회가 다녀간 뒤 한 달 즈음 뒤에 이명박 전 대통령도 에티오피아를 방문했다. 그는 국가브랜드 가치가 높아지는 것이나 개인이 좋은 평판을 받는 이치는 같다고 말하며 사람들은 단순히 돈만 많은 게 아니라 나누고 베풀 줄 아는 사람을 존경하게 된다고 말했다. 베푼다는 것은 쉽지만 어렵다. 작은 것임에도 우리는 베푼다는 의미를 크게 생각하기도 한다. 길을 모르는 행인에게 길을 알려 주는 것도 베푸는 것이며, 시각장애인에게 계단을 오를 수 있도록 도움을 주는 것도 베푸는 것이다. 내가 생각하는 가장 작은 것도 받는 사람에게는 가장 큰 도움이다.

한국도 지원받던 나라에서 지원하는 나라로 발전하였다. 우리 나라가 발전하여 이처럼 은혜를 갚는다는 것은 자랑스러운 일이다. 에티오피아인들이 60여 년 전 우리에게 주었던 나눔과 사랑은 잊어서는 안 될 은혜이다. 하지만 이제 '보은'이라는 틀을 넘어서서 공생하는 지구촌 사회를 위해 '이유 없는' 사랑을 나눠 보는 것은 어떨까. 60년 전 아프리카의 뿔에서 날아온 '이유 없는' 사랑의 부메랑은 작은 한반도에 잠시 정착했다. 그것은 날개를 수선한 이후 더욱 강해졌다. 다시 에티오피아로 향하는 사랑의 부메랑이 계속 선회하길 바란다.

남아프리카공화국

에이즈보다 사회적 질병이 더 무서운 땅

Republic of South Africa

덥다 더워. 벌써 봄이 가고 여름이 왔나 싶을 정도로 더운 날씨였다. 2010년의 6월은 다른 해보다 무척이나 더웠다. 최고기온이 이미 30도를 넘어섰다. 작년 여름 이맘때쯤 온도가 20도 초중반인 것을 감안하면 이른 더위가 찾아왔다고 볼 수 있다. 날은 점점 더 무더워지고 사람들은 더위를 피해 떠날 마음으로 들떴다. 바다나 시원한 계곡으로 여름휴가를 떠날 계획을 세우며 저마다 어떤 재미있는 날들을 보낼지 궁리했다. 신나는 여름 노래들로 거리도 북적대었다. 시간이 지날수록 낮시간은 길어지고 밤이 짧아지는 여름의 태양은 사람들의 활동시간을 늘렸다. 여름이라는 계절의 생동감은 사람들을 활기차게 만드는 힘이 있다.

어딘가로 떠나고 싶은 여름의 어느 날, 마침 봉사 공지가 올라왔다. 외교통상부 후원하에 열린의사회가 남아프리카공화국으로 의료봉사를 하러 간다는 것이다. 남아공은 사실 아들과 함께 갔었다. 아들과 남미여행을 갔을 때 남아공에 들른 일이 있었다. 하지만 그 때는 여행으로 갔던 터라 눈에 보이는 좋은 곳만 다녔다. 남아공에서도 관광객들에게 인기 있는 장소만 갔었기에 실제 남아공 현지사람들과 만나거나 현지의 속사정을 알 수 있는 장소에는 가지 못했다.

그래서 '남아공으로 봉사를 가게 된다면 어떤 곳들을 볼 수 있을까?'하는 궁금증이 생겼다. 봉사를 통해 만나는 남아공은 분명 여

[↑] 남아공의 전통 민속춤. 봉사하러 가면 여행을 하면서 보았던 것과는 다를 것이라는 기대가 앞섰다.

행사를 통해 가는 여행과는 다를 것이었다. 상품화시키기 위한 남아공의 상업적이고 도시적인 모습과 실제 현지인들이 생활하는 삶을 엿볼 수 있는 봉사지로서의 남아공의 이면이 궁금해졌다.

일정을 조절할 수 있는 달이었기에 때마침 찾아온 남아공의 봉사소식은 여러모로 나의 흥미를 끌었다. 그랬기에 망설임 없이 남아공으로 자원봉사를 신청했다. 특히 당시 자원봉사는 남아공 월드컵 경기와 맞물려 있어 경쟁이 더욱 치열했다. 선착순으로 마감되었기 때문에 해외봉사를 신청하는 날에는 지원사이트를 예의주시해야 했다. 역시나 월드컵에 대한 열기 때문인지, 남아공에 대한 한국사회의 관심도가 높아져서 이번 봉사에는 신청자가 폭주했다. 그렇지만 하늘이 도우셔서일까? 치열한 경쟁률을 뚫고 남아공 자원봉사자로 선발되었다.

하지만 막상 자원자로 선발되고 나니 주변에서 더 걱정이었다. 2010년 월드컵이 남아공에서 아프리카 최초로 개최되었기 때문에 남아공에 대한 세계의 이목이 집중되었고, 남아공 사회를 보여주고 사회문제를 비판하는 뉴스들이 쏟아져 나왔다. 흑인과 백인의 인종차별, 갱단, 불안한 치안, 높은 부정부패지수 등 남아공 사회에 대한 좋지 않은 기삿거리들은 삽시간에 퍼져 나갔고 남아공 사회의 문제점들을 들추어냈다. 평소에는 이런 말들을 대수롭지 않게 여겼지만 그곳에 다시 직접 간다고 생각하니 조금 불안하기도 했다. 그렇지만 그것들이 이미 떠나기로 결정한 마음에 큰 변화를 주지는 않았다.

아프리카의 해외봉사를 개척한다는 의미로 열린의사회 측에서는 이미 2009년 10월 남아공으로 자원봉사를 다녀온 이력이 있다. 그 이후부터 이번의 봉사를 위해 철저한 사전준비 작업을 거쳤다. 일정이 6월로 잡힌 이유도 아프리카 대륙에서 처음 열리는 월드컵에 맞춰 빈민촌 어린이들에게 희망을 주기 위해서였다. 남아프리카공화국은 아프리카의 남단부에 위치한 나라이다. 국가 이름에 대륙이름을 포함시켰다는 점이 흥미를 끄는 나라명칭이다. 남아공은 17세기 중반 네덜란드인이 이주한 이후 백인들이 유입되며 1815년 영국의 식민지가 되었고, 아파르트헤이트(Apartheid) 인종차별 정책을 비판하는 영국 정부로부터 독립해 1961년 남아프리카공화국을 선언했다.

여기서 아파르트헤이트란 백인우월주의에 근거한 인종차별제도이다. 그동안 남아프리카에서는 약 10%의 백인이 90%의 백인 외의 인종을 정치, 경제, 사회적으로 차별해 왔다. 1948년 네덜란드계 백인인 아프리카나스를 기반으로 하는 단독정부 수립 후 더욱 강화되어 아파르트헤이트로 불리게 되었다. 이들은 인종격리정책에 의해 인종별로 분리해서 백인들의 발전을 추진하였다. 한편, 무지개 나라가 가진 다인종 사회의 특수성과 유색 인종의 참정권을 부정하고 경제적, 사회적으로 백인의 특권 유지와 강화를 모색하였다. 이 같은 심각한 인종차별정책으로 인해서 1974년 국제연합 (UN)에서 축출되기도 하여 한동안 국제적 고립상황에 처하였지만, 1994년 5월 넬슨 만델라 집권 이후 인종차별 정책을 철폐하였다. 이러한 남아공의 역사로 인해 흑인과 백인의 갈등이 지금까지 이어지고 있다.

우리가 봉사할 지역은 프리토리아였다. 남아공하면 월드컵이 열린 요하네스버그가 유명한데, 요하네스버그가 남아공의 수도가 아니었다. 남아공 수도는 특이하게도 3개나 된다. 월드컵이 열린 요하네스버그는 다이아몬드나 금 등의 광산 산업으로 발전한 경제 수도의 개념이다. 실제로도 항공, 교통편 등의 중심지이기 때문에 가장 많이 발전했지만 수도는 아니다. 마치 워싱턴이 미국의 수도이지만 뉴욕이 경제의 중심지인 것과 같은 맥락이다. 공식적인 남아프리카 공화국의 수도는 3개다. 행정 수도는 프리토리아이며, 입법 수도는 케이프타운, 사법 수도는 블룸폰테인으로 나눠져 있다. 주로 프리토리아에서 생활하겠지만 케이프타운과 블룸폰테인도 어떤 곳일지 궁금했다.

남아공은 홍콩을 경유하여 13시간 35분을 비행한 후에 도착하였다. 반하루가 지나서야 밟은 요하네스버그 공항은 남아공만의 분위기가 나는 장소였다. 바닥의 색이나 벽에 장식된 그림들도 남아공의 유명한 목각인형을 떠올리게 했다. 공항을 둘러보던 중 벽의 한 귀퉁이에 눈에 띄는 유명한 글귀가 보였다. If you want to go fast, go alone, If you want to go far, go together(빨리 가길 원하면 혼자 가고, 멀리 가길 원하면 함께 가라). 나에게, 그리고 남아공으로 봉사 온 우리에게 필요한 말이었다. 혼자 가기보다 함께 나아가길 원하는 공생의 길. 그것을 실현하기 위해 나는 지금 이곳에 와 있는 것이었다. 그것이 내 봉사의 주된 이유였다. 그 문구를 보자 이동시간에 지친 몸에 기운이 솟았다.

요하네스버그 공항을 나서자 약간 서늘한 기온이 온몸에 느껴졌다. 6월에서 7월은 남아공의 겨울이라고 한다. 요하네스버그나 프리토리아 같은 지역은 고도가 높아서 아침저녁으로 최저기온이 0도 가까이 떨어진다. 6월의 날씨는 최저 4도에서 최고 16도로 평균 10도 정도였다. 마치 한국의 선선한 가을 날씨 같았다. 최고기온 30도 이상으로 찌는 듯 더웠던 한국에서 선선한 남아공에 오자 드디어 다른 나라에 왔다는 실감이 났다. 특히 한국인들은 가을이나 봄처럼 덥지도 춥지도 않은 날씨를 선호하는 사람들이 많다. 그렇기에 이러한 온도는 우리에게 딱 알맞았다.

　몇 년 만에 다시 와 보는 남아공이었지만 크게 변한 것은 없었다. 단지 내가 여행으로 왔던 날은 하늘이 파랗고 매우 더웠지만, 지금은 선선한 바람에 구름 많은 날씨라는 것 정도가 다르다면 다른 점이었다. 날씨가 다른 점은 다시 방문한 남아공을 새롭게 보이게 했다. 요하네스버그의 거리는 최근에 봉사했던 아이티와 비교하면 살기 좋은 도시라는 인상을 풍겼다. 자세히 보니 월드컵 준비로 새 길도 많이 보였고, 화력발전소는 예쁜 페인트 그림으로 단장되어 있었다. 그전에 왔을 때보다는 확실히 정돈된 느낌이 들었다. 땅이 크기 때문인지 주로 낮은 건물들이 많았는데 도심으로 들어서자 고층건물들도 있었으며 도로포장도 깔끔했다. 평소 우리가 생각하는 가난한 아프리카의 모습은 없었다.

　하지만 보이는 일부가 남아공의 모습 전체가 아니듯 앞으로 보게 될 남아공의 빈민촌들에 비하면 단지 빙산의 일각에 지나지 않았다. 우리가 봉사할 곳은 요하네스버그에서 동북쪽으로 60km 떨어진 프리토리아 인근 빈민 밀집지역 아트리슈빌이었다. 주로 빈민 밀집지역에는 대부분 흑인들이 살고 있다. 특히 흑인 밀집지역은 현지인들도 위험하기 때문에 잘 가지 않는다고 한다. 따라서 그곳에 대한 사정을 정확히 알아보기 위해 현지에 살고 있는 한국교민들과 회의가 필요했다. 그 나라 환경을 알기 위해선 직접 그 나라에 거주하는 사람들과의 대화를 통해 알 수 있는 정보가 우리에겐 절실했다.

{ 남아프리카공화국 }

짧은 시간이지만 8일간의 가이드 역할을 해줄 교민들과 회의를 통해 첫 만남을 가지게 되었다. 그들을 통해 들은 상황은 상상도 할 수 없을 만큼 충격적이었다. 자동차가 여행자들에게 돌진해서 부딪힌 후 짐을 털어간 일, 쇼핑센터에서 나와 택시를 타는 1분 사이에 강도에게 습격당한 일, 숙소로 강도들이 들이닥쳐 남녀 모두 강간당한 일. 여성의 30%가 강간 경험자이며 처녀와의 성행위가 에이즈를 고친다는 미신으로 갓난아기조차 강간한다는 끔찍한 일들. 또한 요하네스버그에서의 하루 평균 살인사건 피해자는 120명이며 이 중에서 약 20명 정도가 외국인 여행자라고 한다. 이러한 얘기들을 현지에 사는 교민들에게 직접 들으니 더욱 섬뜩했다.

교민들은 우리에게 최소한의 몇 가지를 당부하며 주의사항을 일러주었다. 우선 사람들 앞에서 돈을 주고받으면 안 되는 것은 물론이고, 금목걸이, 카메라나 휴대폰 같은 귀중품도 보이는 곳에 두면 안 되며, 가방 또한 차에 그냥 두고 내려서는 안 된다. 특히 혼자서 개인행동을 하는 것은 금물이라고 했다. 교민들이 들려주는 이야기들도 그들이 직접 겪은 것 외에 남을 통해 들은 이야기거나 뉴스를 통해 접한 사건들이기 때문에 과장되거나 부풀려진 것일 수도 있었다. 그럼에도 모두가 사고 당하지 않고 무사히 돌아가는 것이 중요한 과제였다.

[↑] 의료봉사단과 함께 에이즈센터에 구호품을 전달하고 있다.

회의가 끝나고 봉사하러 가기 전에 우리는 유니온빌딩과 프리토리아 개척자 기념관을 방문했다. 이 두 곳을 방문하는 것은 남아공의 역사를 이해하고 현지인들과의 공감대 형성에 필요한 과정이었다. 행정수도 프리토리아의 명소인 유니온빌딩은 대통령의 집무실 역할을 하고 있었다. 프리토리아 시내가 훤히 내다보이는 전망 좋은 곳에 위치한 그곳은 대통령 집무실이라기보다는 하나의 예쁜 성 같았다. 유니온빌딩은 정확하게 대칭을 이룬 형태를 지녔는데 이것은 분리된 국민을 하나로 묶는다는 의미를 담고 있다.

건물 중앙에는 1차 세계대전 당시 전사자들을 기념하는 기념비가 솟아 있었다. 그것과 관련하여 잔디광장 뒤쪽에 추모의 벽이 마련되어 있었다. 그곳에서 놀란 점은 KOREA라고 적힌 글씨와 그 아래 수십 명의 전사자 명단이었다. 남아공도 6·25전쟁 당시 우리나라를 돕기 위해 참전한 UN 16개국 국가 중 하나였다. 사실, 남아공은 동아시아와 남아공 사이의 거리상의 이유로 파병이 불가하다는 판단을 했다. 하지만 다시 미국과 협상을 거쳐 긴 회의 끝에 남아공은 남아공 공군 SAAF 전투기 부대를 한국에 파병하기로 결정했다. 이것이 남아공 역사상 처음으로 만장일치로 통과된 해외파병이다. 남아공 공군의 주요 임무는 대부분 적군의 보급로를 차단하는 대지상공격 및 지상군에 대한 지원이었다.

그들의 희생과 헌신으로 우리가 다시 봉사를 하러 이 땅을 밟을 수 있다는 사실에 감사했다. 전사자 한 분, 한 분의 이름을 되새기며 마음속으로 생각했다. '고맙습니다. 여러분 덕에 제가 여기에 있습니다.' 내가 봉사하러 온 이곳이 참전국이라는 점은 봉사를 하는 이유에 더욱 의지를 불어넣었다. 빈곤에 대한 연민과 안타까움도 봉사를 하게 하는 동력이 될 수 있지만, 보은의 측면으로 다가가는 봉사도 삼촌이 전해 준 사랑을 다시 사촌동생에게 전하는 것처럼 다른 차원의 힘을 가지도록 도와준다.

다음으로 프리토리아의 가장 높은 언덕에는 볼트레커기념관이 자리 잡고 있었다. 화강암으로 지어진 볼트레커기념관은 웅장했다. 이곳은 네덜란드 이주민, 즉 보어인들이 남아프리카 초원의 이주과정을 겪은 백인 개척자들을 기념하기 위해서 세운 곳이다. 그래서 백인 개척자 기념관이라 부르기도 한다. 초기에 정착한 백인들이 남동부 지역과 북부 지역으로 대이동을 하면서 줄루족과의 전투를 하며 일어난 역사를 집대성한 기념탑이다. 당시 네덜란드계 백인들은 영국 식민통치의 탄압을 피해 내륙으로 이동하면서 흑인 원주민들과 전투를 치르며 많은 사상자를 냈다. 그런 상황을 묘사한 작품들이 눈에 띄었다.

기념관 건물에는 각각의 상징들이 있었다. 건물의 벽 중앙에는 두건을 쓴 여인과 두 명의 아이가 엄마를 바라본 동상이 세워져 있었다. 이것은 개척 당시 어머니들의 어려움과 고생을 표현한 것이다. 문의 입구에 위치한 버팔로의 머리는 Voortrekker라고 불리는 네덜란드계 백인의 꺾이지 않는 의지를 형상화한 것이다. 개척자 기념관의 모습을 보며 문득 이런 생각이 들었다. 볼트레커기념관의 조각물들과 상징물들은 한쪽의 시각에서만 그려진 것이다. 타지에서 온 한 사람이 본 이 역사에서 결국 희생자는 원주민인 줄루족이었고 백인들이 그 자리를 빼앗은 것이다. 인구비율의 10% 내외인 백인들의 시선에서 본 그곳은 분명 역사를 개척한 자랑스러운 곳이겠지만 반대로 흑인들의 입장에서 본다면 나라를 빼앗긴 가슴 아픈 역사일 것이다.

프리토리아의 상징인 두 곳을 방문하고 나니 어느덧 저녁시간이 되었다. 역사가 있는 랜드마크들을 경험하니 어렴풋하지만 남아공에 대한 이해가 되기 시작했다. 그러자 다음날 있을 진료에서 만날 이들이 더욱 궁금해졌다. 남미여행 때 현지인들과 많은 대화를 못 나눈 점이 늘 아쉬웠었는데…. 아프리카로 봉사를 온 것이 처음이기에 아프리카 현지인들과의 만남은 가장 기대되는 일이었다. '우리들에게 알려져 있는 그들의 실제 삶은 어떨까?', '교민들이 말

[→] 남아프리카공화국의
첫 흑인 대통령
넬슨 만델라가 남긴 명언이
벽에 적혀져 있다.

해 준 것처럼 위험한 상황이 벌어지면 어떻게 하지?'하는 걱정도 들었지만 불안함은 금세 스치듯 잊혀졌다.

| 같은 동네지만 몇 걸음 더 가면… |

붉은빛을 뽐내며 일어서는 태양은 기분 좋은 바람을 동반하며 아침을 알렸다. 의료진과 함께 짐을 챙겨 빈민가로 향하는 버스에 올라탔다. 만일의 사태를 대비해 총기를 소지한 지역 경찰들이 안전보호를 위해 동행했다. 이번 봉사자들은 30여 명 정도의 제법 많은 인원이었기에 큰 버스가 필요했다. 남아공 같은 경우에는 대중교통이 잘 발달되어 있지 않아 이동에 어려움이 따른다. 대절버스를 타고 빈민가로 향하는 도중 중산층들이 살고 있는 지역을 지나쳤다. 그곳들은 대부분 깨끗했고 치안유지에 신경 쓴 상태였다. 담장 위에는 전기선이 설치되어 침입자를 차단하였고, 사설경비회사가 지키고 있다는 경고표지도 대문마다 붙어 있었다. 경비회사의 순찰차는 10분에 한 번씩 동네를 한 바퀴 돈다고 했다.

그곳을 지나자 흙바닥에 단지 나무 몇 그루만 듬성듬성 보이는 길이 나왔다. 거기서 조금 더 들어서니 빈민가가 보였다. 흑인들이 모여 사는 타운십(Township)은 아파르트헤이트가 존재하던 시

[↑] 진료 대기 중인 여성과 아이. 엄마 품에 안긴 아이는 무엇을 위해 여기 왔는지 알고 있을까.

[←] 치과 의료진이 환자의 아픈 곳을
물어보며 상담하고 있다.

에이즈보다 사회적 질병이 더 무서운 땅

절 백인들이 흑인들만 모여 살도록 만든 동네다. 지금도 여전히 많은 흑인들이 살고 있다. '이것이 집일까 혹은 창고일까?'라는 의문이 들 정도로 작은 컨테이너들이 모여 있었다. 줄 하나에 의지해 알록달록한 빨래들이 널려 있는 마당을 보자 이곳에 사람이 거주하고 있다는 것을 알게 해 주었다. 부서진 벽돌, 컨테이너로 집 모양만 갖춘 집안 내부에는 샤워할 수 있는 공간이나 화장실도 보이지 않았다. 전기도 들어오지 않았다. 주소마저도 없는 집들이 수두룩했다. 이러한 대부분의 집들은 정부의 보조를 받아 값싸게 지어진 것이다.

| 카메라가 신기한 아이들 |

비록 우리가 갔던 계절이 겨울이었기에 해충이나 벌레가 생각보다 드물었지만 대부분이 여름인 그 남아공의 계절을 감안할 때, 신체에 유해한 벌레나 병균도 걱정이었다. 하지만 겨울이라고 해서 상황이 나아진 것은 아니었다. 추운 날씨에 바깥에서 온몸을 씻어야 했고, 옷을 몇 겹이나 껴입었음에도 감기에 쉽게 걸렸다. 난방이 되거나 전기를 사용할 수 없기 때문에 결국 나무를 때 온기를 유지해야 했다. 그로 인해 매캐한 검은 연기에 노출된 아이들은 대부분 기관

[→] 카메라에 반응하는
아이들. 천진하게 웃는
모습이 귀엽다.

에이즈보다 사회적 질병이 더 무서운 땅

지가 좋지 않았다. 봉사하면서 느끼는 점은 여러 나라의 빈민촌 모습이 대부분 비슷하다는 것이다. 그래서 새로운 곳에 가도 지난번에 봉사했던 아이들이 모습이 다시 생각난다.

열린의사회가 봉사를 온다는 현수막이 동네 어귀에 작게 걸려 있었다. 첫날이라 홍보가 덜 되었을 텐데도 백여 명의 사람들이 모여 있었다. 접수를 받으며 체온과 체중을 재면서 이들과 눈을 마주치고 웃으면서 친근감을 형성하려고 노력했다. 빈민가 지역 사람들은 시내에 병원도 있고 다른 민영 클리닉도 있지만 진료비와 약값을 부담할 수 있는 경제적 능력이 없어서 병원 문턱을 넘기 힘들다. 그렇기에 다른 나라에서 온 우리에게 진료를 받는 것이 어색할 터였다. 나마저도 병원에 가기 전에는 무섭고 두렵다. 특히 치과진료를 받으러 갈 경우에는 더욱 긴장된다.

하지만 그들 대부분은 친숙하게 우리를 맞아 주었다. 크고 똘망똘망한 흰 눈은 피부색과 대조되어 더욱 선명히 눈에 들어왔다. 모두 선한 눈이었지만 개중에는 경계하는 눈빛으로 바라보는 아이들도 더러 있었다. 하지만 사진기사가 사진을 찍으려 하자 모두 몰려들었고, 너도나도 사진을 먼저 찍기 위해 분주했다. 각자 포즈를 취하는 아이들은 사진 찍는 것을 참 좋아했다. 요즘에는 스마트폰으로 사진 찍는 일이 쉬워졌지만 그들에게는 아직까지 카메라는 귀한 것이었다.

첫날에는 200명의 환자가 모여들었고 둘째 날에는 첫날보다 50명
이 더 모였다. 그리고 마지막 날에는 300명의 환자가 몰려 더욱 어
수선하고 복잡했다. 의료봉사가 진행되는 마을 공회당 앞에는 진료
대기번호표를 받으려는 주민들이 서로 먼저 받으려는 다툼도 있었
다. 특히 중년 여성환자들은 대개 어린 아들이나 딸을 데리고 산부
인과와 치과, 소아과 등 여러 진료 분야를 순회했다. 그 바람에 공회
당과 앞마당은 주민들의 이동으로 더욱 복잡해졌다.

[↓] 코흘리개 어린아이도 엄마를 따라 진료를 받으러 온 모양이다.

입소문으로 우리들이 봉사하러 온 것을 듣고 다른 지역에서도 주민이 뒤늦게 찾아와 한국 의사들로부터 진료받을 수 있는지 문의하는 일이 빈번했다. 그러나 제한된 인력과 시간 때문에 진료를 받기 어렵다는 말을 듣고 발걸음을 돌리는 이들을 볼 때면 마음이 아팠다. 남아공 주민들은 내가 봉사하러 갔던 다른 지역들에 비해 영양상태는 좋은 편이었다. 그러나 찾아오는 환자 5명 중 1명은 에이즈 환자로 추정될 정도로 에이즈 환자가 많은 것이 특징이었다.

남아공 인종문제연구소에 따르면 에이즈(AIDS)나 에이즈 바이러스(HIV)에 감염돼 사망한 인구가 440만 명에 달한다는 연구결과가 나왔다. 또한 연구소는 2011년에 사망한 인구의 31%가 에이즈 관련 환자였으며 이러한 추세는 2015년에 가면 33%로 더 늘어날 것이라고 전망했다. 에이즈는 남아공의 인구증가율을 현저하게 낮추는 요인으로 작용한다. 이것은 평균수명을 단축할 뿐 아니라 고아 증가, 교육 저하, 범죄 증가 등 사회를 병들게 하는 여러 가지 문제를 심화시키는 데도 큰 영향을 미친다.

남아공은 에이즈 보균율이 높기 때문에 성폭행을 통해 에이즈 감염이 이루어지는 경우도 많다. 남아공에서는 하루 평균 200명이 성폭력 피해를 당한다고 하는데 17초에 한 번씩 성폭력이 발생한다는 셈이다. 강간피해자의 약 40%는 18세 이하 어린 여성이며, 강간사건의 단 5%만 경찰에 신고되므로 실제 범죄 수치는 훨씬 심각할 것으로 예상된다. 한 조사결과에 따르면 남아공 남성의 25%가 여성을 강간한 적이 있으며, 여성의 50%가 성폭력을 당한 적이 있다고 한다.

이러한 실태는 에이즈센터를 방문한 이후 더욱 피부에 와 닿았다. 그곳은 프리토리아 외곽의 빈민촌 중 하나인 이르스테르스트에 위치해 있었다. 서클 오브 라이프(Circle of life)와 이치 호스피스(Each hospice)는 남아공 정부에서 운영하는 에이즈 보조시설이었다. 건물 외관상으로만 보았을 때는 평수가 큰 가정집인 줄 알았다. 그러나 그 안에 들어서자 좁은 병상에 한 명 한 명씩 누워 있는 환자들이 수백 명이었다. 모두가 에이즈 환자들이었다. 좁은 침대에 옴짝달싹 못하고 누워 있는 처지를 보니, 숨만 붙어 있는 송장과도 같았다. 처음에는 충격적인 그 광경이 동물의 삶보다 못한 비참함으로 바뀌었다. 아이, 어른 할 것 없이 매주 진찰을 받고 약을 타 가는

[→] 에이즈센터에서 만난 어린아이. 허리까지도 오지 않는 작은 아이에게 옷을 입혀 주었다.

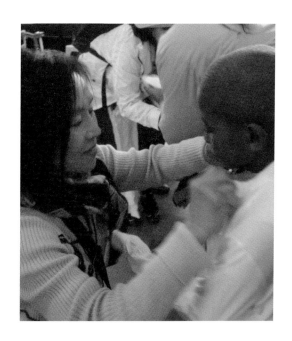

이곳은 자원봉사하는 이들의 반 이상도 에이즈환자이다.

그곳 여직원은 대뜸 나에게 하수구와 화장실 변기가 막혔는데 뚫을 비용이 없어 며칠간 고생했다고 털어놨다. 화장실 변기와 하수구가 막혔다면 위생상으로도 환자들에게 치명적이었다. 마침 비상금을 소지하고 있던 나는 뚫는 비용이 얼마냐고 물었다. 자원봉사자는 고심하는 듯하더니 100달러라고 했다. 100달러를 주려고 하자 다시 200, 300달러로 점점 높아졌다. '이 사람이 장난하는 건가?' 혹은 '사기를 치는 것인가?'하는 생각들이 들었지만 결국 300달러를 속는 셈치고 내주었다. 이후에 막혔던 하수구와 변기 문제가 해결되었다는 답을 듣자 그저 뿌듯했다. 가정집에서도 변기 하나 막힌 것만으로 얼마나 답답한가? 만약 비싼 값으로 뚫은 것이라 할지라도 환자들의 불편이 조금이나마 해소되었다면 그것으로 족했다.

| 상황을 악화시키는 가장 커다란 적, 사회 |

이렇게 에이즈 병동을 만들 정도로 남아공에 에이즈가 심각한 이유는 무엇일까? 일부다처제가 용인되는 아프리카에서 에이즈는 더욱 빠르게 퍼질 수 있다. 그렇기에 남아공 정부도 에이즈 문제해결을

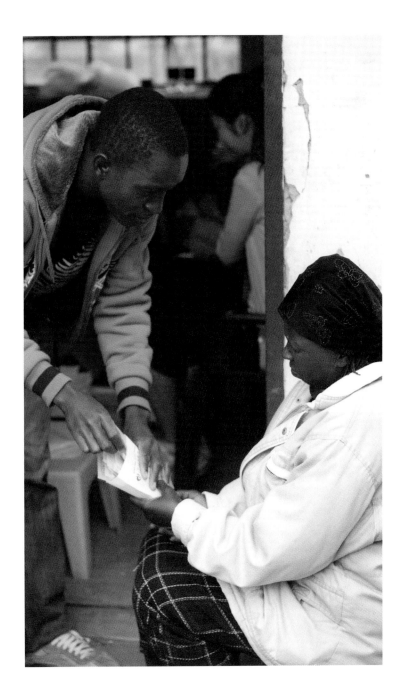

[→] 병동에서 기다리던
여성환자에게 현지인이
약을 나누어 주고 있다.

우선적인 과제로 두고 있다. 정부는 예방, 진단, 치료로 3단계의 시스템을 정했다. 콘돔을 무상으로 공급하고 HIV 감염을 막아 주는 여성용 젤도 개발했다. 출산에 제한을 두지 않고, 남성이 우선시되는 아프리카의 가부장적 사회분위기에서 여성이 남성에게 콘돔 사용을 권하는 것은 심할 경우 폭력을 부르기도 한다. 때문에 여성용 젤 개발은 여성 스스로 에이즈를 지킬 수 있는 수단이다.

하지만 50%의 예방확률을 가진 젤보다도 콘돔이 가장 간편하고 가장 안전한 수단이다. 그러나 대다수의 남성들은 이를 사용하기 꺼린다. 에이즈 검사를 받으러 가는 것 자체가 수치라고 여기는 사회분위기도 한몫한다. 따라서 요하네스버그의 국제봉사단체는 집집마다 일회용 도구를 가지고 다니며 검사를 받게 하지만 그것마저 거부당할 때가 많다. 특히 임산부의 경우 에이즈에 걸렸어도 약을 꾸준히 복용하면 신생아 감염률을 낮출 수 있는데 '약이 부정 타서 아이에게 악영향을 줄 수 있다'는 미신 때문에 검사를 아예 받지 않는 경우도 많다.

이런 점으로 미루어 볼 때 에이즈를 악화시키는 것은 사람들의 의식과 정부의 구체적 제도의 미비였다. 치료하는 신약개발보다 주민들의 의식을 바꾸는 것이 먼저였다. 아무리 공공기관이나 병원에 콘돔이 쌓여 있어도 사람들이 가져가지 않는다면 무슨 소용인가? 취약계층에 초점을 맞춰 교육함으로써 병을 예방하고, 기본적인 의무교육을 통해 성폭행 주요 발생연령인 10대들의 의식을 개선해야

[↑] 에이즈 병동의 진료소에서 만난 할머니.

[→] 아이를 안고 온 아빠. 팔이 아픈
아이 때문에 걱정이 많은 얼굴이다.

한다. 한편 대대적인 홍보를 통해서 많은 이들이 정확한 판단과 올바른 의식을 기를 수 있도록 정부의 노력이 필요하다. 국민이 건강해야 나라가 건강하다는 가장 중요한 사실을 기억해야 한다.

| Football Acts 29! |

에이즈센터 방문을 마치고 마지막으로 가야 할 곳이 있었다. 봉사 일정에 맞춰 열린의사회는 롯데백화점과 함께 축구장 기공식 행사를 진행했다. 남아공에 축구장 두 곳을 지어 현지 지역자치단체 및 교민들에게 위탁 관리하여 빈민 어린이들에게 꿈을 심어 줄 목적으로 진행한 행사였다. 남아공은 부지가 넓어 운동장으로 쓸 수 있는 공간이 많이 있지만 골대나 공이 없어 축구를 하지 못하는 아이들이 많았다. 이제는 축구장 건립으로 조금 더 많은 아이들이 경기를 하며 꿈을 키울 수 있었다. 축구공과 축구화, 유니폼 등 축구용품과 함께 인근 지역에는 의료품도 전달했다.

　그 행사에서 축구용품을 제공받은 'Football Acts 29' 축구단은 한국인인 임흥세 감독이 이끄는 구단이다. 그는 홍명보 감독의 스승이자 한국 유소년 축구단 감독을 지낸 이후 남아공에서 20여 개의 축구단을 운영하며 열악한 환경에서 자라는 아이들에게 축구로 희망을 전하고 있다. 이 낯선 나라에서 축구감독을 하게 된 이유가 궁금했다. 그가 2006년 케이프타운 임부멜루아노 초등학교에서 처음 축구교실을 열었을 때 700명이 넘는 아이들이 모였다고 한다. 그들의 눈빛을 잊을 수 없을 정도로 축구에 대한 열정이 가득했다. 그것이 계기가 되어 아프리카로 오기로 결심했다고 했다.

　　남아공 아이들이 생각하는 축구의 개념은 생계와 밀접했다. 한국과 남아공에서는 축구를 대하는 개념이 달랐다. 한국 아이들에게 축구는 놀이지만 이들에게는 성공할 수 있는 희망이었다. 가난한 아이들이 바르게 자랄 수 있으려면 꿈과 희망이 있어야 한다. 모든

[↓] 궂은 환경에서도 축구로 희망을 키우며 살아가는 아이들.

에이즈보다 사회적 질병이 더 무서운 땅

것을 포기하고 놓아 버리는 순간 범죄에 발을 들이기 쉬워진다. 그는 아이들에게 '축구'라는 수단으로 건전한 삶과 밝은 사회를 만들 수 있도록 가르치고 있다. 단순한 축구감독을 넘어서서 청소년 교화와 아이들의 삶의 질 증진에도 앞장서고 있는 것이다.

그러자 생계형 범죄가 많아 재범률이 높았던 소년원생들이 점차 순화되었다고 한다. 남아공 정부에서도 소년원생들 중 우수한 축구인재를 프로축구팀과 연계해 주는 프로젝트를 진행하기로 했다. 세계 곳곳에 한국인들의 따스함이 퍼지고 있었다. 비록 나는 며칠간의 방문을 통해서 봉사를 진행하는 처지였지만 이렇게 자신의 삶 전부를 다른 나라에 쏟아붓는 것은 굉장히 힘든 일이다. 그로 인해 한국 사회의 이미지가 결정된다고 해도 과언이 아니었다. 그를 보며 내가 봉사를 온 것은 내 개인의 보람과 행복을 위해서도 있지만, 그 나라 사람들이 보는 나는 한국인 중 한 명이었다. 그렇기에

[←] 건물 밖에서 진료현장을 엿보는 아이들. 올망졸망 모여 눈을 빛내고 있다.

{ 남아프리카공화국 }

항상 해외봉사는 자긍심을 가지고 임해야 한다.

남아공도 빈부의 격차가 심하고 실업률이 높다. 인구의 80% 이상을 차지하는 흑인들은 생계형 범죄를 많이 저지른다. 그러나 범죄의 원인을 놓고 살펴보면 주원인은 결국 가난이었다. 남아공의 빈민가들을 돌아다니며 범죄현장을 목격하거나 강도를 당한 일은 없었다. 오히려 범죄보다 빈곤을 체감했다. 도심 복판에도 항상 걸인이 있었고, 도심지와 얼마 떨어지지 않은 빈민가의 너무 다른 모습은 상대적으로 무척 열악했다. 정부가 제공하는 사회복지시설은 매우 부족하여 장애인, 노인, 아이 등 취약계층들은 다시 거리를 전전하게 된다.

빈곤뿐만 아니라 아직도 지워지지 않은 차별과 또 다른 차별이 문제였다. 1994년 아파르트헤이트가 철폐되었지만 아직도 백인은 흑인보다 6배나 많은 소득을 올리고 있다. 흑과 백으로 나눠진 빈부격차의 틈을 메우지 못하는 것이다. 임금인상을 요구하던 흑인 광부들이 시위를 벌이다가 경찰이 쏜 총에 맞아 사망하는 사건은 이미 한국에서도 유명했다. 이러한 사회분위기로 갈등의 골이 더욱 깊어지고 있다.

　갈등의 양상은 과거의 흑과 백을 넘어서 흑과 흑으로도 새롭게 진행 중이다. 흑인 이주민들과의 갈등이 문제이다. 94년 아파르트헤이트 철폐 이후 빛을 볼 것이라 예상했던 흑인들의 희망은 신자유주의 물결이 일으킨 파도로 송두리째 빼앗겼다. 공공부문을 사유화시키면서 기존 흑인노동자들을 대량 해고했고, 값싼 이주민 노동자로 대체시켰다. 짐바브웨 등 인접국 이주민들이 몰려드는 통에 남아공에 본래 거주하던 흑인들은 일자리를 빼앗긴 것이다. 이것은 외국인 혐오증으로 확대되었으며 사회문제라는 불씨에 불을 지폈다.

　이처럼 여러 가지 문제가 있는 남아공이었지만 직접 봉사를 하면서 느낀 점은 그들도 우리와 다르지 않고 똑같은 사람이라는 것이었다. 각자 그 나라만이 가진 고유의 힘과 매력이 있다. 아프리카 최초의 월드컵 개최도 흑인과 백인의 힘으로 이룩한 성과였다. 그들이 직면한 사회문제들을 극복하는 기본적인 방법은 각자의 차이를 이해하고 상호 존중하는 마음이다. 지속적으로 깊은 갈등을 해소하기 위해 노력해야 한다. 넬슨 만델라 전 대통령이 별세했지만 그가 남은 이들에게 남기고 간 유산은 크다. 그가 없더라도 국민들 간의 갈등을 줄여 나가는 것이 그 나라의 국력과 지혜를 보여주는 일이다. '가장 위대한 무기는 평화'라는 단순하지만 강한 명언은 남아공 국민들이 가장 마음에 품어야 할 가치이다.

[↑] 현지 축구단원들과 자원봉사자 간에 이뤄지는 축구경기를 지켜보았다.

에이즈보다 사회적 질병이 더 무서운 땅

2010년 1월 초 어느 날. 회사업무를 마치고 돌아온 후 나는 텔레비전 리모컨을 돌리며 휴식을 취하고 있었다. 갑자기 '뉴스 속보'가 나왔다. 중앙아메리카에 위치한 아이티에서 큰 지진이 발생해 전시와 같은 비상상황이라는 것이 속보의 내용이었다. 2010년 1월 12일. 중앙아메리카에 위치한 아이티의 수도에서 강도 7.3의 강진이 발생하였고 이후 강도 5.0이 넘는 여진이 50여 차례나 발생하였다. 1770년 이후 240년 만에 아이티에서 발생한 최악의 지진이라는 전문가의 해설이 나왔다. 아이티 전체 인구 890만 명 중 사망자가 20만 명이고 부상자는 약 3백만 명으로 추산되었다. 인구가 밀집한 수도 근처에서 발생했기 때문에 그 피해는 상상을 초월할 만큼 엄청났다고 전했다.

회사 일에 몰두하고 있던 내 일상과 기분은 이내 혼돈스러워졌다. 곤경에 처한 사람들에게 내가 작은 도움이라도 된다면 떠나야 할 것 같은 느낌이었다. 참혹한 현장 화면이 반복해서 방송되면서 일이 손에 잡히지 않았다. 어느 지역에서 재난이 발생하면 내가 가야 할 것 같은 강박감은 봉사를 다니고 나서 생긴 습관 중의 하나이다. 어느새 내 생활의 일부가 봉사라는 활동에 주파수가 맞춰져 있었다. 나는 현지의 상황을 자세히 살펴보았다. 속보를 보면서 '열린의사회' 담당자에게 급히 전화를 돌렸다. 우리가 빨리 아이티에 가야 하지 않느냐고 물었다. 이미 단체에서도 현지상황을 파악하고 있었다. 현재도 위험한 상황이고 추가로 지진이 발생할 수 있으니 추이를 더 지켜본 후 아이티 정부에서 회신을 주겠다고 했단다.

아이티는 중남미국가 중에서도 유엔이 지정한 최빈국이다. 전체 인구의 50% 이상은 하루 1달러 미만으로, 70% 이상의 인구는 하루 2달러 미만의 생활비로 살아가는 빈곤국이다. 아이들이 진흙에 버터를 넣어 말린 과자로 허기를 달랠 만큼 식량사정이 좋지 않고, 허리케인과 같은 자연재해가 끊이지 않는 '비극의 땅'이라는 것을 보도를 통해 더 알게 되었다. 빈곤의 심각성을 제대로 느끼지 못할 정도로 가난한 국가였다. 답답한 마음을 뒤로한 채 나는 계속되는 아이티 보도에 촉각을 곤두세웠다. 간간이 '열린의사회'에 연락해 현지의 상황을 전해 듣는 것 이외에는 내가 달리 할 수 있는 것은 없었다.

나는 물론이고 열린의사회 봉사자들도 빨리 가서 돕고 싶은 마음을 진정시켰다. 만약 기회가 주어진다면 제대로 봉사하기 위한 준비를 먼저 시작했다. 너무 먼 지역이고 지진피해가 심각하기 때문에 많은 준비가 필요하였다. 봉사에 조급한 마음과 성급한 판단은 금물이다. 해외봉사의 최우선은 실무절차를 차질 없이 준비해야 한다. 지진이라는 특수상황을 고려해 더욱 면밀히 검토해야 한다. 봉사지역 중에는 개발도상국이나 후진국이 많기 때문에 자칫하여 서류 하나의 미흡으로도 못 가게 되는 경우가 있을 수 있기 때문이다. 열린의사회에서는 철두철미하게 각종 서류와 의료장비를 준비하였다. 필요한 구호물품이나 약품들을 후원해 줄 수 있는 기관과 회사를 적극적으로 물색했다.

아이티 당국 역시 여진 가능성과 지진 직후 폭동과 혼란으로 무턱대고 봉사를 받을 수도 없는 처지였다. 전문가들도 역시 앞으로 다시 강력한 여진이 있을 수도 있다는 의견을 내놓은 상태다. 또한 지진 발생 후 약 60여 차례의 여진이 발생하였다. 사후 처리의 미흡함과 더운 날씨로 이질 및 장티푸스 등 각종 전염병의 2차 감염이 우려되고 있었다. 봉사를 다니고 나서 생긴 가장 좋은 습관 중 하나가 '역지사지' 정신이다. 봉사 초기엔 늘 의욕이 앞서는 경우가 많아 그들의 늦은 의사결정이나 거절이 무조건 불합리하게만 느껴졌다. 그럴 때면 흥분하기보다는 상대방의 입장이 되려고 일부러 최면을 건다. 그러면 마음 속 치밀어 오르는 '조급함'이 이내 '차분함과 이해'라는 다른 감정으로 바뀌었다.

| 두 달의 기다림 끝에 |

두 달여의 시간이 흐르면서 더 이상은 여진이 없을 것이라는 외신 보도가 이어졌다. 아이티에서 봉사를 와도 된다는 공식적 허가가

{ 아이티 }

났다. 유비무환이라 했던가. 우리는 철저한 준비를 해두었던 터라 즉각 출발할 수 있었다. 아이티 재난 이후 방송과 매체에서 모금 운동을 계속하였다. 작은 정성들이 모아져 모금액은 나날이 늘어가고 있었다. 이럴 때 정말 실감하는 게 하나 있다. 세상이 돌아가는 진짜 이유 말이다. 세상이 제대로 돌아가는 이유는 나쁜 사람들도 많지만, 그만큼 좋은 사람도 많기 때문인 것 같다. '열린의사회'는 바로 좋은 사람들이 모여 연습이 잘된 오케스트라처럼 움직여 희망의 하모니를 내고, 세상을 변화시켜 나가고 있다. 다른 때보다 단체에 아이티 봉사를 문의하는 사람이 많았다.

지진발생 이후 두 달이 지난 3월 13일 아이티로 출발할 수 있었다. 공항까지 가족들이 나와 아이티로 떠나는 것을 걱정했다. 아들의 걱정스러운 눈빛이 잠시 내 발목을 잡았지만, 이미 떠나기로 결심한 마음을 흔들지 못했다. 나는 '걱정하지 마라'는 눈빛으로 그를 안심시켰다. 공항에 도착하자 드디어 떠난다는 것이 실감났다. 설렘으로 가슴이 뛰었다. 그곳엔 그 어떤 것으로도 대신할 수 없는 소중한 생명들이 우리를 기다리고 있기 때문이다. 높은 경쟁률을 통과해 최종 멤버가 구성되었다. 가정의학과, 내과, 비교기과, 산부인과, 소아과, 외과 등 14명의 의료진이 참여하였다. 의료진과 함께 자원봉사자 8명. 사무국 식구 2명을 포함해 총 24명이 아이티 봉사의 정예요원이 되었다.

아이티는 일단 물리적으로 굉장히 먼 곳이기에 항공료만 기백만 원을 호가한다. 일부에서는 해외봉사를 가면 봉사단체에서 항공료와 일체의 체류비를 지원해 주는 것이라 생각하지만 원칙적으로 자비 부담이다. 이렇게 자비 부담을 하는 이유는 여러 가지다. 우선 봉사 단체의 재원 확보가 어렵다. 약품과 의료장비 등 봉사물품을 조달하는 것은 재정적으로 어려움이 많기 때문에 출국비용은 스스로 책임진다. 봉사자의 모든 비용을 지원하는 경우 순수한 목적으로 참여하는 것이 아닌 경우도 있다. 봉사를 통해서 해외여행을 하고 싶다거나 다른 이유로 봉사단체를 찾는 사람들이 있을 수도 있다. 물론 젊은이 중에 봉사에 순수한 뜻은 있지만, 상황이나 여건이 되지 않아 전체를 부담할 수 없다면 일부 예외는 있다. 그럼에도 자비 부담의 원칙은 순기능이 많다. 자기비용을 들여 봉사를 할 경우 봉사 참여도가 더욱 적극적이고 능동적이 될 수밖에 없다.

사람은 자기의 소중한 것을 스스럼없이 내어줄 때 성장과 보람이라는 선물을 받게 되는 것 같다. 나에게 삶과 죽음의 참된 의미라는 철학적인 선물을 준 아이티. 내가 태어나 처음 가 보는 미지의 장소다. 아마도 큰 지진이 일어나지 않았더라면 평생 이름도 모르고 지냈을 국가일지도 모른다. 각종 외신에서 여전히 치안이 불안하고 흡사 전쟁터와 비슷하다는 보도가 연이어졌다. 치안도 문제지만 '지진이 또 일어나면 어떡하지?'하는 등의 막연한 불안감이 머릿속에서 계속되었다. 하지만 이런 원초적인 불안과 두려움에서 나는 점차 해방되어 갔다. 아이티로 봉사하러 가기로 마음을 먹은 순간부터 나의 초점은 '재난난민'에 맞춰져 있었다. 우선 그들을 안전하게 돕는 것이 내 임무라는 판단이 서자, 하늘이 우리를 도울 것이라는 믿음이 생겼다.

이런 나의 심리상태가 고맙지만 한편으론 너무 낙관적인 판단이라는 생각이 들 때도 있다. 하지만 신은 나에게 이미 '죽음의 문턱'을 경험하게 했고 그 대신 죽음에 대한 공포에서 해방시켜 준 것일지도 모르겠다. 이제 나는 내 인생에 대해 헛된 욕심 같은 것은 없다. 언제나 부질없는 삶의 욕심을 내려놓을 수 있는 용기가 있기에 아이티로 가기 위한 첫 여정인 뉴욕행 비행기에 홀가분한 마음으로 몸을 실었다. 정상적인 일정대로라도 꼬박 만 이틀이 걸리는 먼 곳이다. 하지만 처음부터 여정이 순탄치 않았다. 뉴욕 JFK공항에 도착할 무렵 강한 비바람에 비행기가 지진이 난 듯 요동을 쳤다. 약 3번의 착륙시도가 실패하였고, 결국 인근 공항에 임시 착륙하게 되었다.

사람들은 다들 불안해하기 시작했다. 나도 처음부터 이런 고비가 올 줄 예상치 못했다. 착륙과정에서 비행기가 과도하게 흔들려서 어지럽고 속이 울렁거렸다. 주위를 둘러보니 몇몇 사람들은 구토를 하고 두통에 고개를 들지 못하였다. 놀이동산에서 바이킹을 연속으로 1시간 정도 탄 느낌이랄까. 약 1시간 반 동안 임시 착륙한 공항에 대기를 했고, 이후 다시 JFK공항에 간신히 착륙하였다. 그때 도착한 시간이 현지시간으로 낮 12시경. 그러니까 예정보다 약 4시간이나 늦었다. 휴식할 틈도 없이 한 시간 동안 간단히 짐을 정리하고 다음 비행기 탑승에 나섰다.

이후 뉴욕공항에서 델타항공이라는 미국 비행기에 올랐는데, 이번엔 비행기 기장이 나타나질 않았다. 내 평생 비행기를 타면서 이런 황당한 일은 처음이었다. 약 3시간이나 지난 후 기장이 나타났다. 휴가중이였는데 복귀날짜를 잘못 알아서 그랬다며 손을 들고 너스레를 떨며 웃으며 기내를 지나간다. 그런데 승객들의 반응이 의외였다. 박수를 쳐주며 기장의 치매 초기현상(?)에 박수를 보냈다. 현지 승객들은 이미 쏟아져 버린 물인데 화를 내면 무슨 소용이 있겠는가라는 다소 느긋하고 긍정적으로 생각하는 습관이 몸에 밴 것 같았다. 성질 급한 한국인들로서는 이해가 되지 않았다. 한국 같았으면 아마도 고성과 욕설이 오갔을 상황이라고 생각하니 세상을 보는 관점이 중요한 것 같았다. 도착하기 전부터 이해가 안 되는 황당한 사건의 연속이었다.

기장의 유머와 함께 3시간 반의 비행 후 중미 도미니카의 산토도밍고 공항에 정상적으로 착륙하였다. 이곳에 내리니 따가운 햇볕이 먼저 우리를 맞아 주었다. 기다리고 계시던 현지 교민 서준석 목사님이 우리를 발견하자 시원한 미소로 반갑게 환영해 주셨다. 준비한 버스를 타고 바로 아이티 국경으로 이동하는 대장정이 시작됐다. 국경에서 까다로운 짐 검사로 귀중한 2시간을 지체하게 되었다. 낭비한 일정이 안타까워 우리는 다음날부터 부지런히 움직였다. 6시간 넘게 버스를 타고 도착한 아이티 포르토프랭스. 한국에서 출발 후 만 이틀 만에 목적지에 도착하였다.

| 폐허가 된 현장 |

지진 후 2달이 지나서인지 도로 주변에 기울어진 담벼락과 군데군데 금이 가거나 완전히 무너진 건물 잔해만이 이곳이 지진이 일어났던 곳이라고 말해 줄 뿐이었다. 그동안 방문했던 여러 나라들 중 상황이 가장 열악했다. 잔해들이 바닥을 굴러다녔고, 뿌연 먼지가 하늘을 뒤덮었다. 그러나 상상했던 썩은 시체 냄새, 약탈과 소동의

모습은 다행히 보이지 않았다. 서울을 떠나기 전 국립의료원에서 장티푸스와 말라리아 예방주사를 맞긴 했지만 현지의 상황이 크게 나쁘지 않아 일단 한시름 놓았다. 내가 사는 집이 갑자기 지진이 난다면? 상상하기도 싫은 일이었다. 보금자리가 한순간에 재로 변한다면 하늘이 무너지는 심정일 것이다. 앞으로 이 수많은 집들을 복구하게 될 광경을 생각하니 눈앞이 캄캄하다.

폐허 현장은 이미 영화 속 한 장면 같았다. 현실이라고 보기에는 참혹한 수준이었다. 무너진 콘크리트 더미를 치운 곳에 임시로 마련된 천막과 텐트가 어지럽게 정렬되어 있었다. 이 텐트는 100만여 명으로 추정되는 이재민들에게 곧 다가올 우기를 피할 수 있도록 유엔 등 국제기구와 국경없는의사회 등 구호단체에서 마련해 준 임시 쉼터였다. 아무리 사람이 환경에 적응을 잘 한다지만 '깨끗한 마실 물과 음식도 없이 전염병이 창궐하는 현장에서 살 수 있을까'하는 비장한 생각이 들었다. 한편으로는 기약도 없이 난민생활을 해야 하는 아이티 사람들에 비하면 우리의 잠시 동안의 불편함은 아무것도 아니라는 생각에 다시 혼란스런 마음을 가다듬었다.

가끔 세상은 혼자 힘으로는 살아갈 수 없는, 잘 맞물려 돌아가는 정밀기계와 같다는 느낌이 든다. 우리가 이곳에서 안전하게 봉사할 수 있게 도와주는 일등공신인 우리 군인들, 바로 평화유지군(PKO) 때문에 문득 이런 생각이 들었다. 우리는 이들과 서로 맞물려 세상을 돌아가게 하는 국제봉사라는 에너지를 만들어 내고 있었

[↑] 지진이 휩쓸고 지나간 아이티 재난 현장. 평화유지군 단비부대원이 현지 상황을 설명하고 있다.

다. 사실 아이티는 치안불안 때문에 국제원조나 인도적 차원의 자원봉사와 같은 도움의 손길조차 선뜻 청하지 못하고 있던 터였다. 하지만 평화유지군과 함께 봉사를 하니 마음이 든든했다.

| 도움받는 나라에서 주는 나라로 |

당시 아이티는 지진으로 인해 약탈과 방화는 물론이고 가족을 잃은 여성과 아이들을 대상으로 성폭력까지 난무하고 있었다. 이재민 캠프에서는 남성들과 일부 여성들이 쇠파이프나 칼을 들고 교대로 밤샘 순찰까지 할 지경이었다. 아이티 당국은 한국이 240여 명으로 구성된 평화유지군인 단비부대 파견을 약속하고서야 우리의 봉사방문을 허가해 주었다. 단비부대는 실탄 총을 메고 아이티에서의 일정을 우리와 함께했다. 정부는 1,000만 달러의 지원금과 함께 240명으로 구성된 유엔 평화유지군을 아이티에 파견하기로 결정했다. 지원금이 당초 발표금액보다 10배로 증액됐고 유엔의 요청을 받아들여 파병까지 하기로 한 것은 매우 적절하고 국익증진에 크게 도움이 되었다.

한국은 193개 유엔 회원국 가운데 약 20위권의 국제적 위상을 차지하는 중견국가이다. 또 한국은 반기문 유엔 사무총장을 배출함

{ 아이티 }

으로써 세계적 리더십 반열에 한 발을 걸치고 있다. 정부가 세계무대에서 한국의 역할을 확대하여 국익을 확보해야 한다는 확고한 대외정책 기조를 실천하는 것은 바람직한 일이었다. 이제 한국이 "받는 나라에서 주는 나라로, 따라가는 나라에서 이끌어 가는 나라"가 된 것을 현지에서 절감하였다. 비단 아이티뿐만이 아니다. 세계 어느 곳곳을 가든 한국을 아는 나라들이 점점 많아지고 있다. '도움 주는' 나라가 된 만큼 우리의 국제적 힘이 커졌다는 의미를 지녔기에 봉사를 하면서 한편으로는 뿌듯함도 가지고 있다.

우리는 단비부대의 든든한 호위 아래 베이스캠프를 설치하였다. 하지만 지진으로 인해 제대로 된 건물도 없었고, 먼지나 악취가 진동해서 적당한 장소를 찾기가 쉽지 않았다. 서 목사님이 정해 놓은 천장이 있는 가정집 옥상을 숙소로 사용하였다. 얇은 매트리스에 모기장만 치고 각자 챙겨온 모기 퇴치 팔찌와 발찌를 차고 토막 잠을 청해야만 했다. 우리야말로 '난민 아닌 난민'이 된 꼴이었다. 하지만 생사를 넘나든 참혹한 현장에서 서울의 편안한 잠자리를 생각하는 자체가 사치였다. 봉사에서 제일 원칙은 아마 감상에 빠지지 않는 것일지도 모르겠다. 봉사할 때의 첫 번째 마음가짐은 바로 머리는 차갑게, 마음은 따듯하게 이다. 마치 이 두 가지의 마음 자세는 동전의 양면과 같다. 두 마음이 함께 어우러질 때 비로소 참된 봉사가 된다.

[←] 현장을 지켜주는 단비부대원과
함께. 베이스캠프를 지켜 준 든든한
호위군이었다.
[↓] 단비부대원이 진료받으러 온
아이의 손을 잡고 있다.

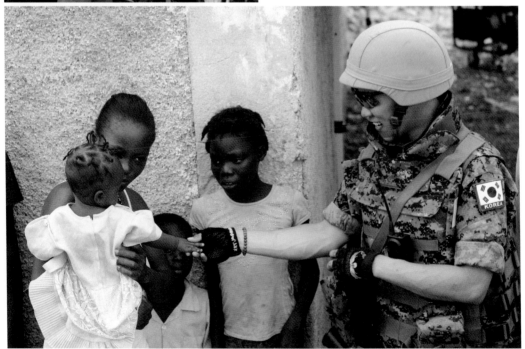

{ 아이티 }

우리는 자원봉사자 본부와 난민촌을 왔다 갔다 하며 난민 대상으로 진료를 계획대로 추진해 나갔다. 난민촌의 상황은 매우 열악했다. 누더기나 다름없는 천막 안에서 한 끼 식사도 제대로 해결하지 못하는 처지였다. 어른, 아이 할 것 없이 의사를 처음 본다는 사람들이 대부분이었다. 복통과 염증, 종양에 외상 후 스트레스 장애까지 고통을 호소하는 사람들이 많았다. 각종 전염병 치료와 지진 당시 입은 각종 타박상을 치료하였다. 특히 지진 당시 화재로 인한 화상 환자가 많았다. 화상치료를 제때 받아야 하지만 이미 시기를 놓친 환자들이 너무도 많았다. 안타까운 마음이 북받쳐 올랐지만 꾹 참았다. 한 환자에게 마음을 쓰다 보면 잔상이 머리에서 떠나지 않아 실수할 여지가 있기 때문이다.

산부인과나 외과 의료진은 즉석에서 여러 차례 수술을 시행했다. 하지만 우리들이 노력하는 마음과 달리 환경이 따라 주질 않았다. 가정집 주택의 좁은 옥상에서 봉사단원들이 함께 어우러져 잠을 자다보니 충분히 피로를 풀 수가 없었다. 잠은 5시간 내외에 그쳤다. 봉사기간은 총 6일이었다. 5일간은 종일진료를 진행했고, 하루는 오전진료만 예정되어 있었다. 그 시간 동안 한 명의 환자라도 더 돌보고 싶은 마음에 우리 모두 점심을 굶어가며 진료시간을 늘렸다. 우리는 아침부터 저녁까지 매일 다른 지역을 다니며 총력을

[↑] 현지의 아이티 통역사와 함께. 봉사지에서는 항상 웃음을 잃지 않는 것이 중요하다.

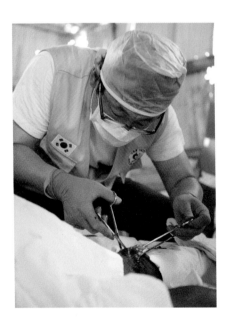

[←] 외과 의료진의 다리 수술. 환경은 따라
주지 않았으나 최선을 다해 수술에 임했다.

{ 아이티 }

기울여 진료하였다. 다른 때보다 긴 일정이었기에 체력조절이 필요했다.

　어떤 곳은 뙤약볕이 내리쬐는 곳에서 텐트를 치고, 어떤 지역은 쓰러져 가는 교회 건물에서, 또 어떤 동네는 바람 한 줄기 통하지 않는 밀폐된 곳에서 진료를 하였다. 우리는 이런 열악한 환경엔 이미 내성이 생긴 터인지, 열과 성을 다하여 환자 진료에 임했고, 다행히 진료는 큰 차질없이 진행되었다. 환자들은 의사를 만나 치료를 받는 자체에 이미 큰 위안을 받고 있었다. 하루아침에 지진으로 살던 주거지를 잃어버리고 부상을 당했으니 이들의 황망함은 말로 표현할 수 없는 상태였다. 외상 후 스트레스라는 정신적 충격에 시달리고 있었다. 많은 나라 의료진들도 현지에서 활발한 진료와 구호활동을 펼쳤다. 하지만 대부분 수도를 중심으로 국한된 장소에서 활동이 이루어져 난민촌이나 수도 외곽의 사람들은 지원을 받지 못하는 실정이었다. 따라서 우리는 의료지원의 혜택에 접근하기 어려운 피해지역을 중심으로 진료를 진행했다.

| 먹을 음식이 없어요 |

열악한 봉사환경에서 중요한 것은 단원들의 식사였다. 나는 이번

봉사에서 가장 어려운 업무 중의 하나인 식사를 담당하게 되었다. 정상적인 상황에서 음식은 맛이 중요하나 재난 봉사현장에서는 이 원칙을 잘 지켜 내기가 어렵다. 중요한 것은 마지막 날까지 소비할 식량을 생각해 양 배분을 잘하는 것이다. 30년이 넘는 주부 경력에도 이것은 늘 버거운 숙제다. 해외봉사에 충분한 물자를 가지고 가는 것은 쉽지 않았다. 우선 의료장비의 무게가 엄청나기 때문에 음식재료를 충분히 챙기기 어렵다.

아이티 봉사에선 다른 때와는 달리 기본 주식인 쌀은 물론이고 라면 등 비상식량을 턱없이 모자라게 준비해 왔다. 사실 봉사단이 출발하기 전에는 각종 음식재료를 현지에서 충분히 조달할 수 있다고 현지 안내자로부터 연락을 받았기 때문이다. 그러나 막상 도착해서 보니 현지의 사정은 완전히 달랐다. 항상 해외오지와 재난봉사는 간접적인 정보와 현지의 사정은 다르기 때문에 사전답사가 필수다. 이번 봉사는 시간이 부족하여 사전 현지답사를 할 수 없었다. 이때 새삼스럽게 사전답사의 필요성을 느꼈다. 어느 음식이건 재료를 조달하는 것이 쉽지 않았다.

음식이 부족할 때면 단원들 중 가장 난감한 사람들이 의료진이다. 화장실 가는 시간까지 아끼고, 맘 편히 물 한 잔 마시는 여유조차 없이 진료하는 이들에게 식사까지 간단히 하라고 하는 것은 힘들 일이었다. 하지만 먹어야 체력이 생기고, 그래야 환자를 따뜻하게 위로하는 편안한 진료를 할 수 있다. 이렇게 식사가 중요했지만 보급품의 현지 조달이 어려워 충분한 식사를 제공할 수 없었다. 드디어 의사들이 배고프다고 아우성을 치기 시작하였다. 봉사를 하러 와서 허기를 느끼기 시작하면 진료에도 문제가 생긴다. 나는 이럴 때면 이미 요리하며 허기를 달랬다고 선의의 거짓말을 하고 내 몫을 의사들에게 양보하였다. 우선 의사들의 체력이 문제없어야 1차 진료가 가능하기 때문이었다. 옛 어른들이 자식 입에 밥 들어가는 것과, 논에 물 들어가는 게 가장 좋다는 말을 이곳에서 실감하였다.

그러나 '인생사 궁극통'이라고 궁하면 통한다고 했던가. 식사 당번이 되어 요리 준비에 고심을 하고 있을 무렵이었다. 마침 미국에 사는 한국인 세 가족이 봉사를 와서 우리와 함께 숙소를 쓰게 되었다. 이들이 우리의 구세주가 될지는 처음엔 몰랐다. 우리가 준비해 간 김치와 감자, 참치캔 등 기본 반찬은 3일이 지나자 모두 동이 났다. 앞으로 어떻게 식사를 만들어야 할지 막막했다. 그렇다고 식사당번으로서 아무것도 준비하지 않고 손을 놓을 수는 없지 않은가. 나는 그들이 준비한 물자를 보고 놀랐다. 준비성이 철저한 미국 문화를 경험한 그들이라 그런지 각종 비상식량을 충분히 가지고 왔다.

물론 우리도 폐허 속에서 마트를 찾아내어 채소를 조달하기도 했다. 그러나 매번 총을 메고 지키고 있는 가게에 물건을 사러 가는 것이 무섭고 위험했다. 또한 마트에서 파는 물품의 가격도 비쌌다. 지진으로 인해 제대로 된 물건을 구할 수도 없었다. 한국 음식은 구경도 할 수 없었다. 고육지책으로 한국계 미국인들의 음식 보관함

[←][↑] 허허벌판이 되어버린 아이티.
곳곳에 지어진 천막을 제외하면
현장에는 남아 있는 것이 아무것도
없었다. 의료진이 진료를 볼 장소도
역시 천막뿐이었다.

{ 아이티 }

을 이용하였다. 정말 미안했지만, 양해를 구하고 식량들을 얻어왔다. 그들은 재난 상황인 아이티 봉사를 나서면서 철저하게 준비를 해온 듯했다.

나는 체면을 무릅쓰고 그들의 도움으로 우리 동료들의 먹거리를 챙겼다. 이들은 무려 5일 정도를 아무 소리 안 하고 잘 참아 주었다. 같은 봉사자로서의 동지애와 그리고 우리가 한국사람이었기에 차마 말을 하지 못했던 것 같다. 그들도 이쯤에서 멈추겠지 하며 기다리다가, 이들도 이러다가는 자신들의 몫까지 없어져 버릴 것 같은 불안감이 들었나보다. 우리에게 음식을 왜 충분히 준비해 오지 않았는지 조심스럽게 물어보았다. 고맙고 미안한 마음에 얼굴을 들기가 어려웠다. 여차저차 그동안에 있었던 사정을 말하자 그들도 이해해 주었다. 나는 이해해 주는 것만으로도 고마웠다.

언젠가 서울이나 미국에서 그들을 만나면 그때 정말 고마웠다고 멋진 식사를 대접하고 싶다. 함께 봉사하던 미국인 세 가족 중 두 가족이 의사가정이었다. 핏줄은 한국인이지만 이들을 보며 미국사회의 '노블리스 오블리주'라는 말을 생각했다. 의사라는 직업이 고귀하다는 것이 아니라 자신의 재능 기부를 적극적으로 할 수 있다는 것이 부러웠다. 자식에게 말이나 이론이 아닌 행동으로 조기 봉사교육을 실천하고 있는 미국문화의 대해 배울 점이 많았다. 나도 우리 아들과 몇 차례 국내봉사를 다닌 적이 있다. 봉사를 해야 한다는 백 마디 말보다 한 번의 봉사가 낫다는 것을 실감할 수 있었다.

현지에 한인 서 목사님이 여러 가지로 음식을 지원해 주었지만 늘 양이 부족했다. 현지 목사님도 재난현장에서 음식조달에 한계가 많은 것은 마찬가지였다. 식사에 관한 또 하나의 에피소드가 생각난다. 흔히 봉사를 다닐 때 음식을 여유 있게 챙겨 갔을 경우엔 현지인들과 나눠 먹는 경우도 다반사다. 하지만 이번 봉사에선 한국에서 음식을 턱없이 부족하게 가지고 왔기 때문에 우리 먹을 것도 늘 부족한 상태였다. 현지인들과 나누어 먹을 상황은 더욱 아니었다. 봉사현장의 훌륭한 간이식사인 라면과 샌드위치조차 맘대로 먹을 수 없었다. 재난현장에서 의식주를 제대로 조달하며 사람이 살아간다는 것이 참 어렵다는 것을 절감했다. 남들이 보는 앞에서 무언가를 먹는다는 것 자체가 실례이고 위험일 수도 있는 상황이었다.

단원들은 3명이 조를 짜서 교대해 가며 차 안에서 준비해 간 샌드위치를 먹을 수밖에 없었다. 현지인들을 피해 숨어서 먹어야 하는 미안함과 함께 음식을 넉넉히 준비해서 이들과 함께 나눌 수 있었으면 얼마나 좋았을까 하는 생각이 들었다. 샌드위치 한 쪽으로 끼니를 때우면서 이곳에서는 수만 가지 후회와 아쉬움이 교차하였다. 가져간 지갑의 돈은 충분하였으나 도대체 음식을 구할 수가 없었다. 서울에서 그 흔한 피자나 자장면 배달이 무척이나 그리웠다. 점심 먹는 것도 치밀한 시간계산 아래 신속하게 먹어야 했다. 지진으로 인해 전기나 수도, 통신들이 모두 마비상태였다. 해가 있을 때 가능한 매일의 정해진 일정을 마감해야 했다.

우리는 일정 내내 해가 진 후에야 늘 숙소에 복귀했다. 그러다 보니 숙소에 오면 전기가 들어오지 않아 늘 어둠과 사투를 벌여야 했다. 정전이 된 늦은 밤, 가장 어려운 마지막 숙제는 바로 샤워다. 서울생활에 익숙한 나는 봉사를 가서 가장 힘들고 어려운 난관이 씻는 것이다. 평소 한국에서 매일 샤워를 하는 습관이 있었지만 이곳에서 그것은 사치였다. 샤워를 하다 랜턴이 꺼져 미끄러지기는 경우가 다반사였다. 봉사단원들끼리 한 지붕 아래 밥도 해 먹고, 샤워의 고충까지 공유하고 나면 동지애 비슷한 것이 생겼다. 시간이 갈수록 이 동지애는 더욱 진해졌다. 어려움 속에서 연대 의식이 강해지는 느낌이 들었다.

[→] 마실 물조차 부족한 현장의 상황은 처참했기에 난민들에게 식수를 나누어 주었다.

자식을 낳고 키워 본 경험이 봉사를 다닐 때면 더욱 소중히 다가온
다. 나는 항상 해외봉사를 갈 때면 예상보다 넉넉히 경비를 준비해
간다. 빈곤국을 방문하기 때문에 비상금이 필요한 순간에 직면한다.
이번 아이티 봉사 역시 마찬가지였다. 봉사일정 중 어느 날 10살짜
리 여자아이가 동생을 데리고 진료소에 왔다. 그 소녀의 눈엔 아이
의 순수함은 온데간데없고 슬프고 비통한 느낌이 서려 있었다. 통
역으로 전해 들은 바로는 엄마가 죽은 지 일주일이 지났는데, 아직
장례를 치르지 못했다는 것이다. 장례를 치르지 못하였고 덥고 습
한 날씨에 시체가 이미 썩고 있는 건 아닌지 걱정되었다.

이로 인해 아이들의 위생문제도 염려되었다. 나는 지갑에서
500달러를 꺼내 소녀의 손에 조용히 쥐어 주었다. 예전에 탤런트
김혜자 씨의 '사람은 그리고 아이들은 소중하기 때문에 꽃으로도
때리지 말라'라는 책의 구절이 생각났다. 꽃으로도 때리지 말아야
하는 아이의 가슴에 생겨버린 커다란 상처를 치유하기 힘들어 보였
다. 이후 바쁜 일정 탓에 장례를 지냈는지 등 그 후 소식을 전해 듣
지 못했지만, 그들이 내 작은 성의 표시에 기운을 얻고 세상에 혼자
가 아니라는 위안을 받길 바랄 뿐이었다. 서울에 와서도 길거리에
서 또래의 여자아이를 보면 가끔 소녀의 얼굴이 아른거린다.

아이티에서 가장 위험한 곳으로 손꼽혔던 시티솔레. 이곳은 교도소 붕괴로 무려 3천여 명의 죄수가 탈옥한 상태였다. 다른 봉사단체가 진료를 꺼리는 곳이었고, 실제 약탈을 당한 적이 있다는 곳이기에 우리 봉사단도 상의 끝에 가지 않기로 결정했던 지역이었다. 한국군 단비부대가 호위해 주신다는 말에 힘을 얻어 가기로 했다. 타 의료팀에서도 꺼리는 곳이다 보니 우리 손길이 더 필요하리라는 생각에 약간의 위험을 감수하기로 했다. 이곳은 모두가 들어가기를 꺼리는 지역이라 우리마저 외면하면 그 마을 사람들에게 전혀 희망이 없어 보였기 때문이다.

[→] 접수받은 환자를 의료진에게로 안내 중이다.

아니나 다를까 우리의 선택이 옳았음을 가자마자 느낄 수 있었다. 역시 다른 지역에 비해 아픈 사람이 많았다. 열이 39도를 넘는 폐렴환자, 유방농양환자, 설사로 인해 탈수증이 심한 환자 등 진료를 마치고 나니 진료시작 전의 두려움은 사라지고, 든든한 한국 군인들의 미소와 어려운 진료를 마친 뿌듯함으로 피곤과 걱정이 순식간에 사라졌다. 나 역시도 아들을 둔 엄마라 그런지 단비부대 우리 군인들이 하나같이 모두 내 아들 같았다. 위험한 이곳에 오기로 결정하기까지 마음고생이 심하지 않았는지, 또한 가족들에겐 어떻게 하고 왔을까 등 만감이 교차하였다.

어디 출신이며 제대 후에는 학교로 복학하는지 등 여러 가지 반가움과 궁금증이 교차하였다. 이들 중 부산이 고향이라는 한 20대 초반의 군인은 나를 보고 자기 엄마가 생각난다며 눈물을 글썽였다. 함께 사진을 찍어 줄 수 있냐고 제안을 했다. 함께 밝은 모습으로 사진을 찍었다. 전쟁터 같은 폐허의 현장에서 부모를 그리워하는 젊은 병사의 얼굴에서 나를 걱정하고 있을 서울에 있는 아들 얼굴이 떠올랐다. 항상 봉사를 다니면서 더욱 절실히 우리가 누군가의 소중한 가족이라는 사실을 더욱 절감하게 된다.

우리는 마지막 진료 날에는 잠시 시간을 내어 단비부대 평화유지군 캠프를 방문했다. 우리 군인들이 주둔한 부대를 방문한 것은 일정에 없었기에 인상적이었다. 든든한 한국 군인들이 우리를 맞이했다. 어렸을 때 어른들로부터 6·25전쟁 이후 원조 받던 때의 우리

{ 아이티 }

의 비참한 모습들에 대해 많이 들었었다. 그런데 이젠 우리나라도 숱한 어려움을 이겨 내고 다른 나라를 도울 수 있게 되었다는 생각에 가슴이 뿌듯해졌다. 그들이 자랑스러웠고 우리의 국력이 신장되었다는 것을 이들을 통해 느낄 수 있었다.

| 4년 후인 지금, 아이티는 아직도… |

진료를 마치고 무사히 귀국길에 오르며, 다양한 단상들이 내 머리를 스쳐 갔다. 가난한 아이티 사람들에게 지진이라는 큰 피해가 발생한 건 큰 불행이고 우리 모두 가슴 아파해야 할 일이다. 하지만 아이티의 역사를 볼 때, 가난은 어느 정도는 그들 스스로에게도 사회적으로 구조적 책임이 있다는 생각이 들었다.

순박하게 보이는 부분도 있지만 게으르고 낙천적인 국민성, 자기 위주로만 생각하고 남을 배려할 줄 모르는 자세 등이 심각한 문제로 보였다. 봉사를 할 때도 기본적인 줄서기가 지켜지지 않아 질서를 유지하기가 힘들었다. 물론 각자 살기 힘든 상황에 누가 남을 배려할 수 있을지 모르는 일이지만 그럼에도 불구하고 기본적인 시민의식이 너무 없었다. 안전에 대한 의식이 결여되어 있었고, 계속된 경제상황 악화와 사회인프라 구축 등의 실패는 재난의 복구를

[↑] 캠프를 찾아온 환자에게 진료에 대해 설명하고 있다.

더욱 어렵게 만들었다. 지도자와 국민이 함께 힘을 합쳐 좋은 사회를 만드는 것이 쉬운 일이 아니라는 생각이 들었다.

　지진 피해가 없는 한국에 산다는 것은 정말 감사한 일이다. 지진이야말로 천재지변이다. 이것은 사람의 힘으로 예측할 수도 없고, 막을 수도 없는 일이다. 이것은 온전하게 '신의 영역'이다. 지진이 나는 건 인간의 몫이 아니지만 극복해야 하는 건 오롯이 '인간의 몫'이다. 아이티 국민에게 이런 것을 지적하는 것이 재난 상태에서 무리한 생각일지도 모르겠다. 그러나 스스로의 정신적 자각과 각성이 한없이 아쉬웠다. 한편으로는 문명화가 진행될수록 개인주의가 심화되어 전통사회의 덕목이 많이 사라지지 않을까 하는 우려는 기우였다. 오히려 인터넷 등을 통한 빠른 정보 공유를 통해 국제 민간 단체 간의 협력이 증대되었다. 이젠 아이티 같은 먼 나라도 우리 이웃이 어려움에 처했을 때처럼 도와줄 수 있는 따뜻한 세상이 되었다는 생각도 들었다.

아이티는 재난 당시엔 국제적 원조를 받았지만, 이후 지속적인 지원이 이어지지 않아 여전히 어려운 지역이 많다. 봉사 이후에도 꾸준히 아이티와 관련된 방송이나 외신매체를 통해 간접적으로 접하고 있다. 하지만 아이티는 아직도 지진이 난 직후부터 시간이 멈춘 것 같은 곳이 많았다. 무너진 건물과 가옥이 복구되지 않았고, 인도 위에 아무렇게나 쌓여 있는 쓰레기 더미는 가축들의 먹이가 되었다. 물도 전기도 없이 낮에는 폭염과, 밤엔 추위와 범죄의 공포와 싸워야 했다. 과연 이곳에서 하루를 버틸 수 있을까 싶을 정도로 참혹했다. 이재민들에게 이같은 고난의 생활은 이제 4년째였다.

아이티 정부는 약속된 구호기금이 늦어진다며 국제사회를 원망했다. 하지만 그동안 아이티 구호를 맡아온 UN은 아이티의 재건 리더십을 문제 삼았다. 재건사업을 제대로 수행할 역량이 부족하고, 국제사회 지원금을 허비하고 있다며 비판했다.

1995년 강도 7.3의 일본 한신 대지진이나 2008년 중국 쓰촨

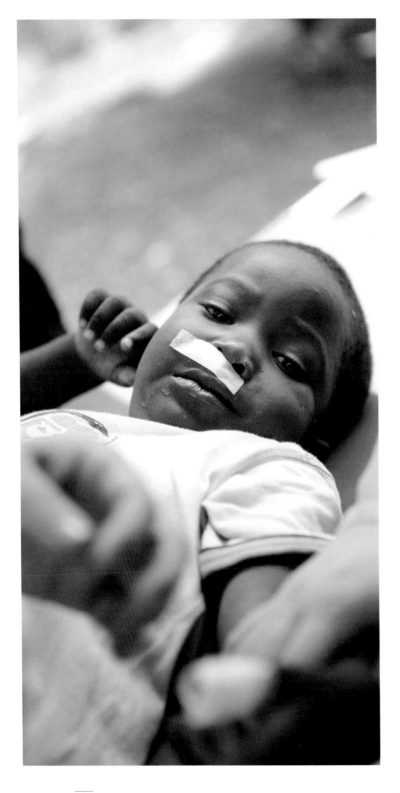

[←] 주삿바늘을 보고
겁에 질린 아이. 아프지
않다고 달래며 손을 꼭
잡아 주었다.

{ 아이티 }

성 대지진 같은 경우는 5년 정도 지나면 지진 전만큼은 아니지만 일부는 복구가 되었다. 양국은 다른 나라의 대사를 초청해 도움을 청하는 등 국가가 체계적으로 대처한다. 하지만 아직도 아이티의 경우 4년이나 지났지만 정상적인 복구가 이루어지지 않았다. 이것은 재난 이후 국가의 대응능력이 미흡하기 때문이 아닐까? 지금도 재난의 고통에서 벗어나지 못한 이재민들이 하루 속히 어두움에서 벗어나길 오늘도 기도한다.

[↓] 진료를 받기 위해 몰려든 사람들. 치안과 질서 유지를 위해 진료소 밖에는 단비부대가 호위를 하고 있다.

천재지변에 의한 재난 봉사의 가르침을 전하다

중국

동서양의 무지개 다리, 우루무치에서 온 편지

China

정해진 길대로 걷던 반복적인 일상에 한 가지 변화가 생겼다면, 봉사의 재미를 알게 되었다는 것이다. 몽골에서 두 번의 진료를 끝내고 난 뒤, 나는 봉사의 재미에 제대로 맛이 들렸다. 진작 하지 못했던 것에 대한 후회가 되었지만 후회는 접어두고, 이제부터라도 꾸준히 해야겠다는 마음을 먹었다. 꾸준히 무언가를 한다는 것이 쉬운 일은 아니지만, 한번 마음을 먹으면 시간을 쪼개서라도 '나 자신과의 약속'을 지키는 편이다. 그렇게 마음을 먹자 다음은 쉬웠다. 이제는 어디로 갈지에 대한 고민이 생겼다. 현재는 약 한 달에 한 번 꼴로 여러 번의 봉사 일정이 잡혀있다. 그렇기에 선택의 폭도 넓고 기회도 많다. 그러나 당시에는 해외봉사가 상반기와 하반기 이렇게 1년에 두세 번 정도만 예정되어 있었다. 따라서 한 곳을 선택하더라도 신중하게 결정해야 했다.

2005년 2월에 스리랑카 일정이 공고되어 있었지만, 피치 못하게 시간이 맞지 않아 갈 수 없었다. 해외봉사에 가는 것은 약 일주일간의 시간이 소요된다. 하지만 전체를 놓고 보면 단지 7일 만에 끝나는 것이 아니다. 나도 봉사에 직접 참여하기 전까지는 해외봉사는 단순하게 다른 지역에 가서 봉사를 하는 것이라고만 여겼다. 하지만 겪고 보니 그 이외의 많은 시간이 필요했다. 우선 가기 전의 스케줄 조정과 봉사에 대한 준비시간이 필요하다. 갔다 와서의 후유증도 약 한 달이 넘게 갔다. 다시 한국 일정에 적응하기 위해 봉사기간 동안 바뀐 생체리듬을 돌려놓아야 했다. 또한 봉사 기간 동안 누적된 피로감을 해소하기 위해서도 부단한 노력이 필요하다.

그럼에도 불구하고 봉사는 무언가 나를 끌어당기는 중독성이 있다. 가기 전에는 좋아하는 사람을 만나는 것처럼 두근거린다. 갔다 와서는 나를 돌아보며 삶의 윤택함에 감사함을 가지게 한다. 15년이란 시간이 흘렀지만 이것은 변하지 않는 진리로 남아있다. 그런 중독성 때문인지 이번에 온 기회는 놓치고 싶지 않았다. 봄날의 꽃샘추위가 시들어 가는 4월 중순 경, 중국 우루무치(Urumqi)로 가는 봉사에 대한 공지가 올라왔다. 중국 북경이나 상해는 이미 우리가 익히 알고 있는 중국의 핵심적인 도시들이지만, 중국의 우루무치라는 지명은 처음 듣는 생소한 곳이었다. 중국이라는 그 거대한 땅덩어리가 가진 광대함에는 많은 것이 숨겨져 있다. 내가 이름을 알고 있는 지역보다 모르는 곳이 훨씬 많을 것이다. 우루무치도 그중 하나였다. 알 수 없는 것으로 가득 찬 드넓은 대지. 그곳에는 과연 무엇이 있을까?

공항에 도착하자 열린의사회 플랜카드가 가장 먼저 나를 반겨주었다. 이번에 우루무치로 떠날 인원은 꽤 많았다. 내과, 안과, 정형외과, 치과, 한의학과 등 의사 10명과 자원봉사자 15명을 합해 총 25명이었다. 특히나 SK그룹 후원이 후원하여 SK애경(아이캉) 병원과 협력하여 의료활동을 나섰기에 취재단도 동행했다. 또한 특별한 사람도 만날 수 있었다. 배우 엄지원이다. TV에서만 보다가 실물을 접하니 훨씬 예뻤다. 조막만 한 얼굴에 웃는 모습이 매우 청아하고 맑았다. 그녀는 이때의 첫 만남 이후 열린의사회 홍보대사로 위촉되기까지 했다. 직접 봉사에 참여하는 그녀를 보자 '직업과 관계없이 돕고자 하는 마음만 있으면 누구나 할 수 있구나'라는 것을 새삼 깨달았다.

우리 모두 한 명도 늦는 사람 없이 4시 전후로 모두 도착했다. 나는 시간약속에 굉장히 철저한 편이다. 아들과 약속을 할 때도 약속장소에 1분이라도 늦으면 용납하지 않았다. 뒤도 돌아보지 않고 그냥 집으로 돌아갔다. 일부러 그렇게 칼처럼 가르쳤다. 이렇게 단체생활을 할 때 시간예절은 가장 기본적이고, 그 사람의 첫인상을 좌우하는 지표이기 때문이다. 처음 보는 사람들 간의 어색한 침묵이 이어지자 누군가 '이번에도 잘 부탁한다'는 말을 떼며 분위기를 전환시켰다. 하지만 나는 이 짧은 어색함에 대한 걱정을 그리 오래하지 않는다. 숙소에 도착하고 같이 봉사를 시작해 일정이 끝날 때쯤이면 적어도 1년은 알고 지내던 친구처럼 친해져 있기 때문이다.

저녁 하늘을 날아올라 드디어 우루무치로 향했다. 예정보다 한 시간 늦어진 8시 10분에 비행기가 이륙했다. 점점 해가 지며 땅거미가 살포시 내려앉고 있다. 하나둘씩 밝혀지는 불빛이 도심 곳곳을 비추고 있었다. 하늘에서 보는 야경은 언제나 아름답다. 아마 야경을 가장 잘 감상할 수 있는 장소는 하늘 위가 아닐까? 조금 더 나아가자 끝없는 고비사막이 펼쳐진다. 창밖에서 시선을 거두고 이동 시간이 얼마나 남았는지 알기 위해 경로안내 스크린에 눈을 두었다. 형광색으로 이어져 있는 비행이동 경로가 스크린 위에 그려져 있었다. 몽골의 수도 울란바토르를 지나 아직도 한참을 더 날아가야 했다. 몽골 초원에서 이어진 고비사막을 지나 5시간 30분의 비행 끝에 드디어 실크로드의 서쪽, 우루무치에 도착했다.

| 아름다운 목장, 우루무치 |

우루무치(烏魯木齊)는 신장위구르자치구의 수도이자 정치, 경제, 문화의 중심지이다. 신장위구르는 중국 서부 최대의 도시인데 몽골과 카자흐스탄, 파키스탄, 키르기스스탄 등 8개 국가와 맞닿아 있다. 신장위구르와 가까이 있는 중앙아시아 국가 대부분은 재미있게도 이름의 뒤에 '스탄'이라는 꼬리를 달고 있다. 이 '스탄'(Stan)이라는 말은 땅이나 영토를 뜻한다. 고대 인도어로 스탄의 의미는 땅, 러시아어로는 거주지, 페르시아어로는 장소라는 뜻을 가진다. 이 지역의 주민들은 대부분 이슬람교를 믿는 무슬림이다.

위구르자치구는 한나라와 당나라 때 실크로드가 개척되어 인구가 급속히 늘어났다. 반면 청나라 때는 민족과 종교 간의 분쟁으로 인구가 많이 줄어들었다. 이 지역은 위구르족과 한족, 몽골족, 만주족, 타타르족 등 47개의 여러 민족으로 구성되어 있다. 그중 자치구의 주체인 위구르족은 자치구 총인구의 41.5%, 전국 위구르족 총인구의 99.8%를 차지한다. 우루무치도 위구르족이 많은 도시 중 하나이다. 하지만 현재 중국 당국의 한족 이주정책으로 한족이 75.3%로 가장 많고, 위구르족은 12.8%를 차지하고 있다.

우루무치는 위구르어로 '아름다운 목장'이라는 뜻을 가지고 있다. 아름다운 목장이라는 단어를 보면, 광활한 푸른 초원에 양떼와 염소떼들이 자유로이 풀을 뜯는 목장의 모습이 상상된다. 그런데 이와는 반대로 '광대한 목초지'라는 뜻도 함께 가지고 있다. 예로부터 전쟁과 싸움을 많이 벌였던 격전지이기에 그런 별칭이 붙었나 보다. 어떻게 보면 비슷한 말임에도 그것이 주는 느낌은 분명한 차이가 있었다. 이렇게 한 지역을 두고도 뜻이 상이한 우루무치의 이중성, 어떤 매력을 지녔을지 더욱 궁금해졌다.

[→] 우루무치로 향하기 전,
공항에서. 의료약품과 기기
등 챙길 것이 많아 항상
짐이 많아진다.

{ 중국 }

그러나 그 매력을 파헤치러 가기도 전에 한 가지 난관에 봉착했다. 통관이 지연되었기 때문이다. 몽골보다 이곳의 통관은 더 까다로웠다. 한국에서 가져온 약품의 통관이 계속 지연되자 기다리는 이들도 하나둘씩 지치기 시작했다. 늦은 밤중에 도착했기에 다들 피곤했는지 꾸벅꾸벅 조는 사람도 생기기 시작했다. 공항의 간이 의자에 앉아 갈 곳을 잃은 무리는 통관이 이루어지기만을 기다렸다. 두 시간 정도가 지나자 드디어 통관이 이루어졌다. 이것도 그나마 빨리 통관이 이뤄진 것이라고 했다. 도착한 약품을 확인하고 품에 안고서야 비로소 우리는 공항 밖으로 나갈 수 있었다.

| 중국과 이슬람, 이색적 문화의 집결지 |

밤이라서 공기가 쌀쌀했지만, 체감상 4월의 우루무치의 기온은 한국과 비슷하다. 약간 다른 점이 있다면 공기가 한국보다 탁하고 답답한 느낌이었다. 대도시이지만 바다로부터 2,300km 이상 떨어져 있기 때문에, 세계에서 바다로부터 가장 멀리 떨어진 곳이기도 하다. 3면이 바다인 한국의 공기와는 확실히 달랐다. 알고 보니 중국에서 대기오염 농도가 가장 심각한 지역이었다. 버스를 타고 자리에 앉자마자 다들 단잠에 빠졌다. 아무것도 하지 않고 기다리는 일

이 오히려 더 몸을 힘들게 한다. 달리는 차안의 미세한 덜컹거리는 소음만이 공기를 메웠다. 죽은 듯이 이동하여 숙소에 도착했지만, 바로 잠에 들 수는 없었다. 이동의 피로를 풀기도 전에 다시 아이캉 병원에서 온 의료지원팀과 미팅이 기다리고 있었다.

우리는 그들에게 현지에 대한 정보를 구체적으로 듣고, 우리가 앞으로 진행하게 될 봉사의 방향에 대해서 의견을 나누었다. 주로 어떤 질환으로 환자들이 고통을 겪고 있는지, 지역의 환경과 의료체계 등에 대한 정보를 얻었다. 앞으로 진료에 들어가기 전 그 지역의 문화와 특성을 이해하는 것은 중요하다. 한국에서도 각기 다른 지역에서 진료하던 의사들이 모였고, 봉사자들도 마찬가지였다. 국내봉사에 가더라도 지역주민의 성격과 발병률이 높은 병에 맞춰 의료진을 선정하고 약을 챙긴다. 그러므로 현지에 대한 사전 지식도 없이 환자의 상태를 정확히 파악하면서, 교감을 나눈다는 것은 불가능하다. 아이캉 병원의 의료진과 미팅까지 모두 마치고서야 잠들 수 있었다. 일상적인 취침시간보다 한참이나 늦었다. 덕분에 금세 잠에 빠져들었다. 잠을 자는 시간은 참 신기하다. 잠에 든 지 10분도 채 되지 않은 것 같은데 벌써 아침이 밝았다.

진료지로 이동하는 버스 안에서 어제는 단잠에 빠져 보지 못했던 시내의 모습이 눈에 띄었다. 과일과 채소, 간단한 아침을 파는 작은 노점상들이 줄지어 서 있다. 그 뒤로는 크고 작은 빌딩이 현대도시의 면모를 보여주었다. 우루무치는 사막 한가운데에 있는 도시이

[↑] 하늘에서 내려다본 고비 사막. 드넓게 펼쳐진 사막이 인상 깊었다.

지만 만년설이 녹아내린 물이 있어 268만 명에 달하는 인구가 살고 있다. 마치 과거와 현재가 공존하는 거리의 풍경 같았다. 그런데 그곳에서 그동안 내가 보았던 중국의 전통 건물양식과는 확연히 다른 건물이 우뚝 솟아 있었다. 이슬람 사원인 모스크였다. 이미 우루무치의 문화적 특성에 대해서 알고 있었지만 실제로 보니 더 신기하고 매력적이었다. 중국 특유의 분위기와 이슬람의 건축양식이 동서양의 문화가 어우러진 묘한 분위기를 풍겼다.

　　일반적으로 우리가 생각하는 중국의 전통가옥은 북부지방의 북경을 중심으로 하는 한족의 사합원 양식이다. 하지만 우루무치의 위구르족은 이슬람 문화의 영향을 받아 이슬람 교리를 따르며 살아간다. 이렇게 생활양식 전반에 이슬람 문화가 관여하니 건축양식도 그것에 영향을 받았다. 중국은 광활한 영토에 다양한 민족이 살고 있어서 이에 따라 전통가옥의 형태도 매우 다양하게 나타난다. 수많은 소수민족 중 위구르족은 중국 이슬람교 민족 중에 후이족 다음으로 많다. 위구르는 이슬람교를 중국에 전파하며 중앙아시아에서 동서 문화교류의 중간다리 역할을 했다. 건축양식뿐 아니라 지나다니는 사람들의 생김새도 달랐다. 동양과 서양의 피가 섞였기 때문인지 중국인보다는 오히려 터키인에 가까운 외형을 가졌다.

중앙아시아에 사는 여러 민족 중 신장 자치구에 사는 위구르족은 유독 100세 이상의 장수 노인이 많다. 중국 전체 100세 인구의 25%가 위구르 노인의 수이다. 이들은 주로 살구나 복숭아, 사과 등 과일을 즐겨 먹는다. 사막지대이기 때문에 채소재배가 어렵지만, 천산산맥에서부터 끌어 들인 물을 사용하여 당도가 높은 신선한 과일을 수확한다. 위구르 주민들은 살구를 특히 좋아하는데 집집마다 살구를 키우며 겨울에는 말린 살구를 먹고, 살구씨도 버리지 않는다. 살구씨의 기름은 동맥경화를 억제시키는 작용을 한다. 장수 노인들은 육식보다 채식을 즐긴다. 중국인이라면 누구나 즐겨 먹는 돼지고기를 먹지 않고 양고기나 닭고기를 먹는다. 위구르족은 이슬람교를 믿기 때문이다. 이들의 식습관과 생활양식에는 종교의 영향력이 뿌리 깊게 자리하고 있다.

진료는 우루무치시의 어느 문진부에서 진행되었다. 주로 서민들이 이용하는 병원이다. 병원은 숙소로부터 약 5분 거리에 위치해 있었기에 걸어서 이동했다. 아침부터 기다리고 있는 환자들이 많았다. 모든 상황이 너무도 열악했다. 진료실부터 시작하여 대기하는 곳도 마땅치 않았다. 한국에서 병원을 방문하면 기본적으로 앉아서 기다릴 수 있는 의자라도 있지만, 이곳 주민들은 대부분 서서 진료를 기다리고 있었다. 병원에서 언제 다시 올지 모르는 해외진료를 위해 비용을 소모해 간이의자를 구입하는 것이 여의치 않았나 보다. 주민들은 다들 새치기라도 당할세라 앞사람 뒤에 딱 붙어서 차례를 기다렸다. 대기장소를 통제하는 봉사자들의 목소리, 환자들의 웅성대는 소리가 병원 안까지 크게 들렸다. 마치 시장통을 방불케 했다.

　나는 이번 봉사에서 새로운 것을 배웠다. 지난 몽골에서의 봉사에서는 두 번 모두 한의과 보조를 했었는데, 이번에는 처음으로 내과 보조를 맡았다. 혈당과 혈압을 체크하는 일이었다. 처음으로 경험하는 과목이라 생소하고 어색했다. 하나부터 열까지 배워야 할

[↑] 진료를 받기 위해 줄 서서 기다리는 환자들. 많은 사람들이 왔다.

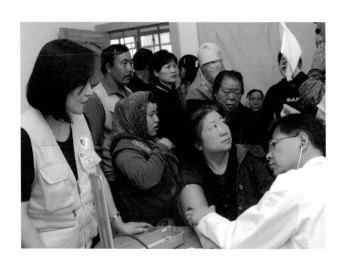

[←] 내과 의료진이 진료하는 것을 보조하고 있다. 사람이 많아 진료실도 발 디딜 틈도 없다.

것들로 가득했다. 다행히 같이 봉사자로 가신 분 중 간호사 한 분이 나를 지도 선생님처럼 도와주셨다. 그분은 혈압과 혈당 체크하는 방법을 시범적으로 보여주셨다. 그리 어렵지 않아 보여 '생각보다 쉽네?'하는 생각이 들었다. 걱정했던 것보다 쉽게 따라할 수 있을 것 같은 마음에 갑자기 자신감이 붙었다.

진료가 시작되자 다른 과보다도 내과로 사람들이 몰려들었다. 가난한 나라일수록 기초적인 내과 진료를 받지 못한다. 그래서 빈국으로 갈수록 내과로 환자들이 몰리는 편이다. 혈압과 혈당을 체크하기 위해 환자들과 가까이 마주하자 고약한 냄새가 났다. 냄새로 인해 쉽게 숨을 쉴 수 없어 간신히 입으로 조금씩 숨을 들이쉬었다. 몽골보다는 나은 편이었지만 우루무치 사람들도 자주 씻을 수 있는 여건이 되지 않는 듯했다.

의사를 처음 만나 본다는 사람들은 신기하다는 표정으로 우리를 쳐다보았다. 어색한 것은 나도 마찬가지였지만 내가 먼저 다가가야 했다. 찾아오는 환자 한 명 한 명에게 눈을 맞추고 최대한 밝게 웃으면서 맞이했다. 웃음은 분위기를 변화시키는 좋은 수단이다. 내 웃음이 그들에게 전염되어 같이 미소를 보이면 더없이 기뻤다.

첫 번째 환자가 내과를 방문했다. 40대 중반 여성이었다. 혈당체크를 위해 손을 만지자 거친 손등이 피부로 느껴졌다. 건조한 기후와 오염된 수질 때문인지 나이보다 겉늙어 보이는 사람들이 많았다. 우선, 이곳에 오기 전 밥을 먹었는지 물어보았다. 공복 혈당과 식후 혈당은 수치 차이가 크기 때문이다. 그녀는 밥을 먹지 않았다고 대답했다. 대답을 들으며 혈당측정기에 내장된 채혈침으로 검지 하나를 찔렀다. 검붉은 피가 손끝에 동그랗게 한 방울이 맺혔다. 아픈지 걱정이 되었다. 어제 저녁 간단히 배운 중국어로 말을 걸었다. "통(痛), 부통(不痛)?" 영어를 못 알아듣는 주민들이 많아, 간단한 말은 중국어로 소통해야 했다. 살며시 웃으며 "부통(不痛)"이라고 말했다. 답을 듣자 채혈이 성공한 것 같아 마음이 놓였다. 채혈된 피를 리트머스지에 옮기자 혈당기계에 숫자가 나타났다. 205mg/dl. 혈당수치가 높게 나왔다. 공복임에도 높은 수치를 보이는 것을 보니 인슐린 분비능력이 떨어진 듯하다. 당뇨병이 의심되는 수치였다.

　　혈압과 혈당을 체크한 뒤 내용을 수기로 적어 내과 전문의에게 넘겼다. 우리들이 작성한 기록이 의료진이 문진 시 필요한 자료가 된다. 환자 한 명의 당 체크를 무사히 마치니 스스로 만족감이 생겼다. 기다리고 있는 환자들도 모두 거뜬히 해낼 수 있을 것 같은 예감이 들었다.

다음 환자가 들어왔다. 채혈침을 손가락에 대고 찔렀는데 이상하게 피가 나오지 않았다. 당황하여 계속 눌렀지만, 기술이 부족한 탓인지, 환자 손에 굳은살이 많이 박였기 때문인지 피가 나오지 않았다. 환자도 의아한 듯 나를 바라보았다. 그 눈빛에 더욱 당황하여 손이 떨리기 시작했다. 실수 없이 잘할 줄 알았는데, 처음부터 능숙한 법은 없나 보다. 옆에서 같이 혈당체크를 하던 간호사 선생님에게 도와달라는 눈빛을 보냈다.

그러자 그녀는 하던 일을 멈추고 환자의 채혈을 도와주었다. 톡하고 한 번 찌르자 금세 붉은 피가 살 밖으로 새어 나왔다. 괜스레 멋쩍고 미안한 마음에 얼굴이 붉어졌다. 내가 온전히 나의 몫을 하지 못하는 느낌에 부끄러웠다. '앞으로는 잘해야 할 텐데….' 쉬워보인다고 해서 쉽게 생각한 것이 오산이었다. 다시 마음을 가다듬고 천천히 해야겠다고 마음먹었다. 제일 기본적인 작업에서 내가 실수를 한다면, 큰 의료사고로 이어질 수도 있는 일이었다. 접수부터 시작하여 혈압과 혈당체크, 진료, 약재까지 어느 한 부분에서라

[→] 당뇨검사를 위해
환자의 손에 채혈침을 놓고
있다. 의료진에게 제출하면
중요한 자료가 된다.

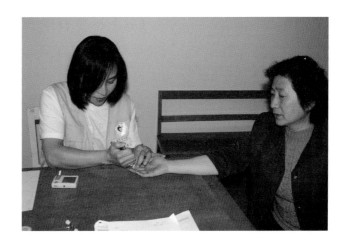

도 실수해서는 안 되었다. 부서별로 우리 몸의 신체기관처럼 각자 맡은 바를 완벽하게 해야 했다.

│ 치료할 수 없는 환자 │

내가 실수로 당황하고 있을 무렵, 정형외과에서는 중학생으로 보이는 환자 한 명과 보호자가 찾아왔다. 뇌성마비를 앓고 있는 아들과 그의 엄마였다. 진료실에 오자마자 눈물을 흘리며 지푸라기라도 잡는 심정으로 정형외과 박영근 선생님을 바라보았다. 하지만 이미 손쓸 수 없는 상태였다. 선생님은 착잡한 표정으로 "내가 지금 할 수 있는 것은 아무것도 없다"고 말하며 안타까워했다. 해외에서 온 의료진에게 진료를 받으면 '혹시라도 나을 수 있을까? 호전될 수 있을까?'라는 실낱같은 희망을 가지고 보호자들이 많이 찾아온다. 하지만 이미 때를 놓친 경우가 많다. 그래서 우리가 도와줄 수 없는 환자가 방문할 때면 정말 가슴이 아프다.

　아예 손을 쓸 수 없는 상황이 있는 반면, 현지의 기술이나 장비가 낙후되어 치료할 수 없는 경우도 있다. 이런 경우 만약 희망이 보이면, 우리가 수술비를 포함한 기타비용을 모두 지원하여 한국으로 초청 수술을 한다. 현지에서 치료받을 수 있지만 경제적으로 어

려운 경우에는 후원금을 보낸다. 그렇게 수술을 지원하는 받는 연령층은 주로 아이들이 많다. 앞으로 살아갈 시간이 많은 아이들이 빛을 보기도 전에 안타깝게 죽는 것은 너무도 허망하다. 이런 사태를 방지하기 위해 최대한 건강을 되찾도록 도와주는 것이 우리의 소명이라고 생각한다.

진료 시 나눠 주는 회충약은 첫날 진료가 끝나기도 전에 벌써 바닥을 드러냈다. 주민들에게 밤중에 항문이 가려운 사람이 있는지 물어보았다. 전형적인 요충증의 증상이다. 요충증은 백색의 가늘고 긴 충체로 인체에만 기생하고, 소아에게 많이 발견된다. 혹시 대변을 보게 되면 변에 간혹 회충과 같은 기생충이 보이지 않는지 꼭 물어보았다. 그중에서 특히 가족 중 아이가 있으면 예방적 차원에서도 기생충 약을 주었다. 혹시라도 기생충 질환이 의심되면 가족 모두가 두 번에 걸쳐 먹어야 한다고 당부하면서 약을 주었다. 그러다

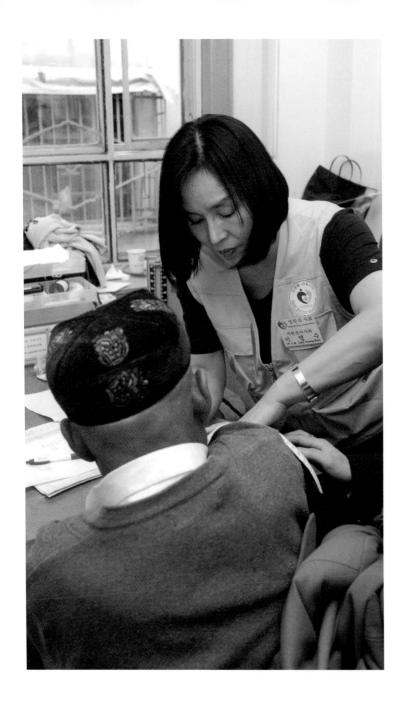

[←] 진료에 앞서
할아버지의 혈압을 재고
있다. 혈압을 재는 단순한
일도 반복하다 보니 팔이
아프고 저려 왔다. 봉사단원
누구나가 이런 고충을 안고
있었을 것이다.

보니 진료가 끝나기도 전에 동이 나 버렸다. 우루무치에서는 정기적인 회충약 복용에 대한 개념이 자리 잡지 않았다. 그래서 회충약이 빨리 소진되었다.

진료를 마칠 때가 되니 팔이 저리는 것을 느꼈다. 혈압을 잴 때 공기를 주입하는 오른손이 저렸다. 한의과 보조 때는 허리가 끊어질 듯 아프더니, 이제는 손이 말썽이다. 봉사를 시작하면, 안 쓰던 부위를 계속 움직여서 그런지 특정 부위가 쑤시고 아프다. '아마 그때 내과보조를 했던 사람도 나와 같은 고통을 겪었겠지….' 이런 생각이 드니 모두가 다 저마다의 고충이 있다는 것을 새삼 깨닫게 된다.

| 현지 문화 경험의 명소, 야시장 |

진료를 마치고 돌아가는 버스 안. 단원들 중 한 명이 우루무치의 밤거리를 구경하자는 제안을 했다. 주로 봉사기간은 일주일 정도인데, 시간이 지날수록 피로가 누적되어 구경할 여력이 없어진다. 따라서 몸의 컨디션이 좋은 첫날에 야시장을 구경하자고 누군가 의견을 낸 것이다.

색다른 구경하는 것도 좋아하는 나도 그 제안에 동참하였다. 특히, 우루무치의 야시장이 흥미를 끌었다. 숙소에 도착하자 몇 명을 제외하고 전부가 야시장을 구경에 구미가 당겨 모여들었다. 역시 쉬는 것도 좋지만, 현지 문화 경험도 재미있는 볼거리다. 우리는 여행을 가면 필수코스로 들른다는 바자르에 도착했다. 이슬람 건축양식으로 지어진 갈색의 큰 건물이었다. 한 바자르 안에는 총 4개의 건물이 있고, 건물마다 판매하는 물건이 달랐다. 입구에 들어서자 사방천지가 양고기 굽는 냄새와 연기로 가득했다. 약 12개 정도의 고기가 줄줄이 꿰인 꼬치 한 개가 단돈 2위안. 한화로는 260원 정도였다. 한국의 길거리에서 파는 닭꼬치가 1,500원 이상인 것을 볼 때 매우 싼 편이다.

골목의 한쪽 귀퉁이에는 우루무치를 상징하는 기념품과 특산물들이 진열되어 있었다. 신장지역은 특산물이 많기로 소문났다. 양모를 비롯하여 건포도, 각종 견과류가 유명하다. 화려한 액세서리들과 색색깔의 스카프, 청동 칼이 조명을 받아 반짝였다. 내가 스카프에 정신이 팔린 사이 남성들은 다른 곳에 정신을 빼앗겼다. 이리왕주(伊利王酒)라는 우루무치 특산품이었다. 나는 술을 마시지 못해서 별 관심이 없었다. 하지만 남성 단원들이 이리왕주를 바라보는 눈빛은 조명에 비친 액세서리보다 더 반짝였다. 돌아갈 때가 되니 술에서 눈을 떼지 못하던 한 선생님이 이리왕주 한 병을 몰래 계산하고 있었다. 그렇게 하루가 저물었다.

둘째 날도 어김없이 진료가 시작되었다. 내과진료실 문을 열고 들어가 보니 맛있어 보이는 생과자가 한 상자 가득히 쌓여 있었다. 누가 이런 걸 가져다 놨지? 궁금했다. 알고 보니 어제 진료받았던 환자가 고마워서 직접 만들어서 놓고 간 것. 선물을 받자 어린아이처럼 기분이 좋아졌다. 가끔 이렇게 환자들에게 소소한 선물을 받으면 고생한 보람이 느껴진다. 한편 한의과에서도 환자 한 분이 써 온 편지를 나눠 보고 있었다. 자신의 눈병을 고쳐 주어서 감사하다는 내용이었다. 편지를 보는 한의과 의료진과 자원봉사자들 모두 뿌듯한 표정이 되었다. 편지를 자랑스럽게 사진 찍으며 기록으로 남기는 사람도 있었다. 다들 생각지도 못한 선물에 한껏 들떴다. 이럴 때면 우리가 치유받는 것은 아닌가 하는 생각도 든다. 우리는 하루에도 몇백의 환자를 받지만 사실 일일이 누가 누군지 정확하게 기억하기 힘들다. 그러나 환자들은 우리의 진료와 손길, 말투 하나하나를 기억한다. 그렇기에 항상 한 명을 진료할 때도 1대多가 아니라 1대1이라는 마음가짐으로 정성스럽게 봉사에 임해야 한다.

그런데 오늘따라 유난히 내과로 환자가 몰려들었다. 어제보다 두 배는 많은 인원이었다. 이유인즉, 병원 측에서 환자들이 폭주할까봐 환자 한 명당 한 과만 진료받을 수 있도록 제한한 것이었다. 그러다보니 환자들이 모조리 내과로 몰리게 된 것이다. 이날 치과는 딱 3명의 환자를 보았다고 한다. 이 점이 마음에 들지 않았다. 오랜만에 찾아온 진료기회의 다양성을 박탈당한 것이다. 하지만, 우리 뜻대로만 할 수 없는 것이 현지사정이었다. 장소를 포함한 의료장비가 모두 우리의 것이라면 계획대로 진행하는 것이 가능할 것이다. 하지만 그것은 현실적으로 불가능한 것이었다. 해외봉사 중 특히 의료봉사는 현지의 장소섭외나 장비지원 등 여러 가지 도움이 절실히 필요하다. 마음에 들지는 않지만, 협조할 수밖에 없었다.

나라마다 전반적으로 환자들의 생김새의 특이점이 있다. 우루무치도 그랬다. 몽골과 같이 커다란 체구를 가진 사람들이 많았다. 걷는 것조차 힘들어 보이는 여인들이 치료를 받기 위해 한의과로 뒤뚱걸음을 옮겼다. 위구르 사람들은 결혼하기 전에는 날씬한 몸매를 가지고 있다가 결혼한 이후에는 양 한 마리를 통째로 먹으며 살을 찌운다. 이것은 환경적 특성과 연관이 깊다. 우루무치도 겨울이 되면 영하 20도까지 기온이 내려간다. 추위를 버티기 위해 살을 찌

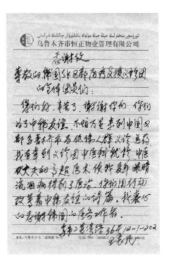

[→] 한의과 진료를 받은 환자 분이 써 온 편지. 자신의 눈병을 고쳐 주어 감사하다는 내용이 적혀 있다.

우는 관습이 우루무치에도 전해져 내려온 듯하다. 하지만 이런 관습으로 인해 관절염과 허리통증을 호소하는 환자들이 많았다.

| 깁스 치료를 못해서… |

점심이 지난 오후 2시쯤이었다. 위구르족 노인 한 명이 불편한 다리를 끌며 정형외과 문을 두드렸다. 독거노인으로 그는 2주 전 산을 오르다 높은 곳에서 떨어졌다며 다친 발을 내밀었다. 노인은 비용의 문제로 그동안 치료할 엄두도 못 냈던 것이다. 환자는 조금만 건드려도 신음을 내뱉었다. 박영근 선생님은 발을 이리저리 만져 보더니 곧 심각한 표정이 되었다. 아마도 "발뒤꿈치가 부러진 것 같다"고 말했다. 정확한 판단을 위해서는 X-ray를 찍어야 알 수 있었다. 하지만 병원에서는 찍으려면 돈을 내야 한다며 돈을 주기 전까지는 기기를 사용할 수 없다고 못 박았다. 우리가 무료로 봉사를 하는 것과는 별개로 병원에서는 눈앞에 보이는 수익을 원했다. 논의 끝에 SK측에서 비용을 부담하기로 했다. 비록 시간이 조금 지체되었지만 사진을 찍어 볼 수 있었다. 결과는 예상대로 뒤꿈치가 부러진 상태였다. 지금도 늦은 상황이지만, 깁스를 안 한 상태가 지속된다면 평생 다리를 절어야 했다. 깁스 치료를 받자 노인은 흐르는 눈

물을 손으로 훔치며 감사인사를 했다. 그의 돌아가는 걸음은 올 때보다 훨씬 가벼워 보였다.

나도 이틀 차에 접어드니 혈압과 혈당 재는 일이 익숙해졌다. 약 450명가량의 환자들을 만나고 나니 점점 스스로 능숙해지는 것을 깨달았다. 진료받으러 오는 환자들은 주로 빈민지역 주민들이었지만, 종종 비단으로 몸을 두르고 차림새가 화려해 보이는 사람들도 눈에 띄었다. 어떤 사람들인가 봤더니 병원 부원장이 부른 친지들이었다. 빈부의 격차가 완연히 드러나는 현장이었다. 이 병원 부

[←] 진료 이틀째인데도 어김없이 대기 중인 환자가 많았다.

{ 중국 }

원장은 한족과 위구르족 두 사람이었는데, 위구르족 부원장이 참 유별났다. 모든 환자들은 차례를 기다리며 줄을 서 있는 와중에 자기 아는 사람이라고 데리고 들어오며 접수처를 혼란에 빠트렸다. 혹은 치료 중인 선생님들에게 이것저것 물어보며 주의를 산만하게 했다. 선생님들은 그 물음에 차근차근 답을 주셨지만 지켜보는 봉사단원들이 다 답답할 지경이었다.

진료의 마지막 날 아침. 오늘은 몇 명의 환자들을 만날 수 있을까? 기대하며 병원으로 분주하게 발걸음을 옮겼다. 병원에 도착하니 마지막이어서 그런지 어제보다 많은 환자들이 복도를 채우고 있다. 그런데 문제가 생겼다. 우루무치 당국에서 환자수를 600명으로 정해 놓았다는 통보가 왔다. 어제는 한 과에 하나당 보게 하더니, 이제는 인원제한으로 발목을 잡았다. 우리는 기가 막혔지만, 우리의 의사와는 상관없이 당국의 결정에 따를 수밖에 없었다. 통보를 받은 뒤 한 차례의 회의를 했다. 600명으로 제한을 하게 되면 약품이 남게 된다. 이것에 대한 처리문제에 관한 논의였다. 논의결과 남는 약품을 한국으로 가지고 돌아가기보다는, 한 사람당 더 많은 양, 약 20일치 정도를 주자는 의견이 앞섰다. 그리고 남는 약품은 병원에 기증하기로 했다.

그러던 와중, 우리 모두를 걱정시키는 한 명의 환자가 들어왔다. 70대 위구르족 노인 환자였다. 무뚝뚝한 그의 표정에는 대단한 결심을 한 듯 보였다. 그도 그럴 것이 아픈 부위가 고환이었기 때문이다. 병세를 살펴보니 딱딱하게 부풀어 있었다. 통증은 크게 없다고 했지만, 가끔씩 배가 아프다고 말했다. 진단해 보니 그의 병명은 고환암. 고환암은 초기에는 증상이 뚜렷하지 않고, 대부분 통증이 없기 때문에 대수롭지 않게 생각해서 치료가 늦어지는 경우가 많다. 따라서 조기의 정확한 진단과 치료가 중요한 병이다. 이것이 심각해지면 암이 다른 기관으로 전이되어 걷잡을 수 없이 심각해진다. 이후 호흡곤란과 구토, 체중감소 등이 발생하다 사망에 이른다. 하지만 다행히 이 환자는 병의 초기에 발견되었다. 고환암은 다른 암과 달리 비뇨기과적 수술이나 방사선치료, 항암치료에 반응이 좋기 때문에 완치율도 높다. 그래서 초기 치료 시 90% 이상 완치가 가능하다.

하지만 비용이 문제였다. 수술비용을 듣자 환자의 표정이 어두워졌다. 그는 당장 치료할 비용이 없다며 치료를 포기하려는 듯 황급히 일어났다. 그러나 그냥 그를 돌려보낼 수는 없었다. 우선 그를 안정시키고 우리들끼리 긴급회의에 들어갔다. 병원과 논의해 보니 수술비가 12,000위안. 한화로는 156만 원이 든다고 했다. 비용 문제를 두고 우리단체와 병원과의 협의가 진행되었다. 논의 끝에 우리 쪽에서 반을, 병원에서 반을 부담하여 치료를 하자는 쪽으로 의견이 모아졌다. 우리 측의 비용은 단원 중 두 분이 치료비를 지원하기로 결정했다. 노인은 우리의 결정을 듣자 고맙다며 보이지 않을 것 같았던 눈물을 내비쳤다. 괜스레 그 눈물에 우리의 눈시울이 붉어졌다. 아프지만 비용이 없어서 목숨이 경각에 달리는 일은 너무도 억울하다. 우리에게도 작은 액수는 아니었지만, 그것으로 경각에 달린 한 사람의 목숨을 살릴 수 있다면 전혀 아깝지 않은 돈이었다.

돌아오기 하루 전날 우루무치 당국에서 환자를 제한했기에 의료봉사가 예정보다 일찍 끝났다. 남은 시간동안 무엇을 할까 고민하던 중 의료적인 봉사를 떠나 어려운 사람들을 직접 찾아가기로 결정했다. 의료봉사도 그 나름대로 보람되었지만 우리가 직접 찾아가자 더욱 반가워했다. 고아원과 양로원을 방문하여 아이들에게는 학용품을, 어르신들에게는 생필품을 전하였다. 아이들이 어둡거나 내성적일 것이라는 것은 나의 편견이었다. 오히려 다른 아이들보다도 밝고 개구쟁이 같은 면모를 보여주었다. 어르신들은 한참동안 내 손을 잡고 놓지 못하셨다. 거칠지만 따뜻한 그들의 손에서 묻어나온 온정은 한참동안 지속되었다. 잠깐 사이에도 정이 들어서인지 쉽게 발걸음이 떨어지지 않았다.

중국의 서쪽 끝에 위치한 이곳. 이색적인 문화가 매력적인 우루무치. 다양한 문화만큼 이방인에게도 따듯한 포용력과 온정을 베풀어 주었다. 다른 나라보다도 정이 많은 민족이었다. 그러나 빛이 있으면 그림자도 있다. 그곳에는 민족 간 가치관의 충돌로 아픔이 존재하고 있다. 신장위구르는 중국 당국과 위구르인 사이의 분쟁이 끊이지 않는 지역이다.

이곳은 중국 최대의 석유와 천연가스 매장 지역이고, 석탄과 철광석 매장량도 중국에서 둘째다. 이렇게 지하자원이 풍부한 지역이라 중국에서도 이 지역의 독립을 허락하지 않고 있다. 중국 정부는 신장위구르의 중국화를 위해 정책적으로 한족의 이주를 유도했는데, 이로 인한 부작용이 생겼다. 중국 정부가 기대했던 민족 융화는 일어나지 않고, 한족과 위구르족 사이에 정치적, 경제적 격차가 심해지며 민족 간 양극화 현상이 일어났다. 위구르족과 한족 간의 오랜 갈등은 영원히 해결되지 못하는 것일까?

한국도 아직까지 지역갈등이 사회문제로 지속되고 있다. 중국은 한국의 수십 배에 달하는 인구와 땅이 있으니 얼마나 보이지 않는 갈등이 많을까? 언제나 느끼는 점이지만 마음의 병은 육체의 병보다 깊이도 깊고 시간도 오래간다. 민족 간의 불신과 충돌은 서로의 가슴에 생채기를 내고, 아이들에게도 전해져 뿌리 깊은 갈등을

[→] 할머니께서
빵을 만들어 오셨다.
의료봉사단에
감사하는 마음이 듬뿍
담겨 있었다.

대물림하게 만든다. 사람 사는 어디에는 저마다의 고통과 상처가
있다. 사람에게서 받은 상처는 쉽게 낫지 않는다. 하지만 이것을 치
유하는 힘 역시 사람에게 있다. 처음은 힘들겠지만, 서로 상처 주는
것을 멈추고, 아픔을 이해하고 용서하는 것이 우선적으로 해결되어
야 할 숙제가 아닐까? 그들이 보여 준 따뜻한 정(情)은 충분히 그것
을 해낼 수 있다는 증거이다.

2000년 7월, 나에게 느닷없이 봄이 찾아왔다. 나는 가까운 친구 한 명의 소개로 열린의사회를 알게 되었다. 당시 그곳은 설립된 지 얼마 되지 않은 작은 민간 봉사단체였다. 그때는 미처 알지 못했다. 이곳과의 만남이 앞으로 나아갈 삶의 이정표가 될 것이란 걸. 열린의사회를 알게 된 지 하루 만에 갑작스럽게 봉사를 할 기회가 찾아왔다. 이번에 떠나게 될 봉사지인 몽골로 참여하는 것이 어떻겠냐는 권유가 들어왔다. 새로운 장소에 적응하기도 전에 떠날 기회가 온 것이다. 마치 학창시절 새 학기가 시작되어 새로운 친구를 사귀기도 전에 가을 소풍을 가는 느낌이랄까?

처음에는 '봉사'라는 개념 자체가 막연하였다. 그래서 찾아온 기회를 잡을지 말지 망설였다. 무엇을 하는 것이 봉사인지, 해외봉사는 어떤 것인지, 의료봉사는 또 어떻게 다른지 등 쉽게 그려지지 않는 것으로 가득했다. '아직 아는 것도 많이 없는 내가 가서 실수를 하면 어쩌지?'하는 두려움도 내 발목을 잡았다. 몽골이라는 낯선 나라에 대한 생소함도 망설임의 이유가 되었다. 누군가 나에게 자세히 설명해 주었으면 좋겠다는 생각마저 들었다. 하지만 말로 전해 듣는 것만으로는 한계가 있었다. 역시 경험해 보지 않고는 모를 일이었다. 계속 물음표가 꼬리를 무는 그 세계가 너무도 궁금해졌다. 오랜만이었다. 이렇게 흥미를 가지게 되는 일이 생기다니. 하지만 그 가벼운 떨림이 나쁘지만은 않았다.

| 3일간의 발침 특훈 |

갈지 말지에 대한 고민을 여러 번 거듭한 끝에 결국 가기로 마음을 굳혔다. 왠지는 모르겠지만 일단 첫 느낌이 좋았다. 아무것도 해 보지 않고 후회하는 것보다 하고 나서 실수가 있다면 만회하는 것이 좋다고 스스로 위안했다. 아들도 흔들리는 내 마음을 잡아 주며 잘 다녀오라고 힘을 실어 주었다. 막상 가기로 결정을 하고 나니 들뜬 기분을 가라앉히느라 애를 먹었다. 빨리 몽골로 가서 현장을 경험하고 싶었다. 하지만 시간이 촉박했다. 당장 출국 예정일은 10일 뒤로 잡혀 있었다. 봉사를 가기 전 미리 진료과목으로 봉사자들이 배치되었는데, 나는 한의과 보조를 맡았다. 침도 한 번 맞은 적 없는 내가 한의과 보조라니! 진료과목에 대한 조그마한 지식도 없었기에 생소하고 어려웠다.

그런 와중에 구원투수가 나를 기다리고 있었다. 봉사자들 간의 회의시간, 나와 함께 한의과 진료를 맡게 될 선생님과 처음 만났다. 현재 세연통증클리닉의 원장을 맡고 계신 최봉춘 원장님이셨다. 지금은 TV에서 워낙 유명하신 분이지만 그때 당시만 하더라도 그의 병원은 신사역 네거리에 개업한 지 얼마 되지 않은 곳이었다. 최선생님은 걱정하는 나에게 '가기 전에 미리 병원에서 한의과 보조를 하며 예행연습을 해 보는 것이 좋을 것 같다'는 조언을 해주셨다. 나도 즉시 그 말에 동의하자, 발침(拔鍼) 하는 방법을 알려 주신다며 내일부터 당장 병원으로 나오라고 말했다.

그렇게 3일간의 특훈이 시작되었다. 내가 하던 모든 일을 제쳐놓고 한의과 업무를 익히는 데만 몰두했다. 선생님이 환자들에게 침을 놓으면 시간이 경과한 후 나는 발침을 했다. 지금도 순진하지만 그때는 더 순진했다. 잘못 뽑으면 아프기에 빠르면서도 아프지 않게 뽑기가 생각보다 쉬운 일이 아니었다. 처음에는 잘 되지 않아서 환자들이 아플까 노심초사하며 떨리는 손을 움직였다. 혼나기도 많이 혼났다. 하지만 처음부터 쉬운 일이 어디 있을까? 첫날은 어설펐지만 둘째 날부터 차츰 감각을 익혔다. 이렇게 3일간 발침과 소독하는 것을 연습을 하며 조금씩 과정을 파악했다. 그때 잘 배워 둔 덕에 지금도 발침 하나는 자신이 있다. 스스로 어느 정도 준비가 되다 보니 자신감이 붙었고, 나의 행동이 도움이 되었으면 하는 마음으로 한껏 들떴다.

[→] 의료진이 환자의 상태를
설명해 주면 현지 통역사가
환자에게 설명한다.

{ 몽골 }

드디어 출국일이 하루 앞으로 다가왔다. 출국하기 전 마지막으로
짐정리를 하며 하나하나 살폈다. 그런데 여행 갈 때 짐을 챙기는 것
과 기분이 완전히 달랐다. 놀러 간다는 마음이 아니라 그동안 느끼
지 못했던 어떤 사명감이 꿈틀대었다. 태동과 같은 사명감의 움직
임 때문일까? 유난히도 그날 밤은 밤새 뒤척이며 잠을 이루지 못했
던 기억이 난다. 그렇게 뜬눈으로 밤을 지새운 다음날. 총 13명으로
구성된 봉사대가 몽골로 떠나기 위해 인천공항에 모였다. 나는 아
직도 그날을 잊지 못한다. 7월 19일, 나의 첫 해외 봉사지인 몽골로
떠나는 비행기에 몸을 실었다. 비행기가 땅을 박차고 도약할 때의
떨림이 흡사 내 심장과 같았다. 몽골 그리고 해외봉사에 대한 기대
감으로 도착하기 전부터 설레었다.

비행기 유리창 너머 내려다보니 푸른 초원이 끝없이 펼쳐져
있었다. 몽골은 국토 전체의 평균 해발고도가 약 1,600m에 이르
는 고원국가이다. 사막이 전 국토의 40%를 차지하는데, 이 남부지
역 일대가 우리가 흔히 아는 고비사막이다. 3시간 30분 남짓동안
약 2,000km의 초원을 날아 몽골 땅에 착륙했다. 울란바토르 칭기
즈칸 국제공항은 생각보다 아담한 크기였다. 공항이라기보다 버스
터미널을 연상시키는 모습이다. 칭기즈칸과 쿠빌라이칸 등 몽골을
대표하는 지도자들의 초상화가 크게 건물 내부를 장식하고 있었다.

멋진 초상화들이 걸려 있는 모습을 보니 드디어 내가 몽골에 왔다는 것이 실감났다. 공항 밖을 나서자 가장 먼저 몽골 특유의 내음이 바람을 타고 들어왔다. 바람 속에는 흙먼지가 다소 섞여 있었다. 도착해 보니 현지시각으로 벌써 밤 12시였다.

울란바토르의 밤공기는 꽤 쌀쌀했다. 몽골의 6월에서 8월은 여름에 해당하는 시기이다. 7월에 갔으니 여름이었지만 일교차가 꽤 있었다. 한국에서의 30도를 웃도는 더운 여름날씨가 익숙했기에 몽골의 여름이 다소 춥게 느껴졌다. 몽골의 수도 울란바토르는 몽골어로 '붉은 영웅'이라는 뜻이다. 이는 혁명에 참여해 승리한 몽골인민을 의미하기도 한다. 280만 명의 몽골 인구 가운데 약 110만 명이 울란바토르에 거주하고 있으니, 토지 면적대비 인구밀도가 가장 높은 곳이다. 해발고도 1,300m의 초원성 고원에 위치하여 날씨는 비교적 선선한 편이다. 기온은 여름에는 27도, 겨울에는 영하 46도까지 떨어져 연교차가 심한 대륙성 기후를 가지고 있다. 내가 갔던 7월의 평균 기온은 최고기온이 21도 정도였고, 최저기온은 10도로 한국의 봄 날씨 같았다.

지금은 울란바토르가 많이 발전되었지만, 당시만 해도 울란바토르의 첫인상은 수도답지 않게 소박한 느낌이었다. 드문드문 떨어져 있는 가로등불만이 우리가 길을 잃지 않도록 빛을 밝히고 있었다. 좀더 시내로 들어서자 한창 공사 중인 건물들이 보였다. 도로를 이동하는 차들은 우리나라 70~80년대 차량들이었다. 한글이 적힌

[→] 울란바토르 빈민 마을 입구. 자원봉사자가 방역을 위해 소독약을 살포하고 있다.

중고차도 많이 보였다. 이런 모습을 보니 우리나라보다 20년은 느린 시간으로 가고 있는 느낌이었다. 공항에서 약 40분을 이동하여 숙소로 들어갔다. 단출한 모습의 숙소에 도착했다. 침대와 세면실이 있는 방에 두 명씩 묵었다. 숙소에 도착하니 어느덧 새벽 1시. 약품정리로 다시 한 시간을 보낸 이후에 잘 수 있었다. 먼 길을 달려왔지만 이상하게 피곤하지 않았다. 그렇게 밤이 깊어 갔다.

몽골에서의 처음 맞이하는 아침이 밝았다. 이제부터가 시작이었다. 열린의사회라는 이름이 적힌 초록조끼를 입자 책임감이 더욱 솟구쳤다. 울란바토르 빈민지역 보건소에서 이틀간 봉사가 진행될 예정이었다. 허름해 보이는 작은 보건소에는 우리들이 오기 전부터 홍보가 돼 있었는지 기다리는 환자들로 북적였다. 보건소에서 일하고 있는 몽골 사람들과 함께 어느 정도 준비를 마치자 환자들이 들어왔다. 첫 번째 환자가 들어왔다. '드디어 시작이구나!'하는 생각에 나도 모르게 잔뜩 긴장이 되었다. 경직된 나를 보더니 최 선생님이 한마디 던졌다. "서 있는 모습이 꼭 돌하르방 같네요. 긴장 푸세요." 최 선생님의 농담에 웃음이 터졌고, 다행히도 그 덕에 긴장이 조금 풀렸다.

환자들은 대부분이 몽골의 전통 옷을 입고 있었다. 한국의 두루마기와 비슷한 겉옷인 델(Del)과 모자인 말가이(Malgai), 긴 장화 모양의 신발인 고탈(Gutal)을 신었다. 델은 의복의 역할뿐만 아니라 담요나 개방된 초원에서 볼일을 볼 때 자신을 가리는 용도로도 사용된다. 이런 전통의상들은 겨울에는 대개 어두운 느낌을 주는 색깔을 즐겨 입고 계절이 따뜻해지면 색깔은 점점 밝아진다.

그런데 침대에 누워 침을 맞게 준비하는 일이 생각보다 쉽지 않았다. 겹겹이 껴입은 옷을 하나씩 벗는 시간이 생각보다 오래 걸렸기 때문이다. 옷을 얼마나 껴입었는지 침대에 오르는 데에만 몇 분이 넘게 걸렸다. 환자들이 탈의를 도와주었는데, 하나씩 옷을 벗을 때마다 양고기 냄새 같은 퀴퀴한 냄새가 진동을 했다. 옷들은 세탁을 잘하지 않아 검은 때로 얼룩져 있었다. 심한 냄새에 절로 코를 막았다. 하지만 괜히 결례를 저지른 것 같아 미안한 마음에 얼른 코에서 손을 뗐다.

환자들이 옷을 벗는 것을 관찰하다가 특이한 점을 발견했다. 그것은 그들이 신은 고탈 속에 숨어 있었다. 긴 장화 안에는 그들이 신주단지처럼 모시는 여러 가지 문서가 줄줄이 나오기 시작했다. 족보부터 시작하여 집문서 등 갖가지 중요한 종이들이 끝없이 쏟아졌다. 마치 마법주머니처럼 그 속에서 그렇게 많은 문서들이 나올 공간이 있는 것도 신기했다. 그들은 자신의 족보를 자랑스럽게 내보이며 나에게 이런저런 설명을 해 주었는데, 몽골어를 알아듣지 못했기에 단지 고개를 끄덕이며 경청해 주는 것이 내가 할 수 있는 일이었다. 종이가 너무 낡아 글씨가 잘 보이지 않았다. 아마도 신발 안에서 잦은 마찰로 인해 많이 낡은 듯했다. 하지만 그런 것은 개의치 않는다는 듯 진료가 끝나고 다시 문서들을 소중히 신발 속으로 넣었다.

왜 이렇게 그들은 신발 속에 문서들을 넣어 가지고 다닌 것일까? 몽골 사람들에게 '신발'은 그 사람 자체를 가리킬 만큼 분신처럼 중요한 것이다. 그래서 아무리 옷이 더럽더라도 신발이 깨끗하면 그 사람이 깨끗한 사람이라고 여긴다. 인도에서 발이나 신발이 하찮고 더러운 것으로 여겨지는 것과는 달랐다. 그만큼 신발에 대한 몽골인들의 애착이 강한데, 만약 실수로 상대의 발을 밟는 것도 굉장한 실례가 된다. 그래서 발을 밟으면 사과의 의미로 악수를 한다. 그들에게 발을 밟는 것은 머리를 때리는 것과도 같은 의미라고 한다. 이런 몽골의 문화적 특성을 볼 때, 그들이 가장 소중하게 생각하는 신발에 가장 소중한 문서들을 넣고 다니는 것이 이해가 되었다.

| 그들이 겨울을 나는 법 |

몽골의 환자들을 보며 또 한 가지 놀란 점이 있다. 몽골 여성들 대부분이 풍채가 매우 크다는 점이다. 허리둘레가 50인치에 가까운 환자들이 모두 풍만한 허리와 엉덩이를 자랑했다. 몽골에서는 겨울을 나기 위해 몸에 살을 찌운다. 겨울에는 영하 40도까지 내려가기 때문에 배에 기름을 채워 놔야 겨울을 버틸 수 있기 때문이다. 기름진 음식을 즐겨먹는 식생활로 인해 과체중에 시달리는 환자들은 무릎, 허리, 어깨 등의 통증을 호소했다. 육식 위주의 식사에 채소 섭취가 부족하고, 운동도 많이 하지 않아 심혈관계 질환들도 많았다. 동맥경화나 고혈압, 당뇨 등 대부분 생활질병이다. 기나긴 겨울을 나기 위

해 체중을 불리는 것이 오히려 건강에는 악영향을 주고 있었다. 그들이 보건소의 간이침대에 오를 때마다 삐걱대는 소리가 났다. 누워 있는 동안 갑자기 침대가 부서지진 않을지 내심 걱정도 되었다.

| 불안한 발침, 실수의 연발 |

진료가 본격적으로 시작되자 한꺼번에 환자들이 몰려왔다. 한국에서 미리 연습을 했지만 연습과 실전의 차이는 분명했다. 한국에서는 환자의 수도 그리 많지 않았고, 1명씩 진료소에 들어왔다. 1대1로 진행되었기에 좀더 집중하며 신중하게 발침할 수 있었다. 하지만 몽골의 상황은 너무도 달랐다. 4명에서 5명의 환자들이 한꺼번에 진료실로 들어왔다. 이미 밖에서 대기하고 있는 환자들도 수십 명이 넘었다. 나는 선생님이 자침(刺鍼)을 하면 10분 정도로 맞춰진 알람소리를 듣고 발침을 하고 알코올 솜으로 상처를 소독했다. 누울 곳이 없는 사람은 앉아서 침을 맞는 경우도 더러 있었다. 환자가 많아지다 보니 더욱 정신이 없었다. 특히나 동시에 알람이 울릴

[→] 복도를 가득히 채운 진료 대기 환자들.

때는 당황하여 실수하기도 했다. 침을 잘못 뽑아 아파하는 환자를 보며 연신 미안하다고 사과도 했다. 정말 연습마저 하지 않았더라면 큰일 날 뻔했다.

처음에는 이런 상황에 적응하지 못해 당황했다. 뽑아야 할 침을 늦게 뽑은 경우도 있었고, 알람이 울린 것으로 착각하여 침을 일찍 뽑아 선생님께 혼나기도 했다. 식은땀이 등허리를 적셨다. 하지만 쉴 틈 없이 발침을 하다 보니 차츰 요령이 생겼다. 우선 환자들이 들어온 차례를 기억하는 것부터 시작했다. 알람소리에 당황하지 않고 차분하게 발침 순서를 정하였다. 이렇게 차근차근 진행하자 마음이 안정되고 발침이 한결 수월해졌다. 그러나 내가 잊고 있었던 것이 있었다. 침 뽑는 것에만 정신이 집중되다 보니 정작 가장 중요한 것을 놓치고 있었다. 환자와 소통하는 것이었다. 말이 통하지 않는 상황에서 눈빛과 표정, 손짓, 몸짓은 훌륭한 의사소통 수단이 된다. 통역은 있었지만, 거의 표정과 보디랭귀지로 모든 의사소통을 했다. 치료 중 환자가 아프지는 않은지, 치료에 만족스러운지 확인하는 것도 중요한 일이다.

환자들이 지역적 특성으로 중화 문화에 영향을 받았던 터라 한방치료를 모르는 이들은 많지 않았다. 하지만 의료혜택을 받지 못하는 이들에게 침을 맞는 것은 태어나서 처음인 경우도 있었다. 주사 맞는 것도 무서워하는 사람들이 있는데, 커다란 침이 피부를 뚫는 데 어찌 무섭지 않을까? 침을 놓기 전에 우선 환자들을 안심시켜야 했다. 허리가 아파 찾은 30대 여성이었다. 그녀를 지켜보니 눈가에 약간의 눈물이 고여 있었다. 처음 맞아보는 침이 꽤나 아팠나 보다. 나는 그 환자의 손을 잡고 "침을 맞으면 누구나 아파요. 하지만 괜찮아요. 잠깐 아프지만 빼고 나니 괜찮죠? 잘 참았으니까 오랫동안 아팠던 허리도 분명 좋아질 거예요"라고 짧은 영어로 더듬거리며 얘기했다.

내 뜻이 통했는지 통증으로 찌푸려진 얼굴이 펴지며 미소를 보였다. 간단한 이름부터 시작하여 그 여인에게 몽골의 정보나 가족 얘기, 이런저런 사는 얘기 등을 듣다 보니 어느새 발침할 시간이 지났다. 이렇게 한의과는 유침(留鍼)시간, 즉 침을 맞고 있는 일정시간이 있어서 환자들과 이런저런 얘기를 나눌 기회가 있었다. 환자들과 얘기를 나누다 보니 그동안 여행을 통해서는 알지 못했던 것들을 알게 되었다. 실제 몽골사람들이 사는 이야기, 그들의 생각과 환경을 직접 배우고 들었다. 환자들과 얘기를 나누며 사용한 침과 알코올 솜을 분리수거하고 정리하다 보니 어느덧 하루가 지났다. 허리가 끊어질 듯 아팠지만 몸이 고단한 만큼 보람이 있었다. 이렇게 하루가 빨리 지나갈 수 있을까 싶을 정도로 오랜만에 정신없이 바쁜 하루였다.

치료가 끝나자 환자들은 "바이를라"(감사합니다)라고 말하며 진심 어린 감사의 눈빛을 보냈다. 이렇게 최근에 누군가에게 고맙다는 소리를 들어 본 적이 있었던가? 잘 기억나지 않았다. 감사하다

[←] 문을 열고 우리를
맞이한 몽골 가족. 때
묻지 않은 아이들이
순수해 보인다.

는 그 한마디가 내 왼쪽 가슴을 찌릿하게 울려 작게 전율했다. 단순
히 지나갈 때 문을 잡아 준다거나, 떨어트린 물건을 주워 주며 듣는
감사인사와는 또 다른 느낌이었다. 환자들의 눈빛을 보면 내가 누
군가에게 쓸모 있고 필요한 사람이라고 생각하게 된다. 이처럼 '나
도 누군가에게 도움을 줄 수 있구나'하는 생각은 어둡게 가려졌던
내 생활을 활기차게 만드는 작은 시작이 되었다. 감사하다는 인사
외에는 아무것도 받은 것이 없지만, 그날 저녁 부푼 가슴을 진정시
키느라 잠을 이루지 못했다.

이틀 간 울란바토르 보건소에서의 진료를 마쳤다. 이곳에서 더 이상 환자들을 만나지 못하는 것은 아쉬웠지만, 다른 곳에서 또 다른 환자들이 기다리고 있었기에 아쉬운 마음을 달랬다. 다음 진료장소는 바가누르(Baganuur). 울란바토르에서 약 120km 떨어진 조그마한 도시이다. 몽골의 가장 큰 공업생산지역 중 하나이다. 바그누르의 석탄광산은 몽골에서 제일 큰 석탄광산으로 유명하다. 그러한 특성과 어울리지 않게 조용하고 평화로운 '작은 호수'라는 별명을 가지고 있다. 우리는 해가 떨어지면 이동하기가 어려웠기에 아침부터 서둘러 약품과 짐을 챙겨 바가누르로 향했다.

짐과 사람이 뒤엉킨 지프차 3대가 나란히 도로를 달리기 시작했다. 얼마나 달렸을까? 벌써부터 지치기 시작했다. 하지만 그보다 더 험난한 비포장도로가 기다리고 있었다. 오랜만에 비포장도로를 달리는 기분은 색달랐다. 자잘한 돌의 크기가 덜컹거리는 움직임을 통해 느껴졌다. 마치 거친 흙길을 달리는 야생동물처럼 자연으로 돌아간 기분이었다. 드넓은 초원은 광활한 대지의 감동을 느끼게 해 주었다. 우리는 모두 몽골의 초원의 아름다움에 감탄했다. 언덕들은 붓으로 그린 듯 매끄럽고 부드러운 선을 자랑했다. 이름 모를 들꽃과 풀 향기가 섞인 초원은 정말 아름다웠다. 파란 하늘에 피어난 하얀 떼구름은 그림 같았고, 푸른 초원은 하늘빛과 대비되어 더욱 푸르게 빛났다. 가도 가도 끝이 없는 초원에는 이따금 말떼나 양 떼들이 지나갔다. 기술 좋은 목동은 수십 마리는 족히 넘어 보이는 양떼들을 한 마리도 놓치지 않고 이끌어갔다.

초원을 달리다 보니 이상한 돌더미들이 종종 우리를 스쳐 지나 갔다. 돌무더기에 여러 가지 색의 헝겊들이 묶여 바람에 휘날리고 있었다. 이것을 오워(Ovoo)라고 하는데, 우리나라 서낭당처럼 원 추형으로 쌓아 올린 돌무덤이다. 이것은 종교의식을 치를 때 이용 되거나 초원의 이정표 역할을 하기도 한다. 돌과 함께 보이는 헝겊 들 중 파란색 헝겊은 일반인들의 소원, 노란색은 스님들의 영혼을 위한 소원, 흰색은 어머니들의 소원을 나타낸다고 한다. 내가 본 오 워들은 주로 파란색 헝겊들로 많이 둘러싸여 있었다. 이곳에 돌이 나 돈, 우유, 보드카 등 여러 가지를 바치며 소원을 빈다고 한다. 가 까운 지리적 성격 때문인지는 몰라도 서낭당처럼 쌓여 있는 오워를 보니 한국과 비슷한 문화가 몽골에도 있다는 점이 흥미로웠다.

초원의 아름다운 경치를 감상하느라 넋을 놓고 있다가 옆 사람 이 멀미로 괴로워한다는 사실을 깨달았다. 나는 멀미를 하지 않아 몰랐지만, 다른 사람도 이미 멀미로 고생하고 있었다. 메스꺼움에 지쳐 잠든 이들이 눈에 띄었다. 차내의 과도한 흔들림이 멀미를 일 으킨 듯했다. 멀미도 멀미였지만, 더 큰 문제는 화장실이었다. 우리 모두 아침을 먹자마자 바로 차에 올랐기에 화장실을 갈 틈이 없었 다. 일정이 지체될까 걱정되어 내심 참고 있었지만, 다른 이들도 화

[↑] 몽골의 전통가옥 게르 앞에서. 게르 안은 생각보다 크고 대부분의 것들이 갖추어져 있었다.

장실이 급했나 보다. 결국 멀미를 진정시키고 생리현상도 해결하기 위해 차를 잠시 멈추고 휴식을 취하기로 결정했다.

그러나 허허벌판에서 화장실은 존재하지 않았다. 현대식 화장실을 기대한 것은 아니지만 아무것도 없는 들판을 보니 막막했다. 하는 수 없이 우리는 최대한 무성한 잡초를 찾기 시작했다. 적당한 장소를 찾자 남성은 남성끼리, 여성은 여성끼리 떨어져서 보이지 않는 곳에서 대소변을 해결했다. 이런 경우는 난생처음이라 어색하기도 했지만 그게 대수인가. 우선 생리현상을 해결하는 것이 중요했다. 참았던 문제를 해결하고 나니 다들 한결 표정이 밝아졌다. 잠시 동안 어색한 침묵이 돌았지만, 오히려 생리현상을 같이 해결한 (?) 이후 우리들은 더 친해졌다.

한 문제를 해결하니 다른 문제가 생겼다. 달리고 있던 차가 갑자기 멈추어 섰다. 타이어가 구멍이 난 것이다. 아마도 울퉁불퉁한 자갈들을 이기지 못하고 터져버린 듯했다. 갑자기 일어난 상황에 당황했지만, 다행히 비상용으로 챙긴 타이어가 있어 교체했다. 이렇게 장시간 이동을 할 때면 비상용 타이어는 필수이다. 이후에도 몇 번의 휴식과 달리기를 반복하고 나서야 바가누르에 도착했다. 여러 차례의 고비가 있었지만, 그래도 해가 지기 전에 도착해서 다행이다. 몽골은 고지대이다 보니 늦은 시간에 해가 지는데, 이 점이 긴 시간 이동하는 우리에게 도움이 되었다.

우리가 도착한 바가누르는 수도나 전기, 가스시설이 없는 오지마을이다. 그곳에 씻을 수 있는 물이 나오거나 불이 들어오는 숙소는 없었다. 화장실도 없었다. 때문에 들판에서 용변을 해결하는 것이 마을 사람들에게는 늘상 있어온 자연스러운 것이었다. 숙소는 비록 없었지만 고맙게도 마을에서 우리가 이틀간 머무를 거처를 제공해 주었다. 처음 보는 하얀 텐트가 보였다. 몽골의 전통가옥인 게르(Ger)였다. 게르는 유목생활에 용이하게 설치와 철거가 간단한 점이 특징이다. 게르 내부엔 싱크대, 냉장고, 침대까지 있어 거실, 주방, 침실이 모두 합쳐진 천막이라고 할 수 있다.

　게르 안으로 들어서니 마치 거대한 파라솔 안에 있는 기분이었다. 나무들이 천장의 중심부터 시작하여 우산과 같은 모양으로 지붕 골조를 갖추고 있었다. 내부구조는 육각형 모양으로 되어있었는데, 벽마다 하나의 침대가 길게 놓여 있었다. 처음 보는 게르의 모습에 우리 모두 신기해서 이리저리 구경하며 그 '낯설음'을 즐겼다. 촌장님은 게르에 관한 금기사항이나 풍습을 알려 주었다. 예를 들면, 난로에 물을 쏟거나 쓰레기를 버리는 것, 난로에 있는 불을 칼로 대는 것 등이 금지되어 있다. 또한 그들은 게르 안에서 휘파람을 불거나 게르 받침에 기대면 흉조를 일으킨다고 생각한다.

　잘 곳은 있었지만 화장실이 없었기에 씻는 것이 가장 큰 문제였다. 마을에는 수도시설이 갖춰져 있지 않아 씻을 곳이 마땅치 않았다. 촌장님에게 마을 사람들은 어디서 씻는지 묻자, 바로 앞에 보이는 개울처럼 보이는 것을 가리켰다. '개울에서 씻는다니?' 생각해 본 적 없는 일이다. 하지만 그렇다고 씻지 않을 수도 없는 노릇이었다. 한밤중이라 불빛이 희미하게 비춰져 얼마나 큰 개울인지는 정확히 가늠할 수 없었다. 물소리에 의지하여 개울이 있는 곳을 더듬으며 찾아갔다. 물은 예상했던 것 이상으로 차디찼다. 물에 손을 담그자 손도 수중의 온도를 따라 급속히 차가워졌다. 급한 대로 양치와 세수를 마쳤다. 입안에는 모래들이 씹혔고, 수건에도 흙들이 묻었지만 그래도 씻는다는 것에 만족했다. 하지만 너무 추웠기에 머리를 감는 것은 하루 뒤로 미루기로 했다.

몽골에는 일교차가 큰 편이라 밤이 되니 매우 쌀쌀했다. 게르의 중심부에 우두커니 놓여 있는 난로 하나만이 추위를 달래 주었다. 나무판자로 만든 침대 위에는 얇은 담요가 덮여 있었고, 이불역할을 하는 얇은 담요가 하나 더 있었다. 하지만 이것만으로는 도저히 추위를 이겨낼 수 없을 것 같았다. 그래서 잠에 들기 전에 가져온 옷들을 모두 꺼내 겹겹이 껴입었다. 반팔도 겹쳐 입고, 바지나 긴팔도 가리지 않았다. 양말도 여러 겹 겹쳐 신었다. 제대로 씻지도 못하고, 추운 상태에다 배까지 고팠다. 갑자기 한국에 있는 따뜻한 나의 집과 쌀밥, 전깃불이 그리워지기 시작했다. 왜 인간은 갖고 있을 때는 그것의 소중함을 모르는 것일까? 우울한 기분을 전환하고자 게르 밖으로 나와 잠시 들판을 걸었다.

　무심코 올려다본 하늘에 나의 우울한 마음은 쏙 들어갔다. 하늘을 보자 절로 '와-아'하는 감탄사가 터졌다. 서울 하늘에서는 보이지 않던 무수한 별들이 내 앞에 쏟아지듯 펼쳐져 있었다. 별빛의 강을 가로지르며 별똥별도 심심찮게 떨어졌다. 별똥별이 떨어지면 소원을 빈다지만 여기서도 그 속설이 이뤄진다면 하루에도 수없이 많은 소원이 이루어질 정도였다. 한참을 목이 아프도록 쳐다보다 밤하늘의 반짝이는 이불을 벗 삼아 잔디에 드러누웠다. 풀 냄새를 마시고 바람이 스치는 소리를 들으며 하늘의 별들을 바라보았다. 오감으로 느끼는 자연의 기운은 '이 하늘을 사랑하는 가족과 함께 본다면 얼마나 좋았을까?'하는 생각이 들 정도로 낭만적이고 아름다웠다. 그날 밤의 환상적인 별빛 무리는 내가 세상에 태어나서 가장 많이 본 별바다이다.

| 낙후된 의약품 공급과 유목생활 때문에… |

다음날 아침, 마을 보건소로 사람들이 모였다. 보건소의 모습은 울란바토르보다 훨씬 열악했다. 이 지역의 환자들은 수도에 비해서 의료 접근성이 떨어졌기에 의료혜택을 거의 받지 못했다. 대다수가 아직

도 유목생활을 하면서 드넓은 초원에 흩어져 있기 때문에 보건의료 서비스를 제공하기가 쉽지 않은 실정이었다. 몽골의 사회주의 정부 아래에서는 병원 이용과 치료가 무료였지만, 1990년대 자본주의로 전환 이후에 국가가 책임지던 보건의료서비스는 일부 개인 책임으로 바뀌게 되었다. 여전히 응급치료, 전염병 예방 및 자연재해로 인한 질병 등은 무료이지만, 그 외는 많은 경우 진료를 받을 때 개인부담이 늘었다. 경제발전은 느리면서 국가책임의 의료시스템을 오래 지속하다 보니 국가재정에 부담이 커졌다. 재정이 빈약함에 따라 병원시설이나 의약품 공급이 상당히 낙후될 수밖에 없다.

몽골은 1990년대에 체제전환이 이루어졌지만 보건의료는 사회주의 정부 당시의 영향이 지금까지 이어지고 있었다. 정부의 주도하에 각 아이막(한국의 도에 해당)의 중심 도시에는 종합병원을 지어서 중심의료기관이 되었다. 반면 한국에서는 군(郡)의 역할을 하는 각 솜에는 기본적인 1차의료기관을 만들어서 지역의료를 담당하게 하였다. 기초적인 검진이 주를 이루는 도심 외곽지역에서 가끔 접할 수 있는 외국인 봉사자들의 진료는 천금 같은 기회이다. 이곳에서도 기회를 잡기 위해 많은 환자들이 몰렸다. 울란바토르와 마찬가지로 한의과를 찾는 이들이 많았다. 무릎과 허리통증을 호소하는 여성들이 우리 진료부서로 찾아왔다. 이제는 침, 알코올 솜과 한 몸이 된 것처럼 보조가 몸에 익었다. 첫날보다 훨씬 침착하고 수월하게 발침을 진행했다.

[→] 약품에 대해 설명하는
의료진. 환자들은 주의 깊게
사용법을 듣고 있다.

　　점심시간, 환자 몇몇이 집에서 가져온 몇 가지 음식을 가지고
우리에게 왔다. 몽골의 여인들은 우리에게 음식을 나눠 주며 궁금
한 것들을 물어보았다. 그중 한 명은 우리를 보며 '어떻게 그렇게
예쁘냐?'고 말하며 미모의 비결을 물었다. 한국인의 체형과 피부가
이곳 사람들에게는 예쁘게 보였나 보다. '화장품은 무엇을 쓰는지,
피부 관리는 어떻게 하는지' 등 이것저것 물어보았다. 한국화장품
이 현지에서 인기가 좋은 듯했다. 그래서 화장품을 조금 줄 수 있는
지 물어보는 사람도 있었다. 몽골 사람들의 피부는 대체적으로 거
칠고 두꺼운 편이었다. 건조한 기후, 넓은 들판에서 햇빛을 차단하
는 수단도 없이 고스란히 자외선을 받기 때문에 얼룩덜룩한 반점과
기미도 많았다. 역시, 어디를 가든지 여성들이 미(美)를 추구하는
것은 공통적인 관심사다. 나도 그 마음에 공감했기에 돌아가기 전
가지고 온 화장품을 모두 나눠 주었다.

바가누르에서의 진료를 모두 마치자 마을 사람들이 우리를 만찬에
초대했다. 게르 안으로 들어서자 한 상이 거하게 차려져 있었다. 말
고기나 양고기, 고기를 넣고 튀긴 빵 등 주로 대부분이 육류로 만든
음식이었다. 상의 한가운데에는 양 한 마리를 통째로 바비큐처럼
구웠고, 다른 쪽에는 바게트처럼 긴 빵들을 쌓아 올려 각설탕으로
장식했다. 양고기 특유의 노린내 때문에 많이 먹을 수는 없었지만
맛은 좋았다. 몽골사람들에게 고기는 혹독한 자연환경을 견뎌야 하
기 때문에 중요한 식량원이다. 인원수대로 하얀 우유 같은 것이 담
겨 있었다. 마유주였다. 몽골의 유목민들이 손님을 접대할 때 빼놓
지 않는 술이라고 한다. 우리나라의 막걸리와 비슷했는데, 곡물 맛
보다는 신맛과 약간의 비린 맛이 났다. 이것은 체내의 독소와 겨울
동안 축적된 지방을 내보내 깨끗하게 해 준다고 한다. 비타민, 유기
물, 미네랄 등 많은 요소를 품고 있어 질병치료에도 활용되고 있다.

이렇게 몽골의 식탁은 주로 흰색과 붉은색으로 채워진다. 하
얀 음식은 우유나 치즈처럼 가축의 젖으로 만든 각종 유제품들이다.
유제품은 1년 내내 먹을 수 있는 보존식품이다. 그래서 여름을 비롯
한 모든 계절에 먹을 수 있다. 한편 붉은 음식은 가축에서 얻는 육류
를 일컫는 말이다. 가을에 살찐 가축들을 요리하여 육류를 섭취함
으로서 혹한기에 대비한다. 마을에서는 유제품을 집집마다 널빤지

에 펴거나 가죽부대에 넣어 천막 위 햇볕에 말렸다. 유제품을 말리기 위한 받침대를 마련하기도 하고, 새가 먹는 것을 막기 위해 죽은 까치를 매단 집도 볼 수 있었다. 이렇게 특이한 몽골의 음식 문화도 잊지 못할 기억 중 하나이다.

| 두 번째 나눔의 기회 |

일주일간의 봉사활동을 마치고 다시 한국으로 돌아오는 비행기 안. 기내의 안내음성이 몽골 땅을 떠나고 있음을 알려 주었다. 몽골에서 만난 환자들, 초원의 모습, 밤하늘의 별 등 기억의 잔상들이 스쳐갔다. 그러다 제일 가슴 깊이 파고든 생각은 '왜 진작 이렇게 봉사를 하지 않았을까?'였다. 의미 없이 지나간 시간들이 후회되었다. 몽골을 가기 전 걱정했던 부분들은 괜한 기우였다. 첫 느낌이 좋으면 그것이 들어맞는 경우가 많은데, 이번에도 그랬다. 사람을 만날 때도 선입관을 가지지 말고 보자고 늘 마음먹지만, 너무 잘 맞으니나 스스로도 놀라고 무서울 때도 있다. 다섯 딸 중 막내로 자라서인지 가족들의 감정을 잘 캐치하곤 한다. 아마도 어릴 적부터 눈치가 발달했기 때문인지도 모른다.

　봉사를 갔다 온 이후 생긴 신기한 에피소드가 있다. 돌아온 지 얼마 되지 않아 친구들과 같이 행사 하나에 참여하게 되었다. 마지막에는 행운권 추첨 이벤트가 있는데, 당첨 운이 없는 편이라 일찌감치 포기하고 누가 1등으로 나올지 구경만 하고 있었다. 그런데 사회자가 1등 발표를 하는 순간, 나는 내 귀를 의심했다. 1등 당첨에 내 번호가 불리고 있었다. 당황한 나보다 옆에 있는 친구들이 더 신이 났다. 그렇게 당첨이 되고 나니 '봉사하고 왔더니 신이 복을 주시나?'라는 생각이 가장 먼저 들었다. 이렇게 좋은 일들이 우연히 일어날 때면, 단순한 요행이 아니라 '내가 행한 과거의 좋은 행동이 지금의 행운으로 이어지고 있다'는 생각을 하곤 한다.

몽골의 기억은 시간이 지나도 잊히지 않고 기억 속에 살아 있었다. 그러던 와중 다시 2004년 열린의사회 상반기 해외의료봉사 활동을 몽골로 간다는 소식을 들었다. 근 3년 만이었다. 한 치의 망설임도 없이 봉사자로 지원했다. 다행히 몽골에 다시 한 번 갈 수 있는 기회가 주어졌다.

산부인과, 소아과, 신경과, 정형외과, 치과, 한방 등 6개과 의료진 7명을 비롯해 간호사, 치위생사, 일반 자원봉사자 등 15명이 봉사단으로 꾸려졌다. 이번에도 한의과 보조였지만 처음보다 훨씬 자신감이 붙었다. 울란바토르의 한올구 병원 진료실과 현대자동차 몽고현지법인에서 봉사가 있을 예정이었다. 첫날 한올구 병원에 도착하여 진료준비를 시작했다. 병원 내부에는 여기저기 파손된 흔적들이 보였지만 재원부족으로 손을 보지 못하고 있었다.

[↑] 다리가 아픈 환자에게 진단명을 설명하는 한의사. 여러 사람이 진료를 받지만, 침을 놓을 장소도 마땅치 않았다.

한의과 진료도 많았지만, 다른 진료소도 북적였다. 소아과 진료
실에서는 피부염과 감염질환에 걸린 몽골 어린이들이 찾아왔고, 신
경과에서는 스트레스와 우울증, 불면증, 고혈압 등에 시달리는 몽
골인들이 찾아와 진료를 받았다. 치아통증이나 생리통으로 고생하
는 여성들도 많았다. 특히 다출산 국가인 몽골 여성들에게 산부인
과의 초음파 진료가 큰 인기였다. 초음파 진료는 몽골 병원의 여의
사와 간호사들도 원하는 진료였다. 그곳에서는 의료장비가 없었기
에 우리들이 임시로 가져온 초음파 기계를 신기해했다. 직업과 환
경을 떠나 같은 여성으로서 검사받기를 원하는 것은 당연한 것이었다.

| 몸속에 돌이 있어요 |

한 명의 환자가 찾아와 자신의 신장에 돌이 있다고 말했다. 우리는
너무 놀라 우리가 가져온 이동식 초음파 기계로 검사를 해 봤지만,
돌이 발견되지 않았다. 신기하게도 이처럼 몽골 주민들은 거의 자
기의 진단명을 붙이고 말한다. 어디가 아프냐고 물으면 배가 아프
다고 하지 않고 '위에 돌이 있어요'라고 하든지, 허리가 아프다고
하지 않고 '신장에 돌이 있어요'라고 얘기한다. 이들은 물이 귀하기
에 잘 걸러지지 않은 물이나 지하수를 먹는다. 그렇기에 석회수가

쌓여 몸속에 돌이 만들어진다고 생각한다. 결석과 같은 질병도 석회수에 많이 섞인 칼슘이나 육류 섭취에 의한 콜레스테롤 증가도 중요한 원인으로 작용할 수 있다. 때문에 그러한 생각은 어쩌면 당연한 것일 수도 있다.

하지만 문제는 너무 쉽게 그런 식으로 판단하는 것이다. 허리가 아프면 당연히 콩팥이 안 좋다고 생각하고, 배가 아프면 담석이 있기 때문이라고 쉽게 생각한다. 이런 분위기는 환자들뿐 아니라 의사들에게도 퍼져 있었다. 현지 병원에서 사용하고 있는 초음파 기계가 한 대뿐이었기에 모든 사람들마다 초음파나 요로검사로 결석이 있는지 확인해 줄 수는 없었다. 병원이 보유한 기계와 재원이 부족하여 정확한 병명을 진단할 장비도 갖춰져 있지 않았다. 아마도 의사들도 정확히 확인할 길이 없기에 그렇다고 여기고 있는 것 같았다.

몽골 주민들은 대부분이 알레르기로 인한 비염과 피부질환을 가지고 있었다. 몽골은 공기가 맑고 깨끗해 우리처럼 도시의 오염 때문에 생기는 알레르기는 많이 없다. 하지만 초원의 풀에서 만들어지는 꽃가루와 관련된 물질들이 알레르기를 일으키는 주범이 된다. 또한 기생충과 관련된 질환을 가진 환자도 많다. 특히 오염된 식수가 감염의 주요 경로가 되었고, 냇물이나 강물에서 씻거나 마시다가 전염되는 경우도 다반사였다. 몽골은 아직도 물이 깨끗하지 않은 곳이 많다. 초원에서는 고여 있는 물을 걸러서 먹어야 하기 때문에 기생충 질환에 걸리기 쉽다. 기타 위생관리뿐만 아니라 식수관리가 몽골의 보건정책에서 중요한 부분이 되어야 한다고 생각했다.

| 몽골에서 마주한 새 생명 |

봉사를 끝내고 숙소로 돌아가려던 찰나, 갑자기 병원에서 우리를 불렀다. 무슨 급한 일이 있나 싶었는데, 산부인과에서 아이가 나온다는 소식이었다. 쉽게 접할 수 없는 기회였다. 나도 아이를 낳은 여성이었지만 자신이 아이를 낳는 모습은 구경할 수 없었기에 굉장히 신기하게 다가왔다. 우선 환자에게 촬영허가를 받고, 나를 포함하여 의사선생님 한 분과 카메라 기자 1명이 참관하러 갔다. 유리벽 안을 들여다 보니 산모 한 명이 진통과 싸우고 있었다. 경직된 표정과 식은땀을 흘리는 모습을 보니 아들을 낳을 때가 생각났다.

　나는 저녁부터 진통이 오기 시작하여 다음날 아침 9시 25분경에 아이를 낳았다. 들어가자마자 계속 비명을 질렀기에 병실 주변에 있는 사람들에게 유명인사가 되어 있었다. 그렇게 이틀간 고생한 이후 낳은 아들은 정말 예뻤지만, 출산 시에는 엄청나게 고통스러웠던 것으로 기억한다. 그런데 몽골의 여성들이 아이를 낳을 때의 모습은 우리가 일반적으로 생각하는 출산의 모습과 많이 달랐다. 보통 아이를 낳을 때는 진통 때문에 눈물이 나는 것은 물론이고 소리 지르고, 몸도 비틀며 고통을 표현하기 마련이다.

하지만 그녀는 소리도 지르지 않고 몸도 많이 움직이지 않았다. 얼굴에 땀은 비 오듯이 쏟아졌지만, 숨소리도 크게 내지 않고 진통과 씨름했다. 마치 자기 자신과 싸우는 것처럼 고통을 참아내는 모습이었다. 몇 시간 동안 혼자서 싸우는 모습을 보고 있는 내가 다 안타까웠다. 고통을 심호흡으로 조절하고, 자신의 정신력으로 버티는 것 같았다. 이러다가 잘못되는 것은 아닌지 정말 조마조마했다. 다가가서 손이라도 잡아주고 싶었지만 환자가 놀랄까봐 쉽사리 움직이지는 못했다. 그렇게 2~3시간이 경과했다. 몽골의 여의사가 돕기 위해서인지 손에 장갑을 끼고 이리저리 돌렸다. 엄마는 진통으로 감각이 없기 때문인지 눈치채지 못한 것 같다. 의사의 도움 덕분에 아이가 나올 것 같은 기미가 보였다. 곧 아이를 볼 수 있겠다는 생각에 손에서 땀이 났다.

드디어 자그마한 생명체 하나가 세상 밖으로 머리를 내밀었다. 아이의 머리부터 시작하여 몸통 다리까지 모두 빠져나오자 우리 모두 안도의 한숨과 탄성을 질렀다. 처음 보는 광경이었지만, 아이가 나올 때의 느낌은 글로는 표현하기 힘든 감격 그 자체였다. 신기하게도 아이를 낳고 나서 딸려 나오는 태반의 크기가 훨씬 더 컸다. 아이와 태반이 모두 나오자 유리벽을 넘어 병실로 들어갔다. 들어가자마자 나는 그녀의 손을 꼭 잡아 주었다. 고생했고 진심으로 대견하다는 마음으로 바라보았다. 옆에 서 있는 남편은 묵묵히 다독여 줄 뿐이었다. 남편이 다독여 주자 그제야 여성은 눈물을 흘렸다. 얼마나 힘들었을까? 나는 속으로 '조금이라도 살갑게 고생했다고 표현해 주지'라고 생각했다. 오히려 내가 섭섭했다. 하지만 아마도 그것이 내가 알지 못하는 그네들만의 애정표현 방식일 것이다.

10여 년간의 봉사를 하며 많은 나라들을 돌아다녔다. 필리핀, 베트남, 아이티, 최근에는 레바논까지 여러 나라를 경험했지만 몽골은 그 어떤 나라보다 인상 깊은 곳이다. 그곳을 가지 않았더라면 삶의 의미를 찾을 수 있었을까? 나는 자신 있게 아니라고 말할 수 있다. 그만큼 나는 그곳에서 값진 경험했다. 감사하다는 말 한마디의 기쁨, 몽골의 대자연과 아름다운 은하수, 사람들의 온정과 생명의 탄생까지. 위대한 자연과 인간의 감동을 올곧이 느낀 곳이다. 첫사

[←] 의료봉사단원들과 함께 설렜던 첫 해외봉사, 몽골 진료를 마치며.

랑을 잊지 못하는 것처럼, 처음이었기에 더 기억에 남는지도 모른다. 봉사의 즐거움을 알게 해 준 몽골은 첫사랑의 설렘처럼 다가와 나에게 안겼다. 그곳은 아직도 가슴 속에 뿌리 깊이 간직되어 있다.

한국

이 세상에 쓸모없는 사람은 없다

Republic of Korea

다시 봄이 찾아왔다. 봄이 되면 항상 반갑지 않은 황사는 우리의 코를 간질이며 인사를 한다. 그러나 이제는 노란구름이 아닌 잿빛구름이 한반도 위로 뿌옇게 드리웠다. 2014년 봄의 시작은 미세먼지 주의보와 함께 찾아왔기 때문이다. 뿌연 하늘은 곧 장맛비가 올 것처럼 어두웠다. 그럼에도 봄꽃들은 먼지에 굴하지 않고 얼굴을 드러냈다. 꽃이 필 무렵이 되니 미세먼지도 봄바람에 날려 차츰 수그러들었다. 이번 햇살이 따듯했기 때문일까? 올해는 작년보다 벚꽃의 개화시기가 한껏 앞당겨졌다. 10일 이상 일찍 핀 벚꽃들은 빨리 폈다는 소리가 무색하게 아름다웠다. 파란 하늘에 수놓아진 꽃망울들은 봄바람의 시샘으로 이따금 눈이 되어 흩날렸다.

봄만큼 사람을 두근거리게 하는 계절이 있을까? 사람들은 다들 설레는 마음으로 꽃구경을 위해 꽃이 되어 봄나들이를 떠났다. 그렇게 봄은 절정을 향해 점점 다가가고 있었다. 이 무렵 나는 일도 바빴지만, 한 달에 한 번 모이는 국내봉사 준비로 바쁜 시간을 쪼갰다. 몽골에서 시작한 첫 번째 봉사는 나의 뇌리에 깊은 인상을 남겼다. 문명과 동떨어진 드넓은 초원에서의 봉사는 고되고 힘들었지만, 보람된 봉사의 한 부분이 되었다. 자원봉사의 행복을 한 아름 느낀 이후 주기적으로 봉사를 할 방법이 없나 고민했다. 해외봉사는 자주 가기 힘들었고, 시간과 비용도 만만치 않았다. 그랬기에 국내에서 틈이 날 때마다 할 수 있는 봉사를 찾기 시작한 것이다. 누구나 취미를 갖고 있듯이 나에게는 그것이 봉사였던 것 같다. 누군가를 돕는 것만큼 나의 호기심과 흥미를 자극하는 일은 없었다.

그렇게 처음에는 어렵게만 느꼈던 그것이 이제는 내 삶의 일부가 되었다. 오랜 시간 행해진 자원봉사 활동 속에서 나는 또 다른 자아를 발견한다. 부족함 없이 자랐던 어린 시절의 나는, 비참하고 힘든 삶을 살아가는 이들을 만나면서 더욱 성숙해져 갔다. 내가 가졌던 작은 불만들은 그들 앞에서 한없이 사소하고, 별 것 아닌 일이었다. 타인과의 관계 속에서 나는 부족함을 깨닫고 있었다. 언제나 염두에 두지만 봉사의 주체는 '나'가 아닌 '타인'이다. 무언가 부족하거나 필요한 사람들에게 그것을 채워 주고, 편하게 해 주는 것이 자원봉사다. 내가 할 수 있는 일을 찾아 자발적으로 돕는 과정에서 상대가 기뻐하는 모습을 보니 나도 기뻤다. 사람 사이의 관계에서 얻는 가장 보람차고 행복한 일이 봉사가 아닐까?

한국의 건강보험제도는 건강합니다

그렇게 15년간 시간 나는 대로 국내외로 봉사를 다닌 끝에 이제는 전국 방방곡곡 거의 다 가 보았다고 말할 수 있다. 처음에는 열린의

[↑] 여러 물자를 챙겨 섬으로 향하는 봉사단. 함정에서 쪽배로 이동한다.

사회의 국내봉사로 시작했다. 의료적 손길이 닿지 않는 무의촌이나 수몰지역, 외딴섬 등 의료지원이 필요한 지역을 찾아다녔다. 특히, 수자원공사에서 후원하는 수몰민 의료봉사는 빼놓지 않고 거의 참여하여, 전국의 모든 댐들에 발 도장을 찍었다. 국내봉사는 해외봉사보다 준비시간이 적게 들고, 이동시간도 길지 않기 때문에 편리하다. 해외봉사는 봉사도 하기 전에 이동시간으로 이미 진을 다 빼는 경우가 허다하다. 또한 준비부터 시작하여 약 한 달의 기간이 소요되어 나의 업무를 거의 제쳐 놔야 한다. 하지만 국내봉사는 하루 내에 이동할 수 있다. 이동시간이 짧을 뿐 아니라, 주민들과 직접적으로 말이 통한다는 것이 가장 큰 장점이다.

국내와 해외봉사를 번갈아 다니다 보니 한국이 이제 선진국이라는 말이 실감이 난다. 대한민국의 1인당 GDP는 24,328달러로 이미 세계 선진국 반열에 올랐다. 경제가 성장함에 따라 사회간접자본의 수준도 높아졌다. 기업들의 활발한 사회공헌 활동도 그 안에서 시너지효과를 냈다. 개인보험에 가입하는 사람들도 늘어났고, 전 국민 의료보험제도는 다른 나라에 비해 단기간에 정착되었다. 무의촌 해소정책으로 의료 취약지역에 보건진료소를 배치하여 무의촌도 해소되었다. 이제는 전국적으로 기본적인 보건행정 시스템이 잘 갖춰져 있다. 최소한의 건강보험제도 혜택도 받지 못하는 타국의 상황과 비교해 볼 때, 국민 모두가 건강보험제도를 통해 의료혜택을 받을 수 있다는 것은 정말 다행스러운 일이다.

한 번은 충도에 봉사를 하러 갔는데, 시간이 꽤 지나도록 사람들이 모이지 않았다. 모든 준비가 됐는데 사람들이 모이지 않으니 기다리는 우리는 애가 탔다. 왜 이토록 사람들이 오지 않을까? 궁금함을 이기지 못하고 진료소 밖을 나가 보니 사람들이 집집마다 마당에 멸치를 말리고 있었다. 도시에서는 보지 못할 진풍경이었다. 멸치 수확철이라 그런지 마을 사람 모두 멸치 말리기에 여념이 없었다. 멸치를 말리고 있는 아주머니께 여쭤 보니 갓 잡은 멸치는 빨리 끓는 물에 넣고 삶아야 한다고 했다. 그리고 그것들을 3~4분 뒤에 건져서 햇볕에 반나절 말린 뒤 바로 시장에 팔아야 한다는 것이다. 창고에는 전국각지로 나갈 멸치상자가 그득했다. 하루라도 멸치잡이에 소홀하면 생계에 직격탄을 맞았기에 하루도 거를 수 없는 일이었다. 그들에게 의료검진보다 생업을 이어 가는 것이 더 중요했다.

또 하나의 일례로 몇 년 전 故김대중 전 대통령의 고향인 하의

[→] 완도군 충도리에서
봉사 출발에 앞서 해경 함정
앞에서 찍은 기념사진.

[↑] 아주머니의 진료를 접수하는 중. 멸치장사에 바쁜 시간을 내어 와 주셨기에 감사할 따름이었다.

이 세상에 쓸모없는 사람은 없다

도로 의료봉사를 갔던 기억이 난다. 목포에서 배를 타고 두 시간 걸려 도착했지만, 오지에서나 보던 비포장도로는 찾을 수 없었다. 가는 길마다 깔끔하게 포장되어 있는 도로는 도심보다 깨끗했다. 섬 지역 할머니들의 패션도 모델 못지않게 화려하다. 주민들에게 나눠 주기 위해 가져간 물품은 더디게 소진되었다. 오히려 집에 많다며 하나라도 놓고 가려는 분위기였다. 구호품을 하나라도 더 타기위해 진료소를 뺑뺑 돌며 눈치를 살피던 다른 나라의 분위기와는 확연이 달랐다. 섬 지역이라서 수도권보다 낙후되었을 것이라고 생각했던 것은 나의 오만한 편견이었다.

한국의 의료제도가 웬만큼 갖춰져 있다는 생각이 들자 의료봉사에만 초점을 맞췄던 나의 봉사방식을 바꾸기로 했다. 의료가 아닌 다양한 곳에도 사람의 도움이 필요한 곳이 있다는 생각이 들었기 때문이다. 그래서 사람의 도움이 필요한 곳, 사람의 손길이 필요한 곳에 가자고 생각했다. 그 기회는 생각지도 않은 곳에서 찾아왔다. 고려대 최고경영자과정 동문들끼리 무언가 해 보자는 의견을 나왔다. 말로만 시작했던 그것에 구체적인 계획이 그려지기 시작했다. 구체적인 회의 끝에 우연히 시작된 '무언가'는 다른 사람들과 나누며 배우는 '봉사'로 바뀌었다. 좋은 취지와 좋은 사람들이 맞물려 이어진 봉사는 한 달에 한 번씩 계속되었다.

가장 최근에 방문한 사회봉사시설이 기억에 남는다. 그중 하나가 경기도 포천시 신북면의 '해 뜨는 집'이다. 해가 뜬다! 이름만 들어도 금방이라도 아침이 밝혀질 것처럼 따스한 햇살이 그려진다. 해 뜨는 집은 지적 장애인 29명이 함께 살아가는 장애인 생활시설이다. 그곳을 방문하기 이전에 거쳐야 하는 단계들이 있다. 사전준비와 간단한 회의가 진행되었다. 해외봉사처럼 장기간의 일정이 정해진 것은 아니다. 그럼에도 그들을 위해 해줄 수 있는 무언가를 상의하고, 일정을 조정하는 시간이 필요했다. 먼저, 시설에 자원봉사를 신청해야 했다. 이미 대기자가 많은 경우에는 미뤄질 수 있기 때문이다. 요즘에 들어서 봉사자들의 발걸음이 뜸하다고 했다.

쓸쓸하다. 해마다 해외봉사로는 사람들이 몰리는데, 국내봉사는 일손이 부족하다니…. 이처럼 상반된 상황을 보니 나도 안일했던 것은 아닐까? 하고 반성하게 된다. 최근 해외봉사를 추진하는 기업들이 늘어나고 있다. 봉사는 기업의 이미지와 브랜드 가치를 높이기 위한 홍보역할을 톡톡히 하고 있다. 해외봉사자들의 경쟁률도 치열해지고 있다. 국가기관이나 기업들이 봉사에 가산점을 주기 때문이다. 따라서 그들을 돕고 싶다는 순수한 마음으로 자원하는 사람도 있지만 스펙 쌓기나 추억 만들기라는 개인적인 목적으로 참여하는 이들도 적지 않다. 자신의 경력 쌓기에 상대방을 이용하는 것은 본질에 어긋나는 일이다. 봉사의 본질은 온전히 상대를 위한 것이다. 자기가 아닌 상대방을 '돕고자 하는 마음'을 우선시하는 것이 진정한 봉사의 첫걸음이 아닐까?

| 뇌성마비 1급 원장님 |

약속한 날이 다가왔다. 우리는 그동안 준비했던 음식과 선물들을 들고 해가 뜨는 그곳으로 향했다. 서울에서부터 약 1시간을 달려 경기도 포천에 도착했다. 허름하게 지어진 갈색 건물은 비인가 장애시설이었다. 문을 열고 들어가자 선생님 한 분이 우리를 맞아주셨다. 그 뒤로 우리를 구경하는 사람들이 손님이 온 것을 어느 틈에 눈치채고 들떠 있었다. 이 시설에서 살고 있는 이들은 10대에서 40대까지 전부 중증 지적 장애인이다. 이들을 돌보는 선생님은 약 10명 남짓. 교대로 돌아가며 한 사람당 3명의 장애인을 돌본다. 오전과 오후 파트로 나눠서 이들을 돕는다. 하루 종일 하기에는 건장한 성인남성도 힘에 부치기 때문이다. 말이 통하지 않으면 힘으로 통제해야 해서 굉장한 체력이 요구되는 일이다.

우리가 들어가자 원장님이 우리를 반겨 주셨다. 원장인 박진수씨는 뇌성마비 1급이라는 중증질환을 앓고 있었다. 준비한 인사

말을 하시며 한마디를 떼는 데도 몇 분 정도가 걸렸다. 그래서 옆에 통역하는 분이 따라다녔다. 사실, 그를 처음 봤을 때 의아했다. 장애를 겪지 않는 사람도 하기 어려운 이것을 왜 시작했을까? 의문을 품던 와중 그가 들려준 이야기는 마치 영화와 같았다. 그는 태어난 지 얼마 되지 않은 어느 날 갑자기 장티푸스를 앓기 시작했다. 40도가 넘는 열에 몸은 불덩이 같았고, 구토와 설사를 반복했다. 어린 시절 앓은 장티푸스는 1급 뇌성마비 장애판정을 받게 하는 크나큰 원인이 되었다. 그 이후 줄곧 방안에 누워만 있었다.

　　그러다 문득 이렇게 있을 수만은 없다는 생각이 들었다. 이후 바깥세상과 친해지기라는 미션에 돌입했다. 그 시작으로 세발자전거를 배우는 것을 목표로 삼았다. 하지만 과정은 쉽지 않았다. 자전거 안장에 올라가는 데만 한 달이 넘게 걸렸던 것이다. 하지만 꾸준히 연습하면 이루지 못할 일은 없다. 3개월 만에 드디어 자전거를 완벽하게 익혔다. 이후에는 바보라고 놀리던 아이들의 야구 코치로 발돋움했다. 그는 독학으로 배운 야구이론을 인근 초등학생들에게 가르쳤다. 그 결과 1년 만에 포천지역 초등학교 야구에서 2등이라는 트로피를 거머쥐었다.

　　그렇게 타인과 함께하는 기쁨을 느낀 이후 사랑의 글 상담소를 만들었다. 같은 처지를 가진 장애인들에게 힘과 용기를 주기 위해 만든 공간이었다. 그는 인근 복지단체로부터 장애인 명단을 받아 그들에게 하루에 5통씩 편지를 보냈다. 처음에는 이것이 잘 될

까 고민도 많이 하였지만, 꾸준한 노력에 하늘도 감복했는지 답장
이 오는 편지들이 늘어났다. 매일 상담소로 오는 답장을 받아 장애
인들이 겪는 어려움과 고민거리를 상담했다. 이렇게 작은 노력들이
계기가 되어 장애인들을 대변하는 자리에 서게 되었다. 또한 두 권
의 책을 낸 시인이기도 하다. 원장님이 인사말을 마치자, 일제히 박
수가 쏟아졌다.

| 정에 굶주린 사람들 |

이제는 이들과 마주하는 만남의 시간이다. 29명의 동거인들에게 처
음 보는 우리는 관심대상이었다. 제일 먼저 내 곁으로 온 아이는 떨
어지지 않으려고 손과 발로 내 발을 칭칭 감쌌다. 마치 코알라가 내
발에 매달린 것 같았다. 내 주변을 맴돌며 노래를 부르고 춤을 추거
나, 갑자기 괴성을 지르기도 했다. 20대 중반으로 보이는 한 여성은
나의 다리와 팔을 연신 주물럭댔다. 팔이 아플 것 같아 그만하라고
만류하기도 했으나 나의 말은 그녀에게 닿지 않았다. 일종의 불안

[→] 봉사자들을 맞이하기 위해 모여
앉은 해뜨는집 사람들.

{ 한국 }

장애의 표현이었다. 이들은 내 몸에 치대며 사람의 온기를 느끼려는 듯 더 가까이 붙었다. 말은 통하지 않았지만, 우리가 온 것이 기쁘고 반갑다는 것을 온몸으로 표현하는 것처럼 보였다. 모두가 정에 굶주린 사람들이다. 짧은 시간동안 내가 해 줄 수 있는 것은 단지 안아주며 사랑한다고 말해 주는 것이었다.

처음 몇 분 동안에는 이 상황들이 적응되지 않았다. 내가 말을 해도 모두가 알아듣지 못하고 다들 자기 할 일에 몰두하기 바빴다. 먼 나라의 외국인과 대화하는 기분이 이런 것일까? 갑자기 소리를 지르거나 갑자기 웃는 등 돌발행동을 보이는 것도 이들에겐 일상적인 것이었다. 감정조절이 쉽지 않기 때문이다. 낯설게만 보이는 모든 것들이 나를 어색하게 했다. 하지만 생각을 바꿔보기로 했다. 우리도 어떤 때에는 매우 들떴다가 어떤 때에는 우울해지며 기분이 가라앉는 경우가 있다. 단지 이러한 감정기복이 이들에게는 좀더 자주 찾아온다고 생각하니 한결 편해졌다. 내 자신이 이해가 가지 않을 때가 있듯이, 모든 사람을 완전히 이해하는 것을 불가능하다. 머리로 이해하기보다 각자의 다름을 인정하는 것이 필요했다.

우리가 우왕좌왕하며 혼미한 상황에서도 선생님들은 능수능란했다. 말이 아니라 행동으로 표현했다. 이미 이들의 특성을 파악한 선생님들은 선생님이 아니라 가족 그 자체이다. 이들을 기른 부모로서, 때로는 혼내기도 하고 어르기도 하며 그들의 손과 발이 되어주었다. 지적 장애인들은 대부분 혼자서는 밥을 먹는 것조차 힘

들었다. 입으로 씹고 목으로 넘기는 것은 가능하지만, 손으로 밥을
먹을 수 없어 일일이 떠먹여 주어야 했다. 씻는 것도 마찬가지이다.
누군가 도와주지 않으면 제대로 씻을 수 없다. 하지만 청결에 소홀
하면 아프기도 쉽기 때문에 늘 위생관리에 힘써야 한다. 먹고, 자고,
씻는 하루 일과의 모든 것이 선생님들의 손을 거쳐 이루어졌다.

하루 동안 이들과 함께 지내다 보니 정말 선생님들이 존경스러
웠다. 일이라 생각하면 쉽게 포기할 수도 있다. 가족도 이미 포기해
버린 사람들이다. 피 한 방울 섞이지 않은 선생님들은 얼마나 힘들

[←] 해뜨는집의 뇌성마비 1급 박진수
원장님과 함께.

{ 한국 }

까? 한 선생님에게 힘들지 않느냐고 물었다. "힘들기는 하죠"라고 말하며 웃음 짓는 그의 모습에서 불만은 찾아볼 수 없었다. 아이들의 투정에도 짜증 하나 없이 묵묵하고 친절하게 이들을 보살폈다. 그 손길과 눈빛에는 이들 한 명 한 명에 대한 애정과 사랑이 있었다. 고생하는 선생님들을 보니, '나는 그동안 너무 편하게 봉사한 것은 아닌가?'하는 자책감도 들었다. 지금까지 이들이 행복할 수 있는 바탕이 된 것은 이런 선생님들의 보이지 않는 노력 덕분이다.

| 누가 장애인인가? 사실은… |

이들을 보다 보니 모두 자기 나름의 특색과 개성이 있었다. 이들도 감정이 있고, 좋고 싫은 것도 구분했다. 만약 내가 이런 아이를 낳았다면 어땠을까? 단연코, 내 뼈가 으스러지는 한이 있더라도 고쳐보려고 노력할 것이다. 지적 장애아를 낳았다고 이렇게 버리는 것이 내 상식선에서는 이해가 가지 않았다. 특히나 지적 장애는 가족들의 돌봄과 사랑이 충분하면 상태가 개선될 여지가 많다. 아무도 지적 장애아동에게 관심을 가지지 않은 채 방치하면 상황은 악화된다. 그래서 해 뜨는 집의 아이들도 다양한 치료를 병행했다. 심리재활치료, 교육재활, 운동치료 등 정기적인 재활치료를 받고 있었다.

우리는 함께 모여 찬송가를 불렀다. 멜로디를 따라 조그만 입으로 노래를 흥얼거렸다. 가사를 정확하게 발음하는 사람은 없었지만, 노래를 부른다는 사실은 인식하고 있었다. 계속 노래를 부르자고 졸랐던 한 아이는 노래가 시작되자 춤을 추기 시작했다. 이들을 위한 기도시간, 모두가 기도시간이 익숙한지 조용히 손을 모으고 눈을 감았다. 나도 이 아이들을 위해 간절히 기도했다. '해 뜨는 집 아이들 한 명 한 명을 기억하시어 축복해 주시고, 많은 사랑으로 보살펴 주세요.'

하루라는 짧은 시간 동안 정이 많이 들어 발걸음이 떨어지지 않았다. 우리가 떠날 시간이 되자 아이들이 가지 말라고 울기 시작했다. 우는 아이를 보니 괜스레 미안했다. 이들을 낳은 부모는 설날에도, 추석에도 찾아오지 않는다. 단지 잠시 동안 방문하는 우리와 같은 낯선 손님이 전부였다. 사람의 정이 늘 그리운 이들에게 잠깐만 보고 간다는 것은 약간의 사탕만 맛보여 주는 곤욕이 아닐까? 왜 이들의 부모는 아이들을 버렸을까. 세상에 쓸모없는 사람은 한 명도 없다. 사람은 누구나 평등하다. 사람 사이에는 버릴 자격도 버림받을 자격도 없다. 자신과 다르다고 해서 무시하고 차별해도 되는 것일까?

1996년에 방영했던 이경규의 양심냉장고라는 프로그램이 생각난다. 이 방송은 '차량의 정지선 지키기'라는 주제로 사람들의 호기심을 끌었다. 신호등이 빨간불로 바뀌었을 때, 정지선을 지키는 것에 대한 테스트였다. 이것은 교통법규상 당연히 지켜야 할 부분이다. 하지만 밤이라는 시간적 특성과 보는 사람이 아무도 없는 장소이기 때문에 순전히 개인의 양심에 맡겨야 했다. 빨간불인데도 모든 차들이 정지선을 지키지 않고 쌩쌩 지나갔다. 그러기를 몇 시간…. 그때, 한 대의 소형차가 정지선 앞에 멈춰 섰다. 신호가 바뀌고서야 출발한 그 차의 주인공은 한 장애인부부였다. 인터뷰에서 이종익 씨는 '내가, 늘, 지켜요'라는 말을 한마디씩 뗐다. 그 모습을 보는 순간 나는 감격에 복받쳤다. 이 사건은 대한민국 전체에 큰 반향을 일으켰고, 다음날 신문에 실린 '누가 장애인인가? 사실은 우리가 장애인'이라는 헤드라인은 내 가슴을 파르르 울렸다.

| 미혼모의 사정 |

남성 A와 여성 B가 있다. 그들은 서로 사랑했다. 연애를 하며 시간이 지나자 관계도 맺었다. 하지만 견고할 것만 같았던 이들의 사랑을 무너뜨리는 일이 생겼다. 갑자기 아이가 생긴 것이다. 생각지도 못한 사실에 여성은 발을 동동 구르며 제일 먼저 남성에게 사실을 알렸다. 하지만 아이가 생겼다는 말을 듣자, 남성의 반응은 그동안의 모습과 180도 달라졌다. 그는 아이를 지우라는 한마디를 남긴

채 매몰차게 돌아섰다. 당황한 여성은 붙잡기도 하고 화도 냈지만, 남성은 이기적인 행동으로 일관했다. 결국 여성 혼자서 모든 것을 책임져야 했다. 부모님에게 털어놓자 부모마저도 너를 위해서라도 지우라고 설득했다. 여성 혼자서 어떻게 아이를 키우겠느냐는 것이다. 한국에서 '미혼모'라는 타이틀을 달고 살아가기에는 세상이 너무나 각박하다.

하지만 여성은 아이를 낳기로 결심했다. 자신의 몸에 잉태된 하나의 생명을 죽일 수는 없었다. 그렇게 불러오는 배를 움켜잡고 10달이 지나자 아이가 태어났다. 하지만 낳고 보니 막막하다. 자기 혼자 아이를 키우기에는 너무 무섭고 버거웠다. 사람들의 시선, 아빠가 없는 아이의 삶, 그리고 자신의 미래에 대한 불안감 이 모든 것이 여성을 고통스럽게 했다. 고통의 근원은 아이에게 있다고 생각했다. 그래, 이 아이만 없으면…. 나는 자유로워질 수 있어. 우선 내가 안정이 되면 그때 찾으러 오면 되지 않을까? 한번 파고든 이기적인 생각은 나약해진 그녀의 모든 것을 지배했다. 그렇게 고아원에 맡겨진 아이. 생각하고 싶지 않은 일이지만 우리 사회에서 빈번히 일어나는 일이다.

| 다 알고 있어요 |

해 뜨는 집에서의 만남이 있은 지 2주 뒤, 얼마 지나지 않아 AMP
에서 새로운 봉사지의 일정이 잡혔다. 총 29명의 어린 천사들이 모
여 있는 야곱의 집이다. 나는 아이들과 만날 생각에 한 주 내내 들떠
있었다. 우리는 아이들에게 줄 간식 등을 싸 들고 평택 소사동으로
이동했다. 하얀 벽돌과 대비되어 녹색 글씨로 적힌 '야곱의 집'이라
는 간판이 한눈에 들어왔다. 건물 앞의 간소한 놀이터가 아이들이
있는 집이라는 것을 짐작하게 한다. 야곱의 집은 미혼부모나 결손
가정, 빈곤이나 학대 등의 이유로 부모와 함께 생활할 수 없어 보호
가 필요한 36개월 미만의 영유아를 보호하는 곳이다. 아이들은 부
모에게 돌아가는 것이 가장 큰 소망이다. 하지만 이곳에 있는 아이

[↓] 과자를 들고 가자 아이들은 자그마한 손을 내밀며 내게로 모여들었다. 과자 한 봉지로 인기 연예인이 된 기분이었다.

들 중 부모에게 돌아가는 아이는 많아야 1년에 6명 정도밖에 되지 않는다.

야곱의 집은 미혼모 방과, 영유아 방, 특수 아동이 있는 방로 나뉘어 있었다. 벽면을 장식하고 있는 예쁜 나무그림들이 군데군데 눈에 보였다. 그중 영유아 방으로 들어가니 어린 아이들이 놀고 있었다. 우리를 쳐다보는 얼굴들이 하나같이 올망졸망 예쁜 얼굴이다. 나는 아이들에게 먼저 다가가서 내 소개를 했다. 친구를 사귀기 전에는 통성명부터 하는 것이 순서였다. 낯선 사람이라는 경계를 풀어 주기 위해서다. 나의 말을 알아듣고는 아이들도 자그마한 손가락을 꼬물거리며 나이를 알려 주었다.

나는 아이들과 조금 더 친해지고 싶었다. 그리고 그들을 즐겁게 해주고 싶었다. 이 나이 또래 아이들이 좋아하는 것은 무엇일까? 먹는 것이 아닐까? 맛있는 것을 먹으면 누구나 기분이 좋아진다. 그래! 과자를 나눠 주자. 나는 아이들의 환심을 사기 위해 가져온 과자 한 봉지를 꺼내 아이들에게 나누어 주었다. 그런데 생각보다 아이들의 반응이 뜨거웠다. 조막만 한 작은 손들이 내 주위를 둘러싸고 끊임없이 모여들었다. 인기 연예인에게 사인을 받기 위해 달려드는 팬처럼 과자 한 개를 얻기 위해 앞다투어 몰렸다. 과자 한 봉지는 아이들에게 최고의 인기를 얻게 해 주었다.

이 과자 하나에 이토록 열광할 줄은 꿈에도 몰랐다. 한 손에는 과자를 쥐면서도 다른 한 손은 나에게 뻗고 있었다. "더 주세요. 또

주세요"라고 말하며 하나라도 더 받기 위해서 애쓰는 아이들을 보자 안쓰러웠다. '다른 아이들에 비해 먹고 싶은 것도 마음대로 못먹고 누리지 못했구나'라는 것이 단번에 느껴졌다. 최대한 공평하게 모든 아이의 손에 하나씩 과자를 쥐어 주는 것밖에 해줄 수 없는 것이 미안했다. 조금이라도 더 많이 사올 걸 하는 생각이 계속 떠나지 않았다. 한창 먹고 싶은 것이 많을 나이였다. 부모가 있다면 사랑하는 자식을 위해 원하는 것을 들어주겠지만, 이 아이들은 쉽게 그런 행복을 누릴 수 없었다.

나에게 가장 먼저 다가온 한 남자아이가 있다. 아이는 나의 발을 칭칭 감고 내 곁에서 떨어지려 하지 않았다. 해 뜨는 집의 아이들과 마찬가지로 사람의 정에 굶주려 있었다. 어떤 아이는 밥을 먹다가 일부러 말썽을 피우기도 하고, 사소한 것에도 작은 고집을 부렸다. 우리가 오니 그동안 하지 못했던 어리광을 부리고 싶은 것이다. 자기가 편한 사람, 기대고 싶은 사람에게 가끔 투정도 부리는 것이 이 나이 때 아이들이 하는 보편적인 일이다. 일반적으로 어리광 부리는 것은 그 사람에게 정이 있어야 가능하다. 낯가림이 심한 아이들은 며칠이 지나도 정을 잘 주지 않는다. 하지만 이렇게 부모가 없는 아이들은 어쩌다 한 번 찾아오는 손님들에게도 정을 쉽게 준다.

[→] 놀이시간에 맞춰 율동을 하고 있는 아이들. 천진난만한 모습은 또래 아이들과 다를 바가 없어 보인다.

정이 늘 그립기 때문이다. 부모에게 버림받아 마음이 닫혀 있을 것이라는 것은 편견이었다. 또래 아이들보다도 더 순진하고 해맑았다.

아이들이 나를 바라보는 눈빛은 태양에 비친 강물처럼 반짝였다. 그러나 맑은 눈동자를 가진 아이들은 크게 웃지도, 슬퍼하지도 않았다. 얼굴에는 거의 표정이 없었다. 또박또박 말하는 그 작은 입술과 눈망울에는 힘이 서려 있다. 이미 다 알고 있다는 얼굴이다. 이렇게 요즘 아이들은 눈치도 빠르고 영리하다. 말은 하지 않았지만, 아이들 모두 자신의 처지를 아는 듯했다. 우리와 같이 놀아도 어딘가 주눅 들어 있다. 아이들이 눈치 보는 일이 습관처럼 굳어져 있다는 것을 느낄 수 있었다. 거듭 바뀌는 낯선 환경에서 적응하는 것이 어린 아이들에게는 무척이나 어려운 일이다. 나마저도 내 집이 아닌 다른 곳에 가면 불편한데, 돌아갈 곳이 없는 이 아이들은 오죽할까.

| 입양아 수출국 금메달 한국 |

야곱의 집 아이들은 이곳에서 3년이 지나면 다른 보호시설로 옮겨 간다. 선생님들도 아이들에게 정을 붙일 시간도 짧다 보니, 정을 붙이기도 전에 떠나는 아쉬운 패턴이 반복된다. 이곳에 오기 전까지 아이들은 여러 단계의 시설을 거친다. 그 과정에서 애착의 대상을

찾지 못해 심리적 불안감이 쌓이며 이것은 여러 문제행동으로 드러난다. 특히나 미혼부모에게서 태어난 아이는 뱃속에서부터 엄마의 불안한 심경을 느낄 수 있다. 그렇기 때문에 야곱의 집 보육교사들은 늘 아이의 행동을 유심히 살핀다. 행동발달이 늦거나 문제행동이 나타나는 아이가 있으면 곧바로 병원으로 가서 치료를 받는다. 생후 24개월 후에는 심리치료나 놀이 등을 통해 아이의 상처받은 마음을 치유하는 단계에 들어간다. 하지만 최고의 치료는 자기 부모에게 돌아가 사랑받는 것이다.

이렇게 여러 특수시설로 봉사를 가면 우리 사회에 그늘진 계층이 많다는 것을 느낀다. 하지만 그에 비해 소외된 이웃에 대한 관심은 늘 부족하다. 한 번씩 사회적 문제로 대두될 때에만 이슈가 된다. 그러다 시간이 지나면 다시 눈 녹듯 거품이 꺼진다. 꾸준히 관심이 필요한 일이지만 사람들에게 잊혀지는 것은 한순간이다. 2011년 미국 국무부 국제입양보고서에 따르면 미국가정에 입양된 아동 2,047명 중 한국 어린이가 734명으로 1위이다. 2위인 필리핀 216명에 비하면 압도적인 수치이다. 미혼모의 자녀가 87%로 가장 높은 비중을 차지한다. 상황이 이러하니 한국은 입양아 수출국 1위라는 불명예스러운 금메달을 가지고 있다.

애플의 창업가인 스티브 잡스도 어린 시절 입양을 당했다. 대학원생 미혼모였던 생모는 외할아버지의 반대에 부딪혀, 그를 양부모 폴과 클라라에게 입양 보냈다. 잡스는 나중에 친부모의 존재를

[←] 놀고 있는 아이의
장난감 차를 뒤에서
밀어주었다. 환히 웃는
모습에 힘들었던 것 또한
전부 잊어 버릴 수 있었다.

알게 되었지만, 친부모에 대해서는 냉담하게 반응하며 언제나 양부모를 친부모처럼 여겼다. 잡스와 오랫동안 연인관계였던 크리스 앤은 잡스의 아이, 리사를 가지게 된다. 아이를 키운다는 책임의식이 부족했기 때문일까? 혹은 리사의 모습에서 자신을 보았기 때문일까? 그는 자신이 친부라는 사실을 인정하지 않고, 친자확인 소송에서 패한 이후에야 리사를 딸로 받아들인다. 잡스의 사례는 입양되었다는 의식이 한 사람의 일생을 크게 좌우한다는 사실을 단적으로 보여주는 예이다. 따라서 입양을 하고 보내는 것은 최대한 신중히 결정해야 한다.

| 미혼모를 보호해 주세요 |

2010년에 통계에 따르면 미혼모 가정이 166,609명이라고 한다. 미혼모 가정은 점점 늘어나고 있지만, 아직까지 미혼부모에 대한 한국 사회의 인식은 부정적이다. 성에 대해 보수적인 우리나라에서 혼전 성관계를 맺어 아이를 낳은 것은 부도덕한 일로 여겨진다. 미혼부모 혼자 결심을 하고 아이를 기르더라도 사회의 시선은 차갑다. 미혼부모와 아이도 '어느 하나가 결여된' 비정상적인 가정으로 여긴다. 따라서 미혼부모들은 더욱 움츠러들고 아이를 키울 자신감

도 상실한다. 2005년 여성이족부가 미혼모 시설 11개 기관에서 조사한 결과를 보면 미혼모의 연령은 16~20세가 31%로 높은 비율을 차지하고 있으며 그중 청소년이 차지하는 비율이 해마다 증가하고 있다.

이러한 실정을 볼 때, 학교에서부터 정확한 성교육과 피임교육을 지도하는 것이 필요하다. 이제 성에 대해 무조건 보수적으로 볼 것이 아니다. 현실에 당면한 문제를 보고 실질적인 대안이 필요하다. 청소년의 올바른 성에 대한 인식 확립이 중요하며, 성인도 마찬가지로 성관계에 대한 책임의식이 필요하다. 또한 미혼부모를 부정적인 시선으로만 볼 것이 아니라 용기와 응원을 보내주는 격려가 뒷받침되어야 한다. 미혼부모의 학습권을 보장하고 미혼모 시설을 확충하며 실질적인 양육비 지원 등의 도움도 중요하다. 제도적 차원과 사회적 인식의 부정성이 조금이나마 해결된다면 미혼모들이 설 자리가 늘어날 것이다.

| 이 세상에 쓸모없는 사람은 없다 |

나는 이 아이들이 버림받았다고 해서 자신이 쓸모없는 사람이라고 느끼지 않길 바란다. 이것은 우리 사회가 그리고 우리 모두가 노력

해야 하는 부분이다. 이 세상에 쓸모없는 사람은 없다. 인간은 개개인 모두가 다 소중하다. 하지만 시간이 지날수록 사람들은 점점 생명의 존귀함을 잊어 가는 듯하다. 기본적인 생명의 존귀함을 잊은 인간은 어느새 인간적인 면도 잃어 가고 있다. 나눌 줄 모르고, 도울 줄 모른다. 오로지 자기 자신만 아는 이기적인 마음은 점점 커져 간다. 하지만 내가 소중하면 남도 소중하다는 사실을 잊지 말아야 할 것이다.

세상에 완벽한 인간은 없지만, 완벽하지 않기 때문에 부족한 부분을 서로가 채우는 것이다. 사람은 퍼즐의 한 조각처럼 튀어나오기도 들어가기도 했다. 그래서 우리는 혼자 있을 때는 완벽하진 않지만 합쳐지면 아름답다. 나도 그리고 이 글을 읽는 당신도.

[←][↑] 위안부 할머니들이 거주하시는 경기도 광주의 나눔의
집을 방문했다. 위안부 발생 후 100년 가까이 지나고 있지만,
아직까지 사과 한 번 받지 못한 역사에 마음이 아팠다. 할머니들을
위로하며 씻을 수 없는 상처를 되새겼다.

이 세상에 쓸모없는 사람은 없다

글 마무리에
― 그는 왜 또다시 떠나는가

이영수 대표이사의 원고를 받자마자 단숨에 읽었다. 명불허전(名不
虛傳)이라고 할까? 이 대표이사가 오래 전부터 국내는 물론 해외오
지 봉사를 자주 다닌다는 이야기를 들었으나 자세한 사항은 잘 몰
랐다. 2012년 초 민주평화통일자문회의 사무처장으로 부임하기
전, 지인들로부터 이영수 대표이사의 기업경영과 봉사활동에 대해
여러 차례 들은 적이 있다. 또한 10여 년 전 고려대 경영대학원에서
내 특강을 수강한 적도 있었다.

　　그러나 구체적인 오지 활동내용은 원고를 읽고 나서야 정확히
알게 되었다. 단아한 외모에 항상 말씀이 적으시고 남을 배려하는
모습이 예사롭지 않다고 생각했는데 오지의 이방인으로서 땀 흘린
흔적에 절로 고개가 끄덕여졌다. 4,500명의 민주평통 여성자문위

원들이 통일활동에 참여하고 있지만 그중에서도 이 대표이사는 드러내지 않는 숨은 봉사를 꾸준히 전개하는 모습이 각별하였다. 새터민을 위한 바자회를 개최할 때는 밤을 새워 가며 준비하는 열정적인 모습에 감동을 받았다. 그러나 그는 결코 자기활동에 대해 생색을 내거나 공치사를 하지 않는다.

시간이 가면서 오지에서 만났던 사람들의 맑은 눈동자와 그들과의 절절한 만남에 대한 기억이 희미해진다고 안타까워했다. 이제 그동안 쌓인 그들과의 애틋한 기억을 정리해야 할 것 같다고 하면서도 매우 부끄럽고 정말 작은 신상 이야기라고 겸손해했다. 아마 주변의 따뜻한 격려와 용기가 없었다면 그는 책을 내려는 시도를 하지 않았을 것이다. 평소 드러내지 않는 성격이시라 남들 앞에 자신의 이야기를 책으로 내는 것이 어려운 결정이었을 것으로 판단된다. 그러나 남을 돕는 이야기는 세상에 널리 알려야 한다고 격려를 해드렸다.

15년간의 해외와 국내봉사를 다닌 작은 메모를 정리하셨다고 하였으나 실상은 새로운 세계에서 경험한 불편함의 연속적인 기록이었다. 서울의 편안함과 정돈된 생활을 마다하고 또한 분주한 회사 일을 잠시 멈추고 짐을 챙겨서 급하게 오지로 떠나는 그의 아름다운 뒷모습은 순례자를 연상시켰다. 그의 '떠나며 나누며 함께하며'라는 주제의 글을 읽으면서 〈순례자의 노래〉(Pilgrim Song)가 불현듯 생각났다.

"인생은 언제나 외로움 속의 한 순례자, 찬란한 꿈마저 말없이 사라지고, 언젠가 떠나리라. 인생은 나뭇잎, 바람이 부는 대로 가네…. 잔잔한 바람아~! 살며시 불어다오, 언젠가 떠나리라…."

오늘날 많은 사람들이 길을 떠난다. 글자 그대로 새로운 지역에 대한 호기심 차원에서 미지의 길을 나선다. 일부는 종교적 차원에서 깨달음을 위해 집을 나선다. 길을 나서면 우선 자신을 돌보고 챙겨야 한다. 집 밖에는 안락함보다는 불편함이, 익숙함보다는 낯설음이 기다리고 있기 때문이다. 그런 외부세계 중에서도 어둠과 질병의 고통이 있는 곳을 찾아가 나보다 못한 사람을 잠시라도 만나고 아픔을 치유하는 노력은 숭고한 것이다. 그것도 어느 일순간이 아니고 15년간이나 지속하였다. 그에게 물었다. 고생스러운데 왜 또다시 떠나는가? 자신의 작은 손길이 그들에게 잠시나마 기쁨이 되고 즐거움을 줄 수 있다는 사실에 오히려 위안과 평안을 얻는다는 답이 그에게서 돌아왔다.

별이 보이는 간이숙소에서 벌레와 함께 잠을 청하고 재난현장에서는 건물 더미 인근에 유일하게 남아 있는 가옥의 옥상에서 밤을 지새우기도 하였다. 아이티의 지진현장에서는 전기와 물이 공급되지 않아 고역인 경험을 하기도 하였다. 일상의 먹고 입고 자는 것 모두가 제약을 받는 오지에서 나보다 남을 배려하고 돌보는 힘든 활동을 마다하지 않는다. 그것도 자비를 들여 누가 시키지도 않았는데 또다시 떠나는 그의 진정한 마음은 도대체 어디에서 나오는

{ 글 마무리에 }

것일까? 물론 그도 봉사현장에서 뛰어다니다 보면 오지 활동의 원초적인 불편함으로 다시는 오지 않겠다고 결심한다고 한다. 그러나 서울에 돌아와 시간이 지나면 어느새 새로운 지역으로 출발을 기약하는 자신을 돌아보면서 내심 놀라곤 한단다.

그는 담백한 사람이다. 인생의 희로애락에 대해 담담한 자세를 보인다. 세상에는 힘든 삶이 많다는 사실을 잊지 않고 살려고 노력한다. 남들이 도움을 요청하면 우선 앞뒤 가리지 않고 작은 힘이나마 보태고 기꺼이 나선다. 특히 평양에서 오신 실향민인 어머니를 생각하여 북한이탈주민 지원에 적극적이다. 겨울철 추위로 떠는 북한주민들을 생각하여 개성지역에 연탄을 보내는 사랑의 연탄 보내기 운동에 적극 참여하였다. 명절을 맞은 관내 새터민을 위해 소박한 먹거리를 보내기도 한다. 탈북학생들에게 통일의 중추역할을 할 것을 기원하며 장학금을 지원하기도 한다. 언젠가는 탈북학생들이 북한 사투리 때문에 서울에 정착하는 데 어려움을 겪고 있다는 이야기를 듣고 발음교정 학원비를 흔쾌히 지원하기도 하였다. 이외에도 그는 열린의사회, 코피온(총재: 이영선), 한국종교인평화회의(KCRP), 민주평통 여성장학재단 등 사회봉사 활동에 소액이나마 기부를 잊지 않고 있다. 또한 민주평통 의료봉사지원단, 대한에이즈예방협회 등에서도 임원을 맡아 적극적인 역할을 하고 있다. 그렇다고 그가 재물과 시간이 남아서 봉사하는 것은 아니다. 그렇게 하는 것이 작은 기업을 경영하면서 더불어 사는 세상에 대한 바른 도리라고 생각하기 때문이다.

그는 사업을 할 때나 봉사를 할 때 가장 깊은 영향을 주신 분은 사업가였던 아버지라고 한다. 생전에 아버지의 엄격함에 이해가 가지 않았으나 세월이 갈수록 아버지의 가르침과 자상함이 갖는 의미를 새기고 세상을 사는 지혜에 고개가 숙여진다고 한다. 사람 간의 원만한 관계를 중시하여 인화가 회사경영에 중요한 요체라고 생각한다. 작은 회사지만 그는 직원들과의 관계에서 정과 의리를 기본으로 하는 마음의 경영을 중시한다. 말단 현장직원부터 임원들까지 공적인 관계 이외에 사적인 회사의 정을 느낄 수 있도록 세심한 배려를 하려고 노력한다. 직원들의 마음이 움직여야 회사가 정상적으로 돌아간다는 사실을 잊지 않고 있다. 회사를 사장만의 의지가 아닌 직원들과의 공동노력으로 이루어지는 따뜻한 삶의 현장으로 만들고 싶어 한다. 그의 회사는 반드시 큰 이익을 내는 거대한 조직을 지향하지 않는 것 같다. 그는 재물을 많이 모으는 것을 중시하지 않는다. 직원들과 함께 열심히 노력하여 정상적인 이윤을 내고 직원과 공존 공생하는 것이 기업의 의무이고 최고경영자의 덕목이라고 생각한다.

그는 약속을 중시한다. 그가 인간관계를 정립해 나가는 데 있어 가장 중요하게 고려하는 것은 언행일치다. 그래서 그는 신중하게 행동한다. 다만 자신이 한 말은 허언이 되지 않기 위해 최선을 다하려고 한다. 그는 공개석상에서 말을 아낀다. 자신의 발언으로

{ 글 마무리에 }

남들이 불편해하는 데 주의를 기울인다. 본의 아니게 말로써 남에게 해를 줄 수 있다는 점을 경계한다. 중용의 도리를 지키려고 애를 쓴다. 세상에는 사리(事理)와 도리(道理)가 있다고 한다. 인생의 길목에는 사리에는 맞을지 모르지만 도리에는 안 맞는 일들이 많다. 인간사에 많은 갈등은 사리만을 따지기 때문일 것이다. 그는 사리보다는 도리를 중시하는 사람이다. 우리사회가 사리만을 따진다면 너무나 무덤덤해질 것이다. 그는 남에게 신세를 지면 반드시 그 이상으로 갚으려고 노력한다. 사람으로서의 기본적인 도리를 다하려고 노력한다.

그는 예술적인 감각이 뛰어나다. 그의 뛰어난 예술감각은 인테리어, 미술 및 꽃꽂이 등 다양한 분야에서 타고난 솜씨를 발휘한다. 단순히 취미가 아니라 자격증을 따서 남을 가르치고 작품을 만드는 수준이라니 예사롭지 않은 단계다. 꽃꽂이를 하는 데 있어 가장 중요시하는 점이 무엇인지 물으니 자연스러움이라고 한다. 사람의 손길이 닿지만 본래 꽃이 갖는 아름다움을 최대한 살리려는 마음으로 꽃을 대한다고 한다. 그런 그를 보면 연상되는 사자성어가 상선약수다. 노자의 도덕경에 '상선약수'(上善若水)라는 말이 나온다. 최고의 선은 물과 같다는 말이다. 물은 능히 만물을 다 포용하여 물욕이나 사심에서 벗어나 초연할 수 있을 것이다. 이것이 우리 인간이 물에서 배워야 할 삶의 지혜다.

그는 여성스러움을 중요시한다. 여성이 깃는 심세함과 모성애를 기본으로 기업경영과 봉사에 임한다고 한다. 그는 여성과 남성의 고유한 역할에는 분명 차이가 있다고 믿는다. 앞으로는 여성들이 고유 역할에 충실하면서도 사회참여가 급속히 늘어갈 수 있는 시대라고 인식한다. 그는 여성 기업인이지만 가사를 챙기는 여성의 본래 역할을 소홀히 하지 않는 것을 보면 아마도 평양 출신 어머니의 꼼꼼한 가정교육 덕택인 것 같다. 특별한 업무나 봉사활동이 아닌 이상 가능한 정해진 퇴근시간에 귀가하여 하루를 정리하고 가사를 챙기려고 한다. 회사 업무는 업무시간에 집중하여 최선을 다하여 마무리한다고 한다. 본인이 업무를 마감하여야 직원들도 퇴근할 수 있다는 소박한 마음이다.

그를 처음 본 많은 사람들은 그와 다시 만나기를 희망하는 것 같다. 아마도 그의 온화하고 넉넉한 인간미에 마음을 함께하고 싶은 생각일 것이다. 분주하고 물질적으로 정확하게 주고받는 것이 중요한 사회생활에서 인간적 교분을 나누고 싶어 하는 것은 현대인의 작은 바람일 것이다. 주변 인사들에게 최선을 다하고 만나는 인물들에게 부담을 주지 않으려 노력하는 그의 겸손한 자세는 언제나 한결같다. 일본인들은 어린 시절부터 남에게 폐를 끼치지 않는 것을 우선 교육시킨다. 그는 남에게 불편을 주지 않는 메이와쿠(迷惑) 정신을 실천하려고 노력한다. 공공장소에서 예절을 지키고 규정을 지키는 선진국은 남에 대한 배려와 자신에 대한 절제에서 시작된다고 믿는다. 그는 또한 오랜 인연을 소중히 여긴다. 졸업한 지 수

{ 글 마무리에 }

십 년이 지났지만 학창시절 선생님을 잊지 않고 안부 인사를 드린다. 자신의 삶 속에서 소중한 인연을 맺었고 작은 도움을 주었던 사람들에 대한 고마움을 기억하려고 노력하는 사람이다. 사바세계에서는 작은 인연(Karma)이 언제가 인생에서 큰 인연이 된다고 한다. 또한 오는 인연 막지 말고 가는 인연 잡지 말아야 한다는 인연설(因緣說)이 있다. 그는 인연은 자고로 물흐르듯 해야 한다는 불교의 교리를 연상시키는 사람이다.

그는 감성과 이성이 잘 조화된 사람이다. 남을 돕는 작은 마음이 확대되어 이웃을 행복하게 하고 좋은 사회를 만드는 데 나부터 한걸음 움직인다는 그의 자세는 우리로 하여금 주변을 돌아보게 한다. 그가 우리가 살고 있는 대한민국을 좋은 나라로 만드는 데 조금 더 많은 역할을 하면 좋겠다는 소박한 바람을 가져본다. 그의 삶이 항상 보람되고 활기차기를 기대한다. 마지막으로 그의 따뜻한 손이 세상에서 질병으로 힘들어하는 오지의 그들에게 용기와 희망을 줄 수 있기를 기원해 본다.

2014년 7월 소서의 여름날

남성욱

고려대 북한학과 교수, 前 민주평통 사무처장